Talmud Jmmanuel
von Judas Ischarioth
Fourth Edition

Übersetzung der aramäischen Schriftrollen, die von Judas Ischarioth, dem Jünger Jmmanuels (Jesus), geschrieben wurden und die 1963 von Eduard Albert Meier im Grab entdeckt wurden, in dem Jmmanuel während drei Tagen gelegen hatte.

Ins Deutsche übersetzt von Isa Rashid und ‹Billy› Eduard Albert Meier. Herausgegeben und codiert (nur deutscher Text) von ‹Billy› Eduard Albert Meier

Ins Englische übersetzt von Julie H. Ziegler und Brian L. Crissey. Revision der englischen Übersetzung 2001 von Dietmar Rothe, James Deardorff, Christian Frehner, Brian Crissey, Heidi-Lore und Robert E. Peters. Auf den neusten Stand gebrachte englische Übersetzung und Revision 2004 von Dietmar Rothe, James Deardorff und Christian Frehner. Vierte Edition revidiert durch ‹Billy› Eduard Albert Meier und Christian Frehner (enthält zusätzliche Erklärungen in Klammern und Fußnoten).

Steelmark

Talmud Jmmanuel
by Judas Ischarioth
Fourth Edition

Translation of the Aramaic scrolls written by Judas Ischarioth (Iscariot), the disciple of Jmmanuel (Jesus), that were discovered in 1963 by Eduard Albert Meier in the tomb where Jmmanuel had lain for three days.

Translated into German by Isa Rashid and "Billy" Eduard Albert Meier. Edited and encoded (German text only) by "Billy" Eduard Albert Meier.

Translated into English by Julie H. Ziegler and Brian L. Crissey. Revised English translation in 2001 by Dietmar Rothe, James Deardorff, Christian Frehner, Brian Crissey, Heidi-Lore and Robert E. Peters. Revised English translation in 2004 by Dietmar Rothe, James Deardorff and Christian Frehner. Revised English edition in 2007 by "Billy" Eduard Albert Meier and Christian Frehner (with some additional clarifications put in parentheses and footnotes).

Steelmark

English text copyright © 2007 by Steelmark LLC.
All rights reserved. No part of this book may be reproduced in any form or by any electronic or mechanical means including information storage and retrieval systems without permission in writing from the publisher.

German text copyright © 2007 by Eduard A. Meier. All rights reserved.

Steelmark

Published by
Steelmark LLC
8086 South Yale, Suite 173
Tulsa, OK 74136
918-827-6453
www.steelmarkonline.com

Talmud Jmmanuel By Judas Ischarioth

Fourth edition, paperback
www.talmudjmmanuel.com

ISBN-13: 978-0-9711523-3-5
ISBN-10: 0-9711523-3-0

Printed in the U.S.A.

For more information on the Billy Meier contacts:

Visit: *www.steelmarkonline.com*
www.andstilltheyfly.com
www.throughspaceandtime.com
www.tjresearch.info
www.figu.org

or write to:

FIGU Society USA
303 E. Gurley St., Suite 266
Prescott, AZ 86301-3802

or:

FIGU
Semjase Silver Star Center
CH-8495 Schmidrüti / ZH
Switzerland
www.figu.org

Cover design by: J.R. Steele and Chris Myers

Diese beiden Gegenstände wurden von «Billy» Eduard A. Meier in Jmmanuels Grabhöhle gefunden. Die Tonfigur stammt aus Indien. Beim durchsichtigen Mineral, das aus hauchdünnen Schichten aufgebaut ist, handelt es sich gemäss Kommentar eines Schweizer Mineralogen um Gips. Das Mineral war ein Geschenk von Gabriel an seinen Sohn Jmmanuel.

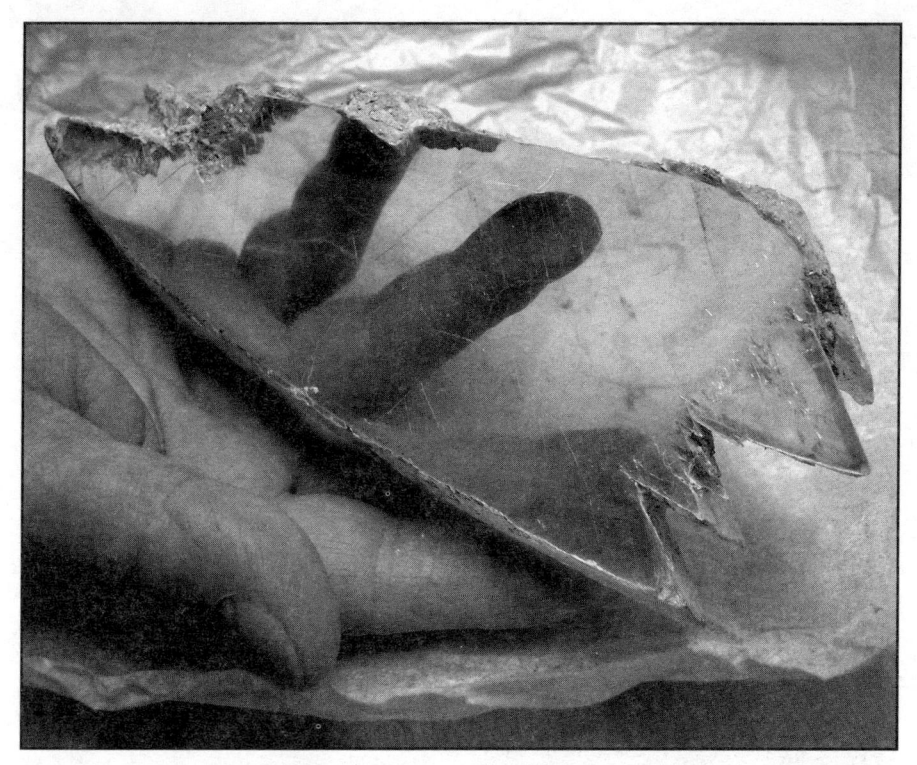

The two items on the photos were excavated in Jmmanuel's burial cave by "Billy" Eduard A. Meier. The clay figure originates from India. The transparent mineral that consists of gossamer-thin layers, is called gypsum according to the commentary of a Swiss mineralogist. This mineral was Gabriel's gift to his son Jmmanuel.

Inhaltsverzeichnis

Vorwort i
Dank und Widmung xi
Das 1. Kapitel ~ Der Stammbaum Jmmanuels 1
   Jmmanuels Geburt 7
Das 2. Kapitel ~ Die Weisen aus dem Morgenland 9
Das 3. Kapitel ~ Johannes der Täufer 13
Das 4. Kapitel ~ Jmmanuels Arkanum 17
Das 5. Kapitel ~ Die Bergpredigt 25
Das 6. Kapitel ~ Das Almosen, das Fasten, die Schätze und das Sorgen 31
Das 7. Kapitel ~ Der Richtgeist (das Urteilen) 37
   Die Gebetserhörung 37
   Der bewusstseinsmässige Wille 37
Das 8. Kapitel ~ Heilung eines Aussätzigen 41
   Der Hauptmann zu Kapernaum 41
   Jmmanuel im Hause Petrus 43
   Vom Ernst der Nachfolge 43
   Heilung zweier Besessener 43
Das 9. Kapitel ~ Heilung des Gichtbrüchigen 47
   Matthäus 47
   Das Fasten 49
   Des Jairus Tochter, Die blutflüssige Frau 49
   Ein Blinder und zwei Stumme 49
   Die grosse Ernte 51
Das 10. Kapitel ~ Berufung der Jünger 53
Das 11. Kapitel ~ Des Täufers Frage 59
   Zeugnis über den Täufer 59
   Lobpreis des Bewusstseins und des Wissens 61
Das 12. Kapitel ~ Um die Ehe und den Beischlaf 63
Das 13. Kapitel ~ Jmmanuel und der Sabbat 69
Das 14. Kapitel ~ Die Verfehlung des Judas Ischarioth 73
Das 15. Kapitel ~ Sinn der Gleichnisse 77
   Das Unkraut unter der guten Frucht 81
   Das Senfkorn 81
   Der Sauerteig 81
   Der Schatz im Acker und die kostbare Perle 83
   Das Fischernetz 83
   In Nazareth 83
Das 16. Kapitel ~ Herodes und der Täufer 87
   Speisung der Fünftausend 89
   Wandeln auf dem Meer 89
Das 17. Kapitel ~ Menschengebote und Schöpfungsgesetze 95

Table of Contents

Foreword ii
Acknowledgments xii
Chapter 1 ~ The Genealogy of Jmmanuel 2
   The Birth of Jmmanuel 8
Chapter 2 ~ The Wise Men from the Orient 10
Chapter 3 ~ Johannes Who Gives the Blessing (John the Baptist) 14
Chapter 4 ~ Jmmanuel's Arcanum 18
Chapter 5 ~ The Sermon On the Mount 26
Chapter 6 ~ Alms, Fasting, Treasures, and Concerns 32
Chapter 7 ~ The Spirit of Judgment (to Judge) 38
   Response to Prayer 38
   The Will of the Consciousness 38
Chapter 8 ~ The Healing of the Leper 42
   The Centurion at Capernaum 42
   Jmmanuel in the House of Petrus (Peter) 44
   On the Importance of Discipleship 44
   The Healing of Two Possessed Persons 44
Chapter 9 ~ Healing of the Gouty Person 48
   Matthäus (Matthew) 48
   Fasting 50
   The Daughter of Jairus, The Woman with Haemophilia 50
   A Blind Man and Two Mutes 50
   The Great Harvest 52
Chapter 10 ~ Commissioning of the Disciples 54
Chapter 11 ~ The Baptist's Question 60
   Testimony About the Baptist 60
   In Praise of the Consciousness and the Knowledge 62
Chapter 12 ~ Regarding Marriage and Cohabitation 64
Chapter 13 ~ Jmmanuel and the Sabbath 70
Chapter 14 ~ The Wrongdoings of Judas Ischarioth (Iscariot) ... 74
Chapter 15 ~ The Meaning of the Parables 78
   The Weeds Among the Good Fruit 82
   The Mustard Seed 82
   The Leaven 82
   The Treasure in the Field and the Priceless Pearl 84
   The Fish Net 84
   In Nazareth 84
Chapter 16 ~ Herodes and the Baptist 88
   The Feeding of the Five Thousand 90
   Walking On the Sea 90
Chapter 17 ~ Human Commandments and the Laws of Creation ... 96

Das 18. Kapitel ~ Zeichenforderung der Pharisäer 99
   Der Sauerteig der Pharisäer. 99
   Petrus' Glaube. 101
   Leidensankündigung. 101
Das 19. Kapitel ~ Der Kindersinn. 107
   Irren des Nächsten 109
Das 20. Kapitel ~ Ehe, Ehescheidung und Ehelosigkeit 111
   Kindersegnung. 113
Das 21. Kapitel ~ Zwei Blinde 117
Das 22. Kapitel ~ Einzug in Jerusalem 121
   Tempelreinigung. 121
   Wieder in Jerusalem. 123
Das 23. Kapitel ~ Steuergroschen. 127
   Wiedergeburt. 127
   Das grösste Gebot. 129
Das 24. Kapitel ~ Wider die Schriftgelehrten und Pharisäer 135
Das 25. Kapitel ~ Die Prophezeiung 143
Das 26. Kapitel ~ Gesetze und Gebote. 151
   Weisheitssprüche 151
   Irrlehre des Saulus. 153
   Selbsttötung. 155
Das 27. Kapitel ~ Der Jünger Erregung 159
   In Bethanien 161
   Das Letzte Mahl. 163
Das 28. Kapitel ~ Im Gethsemane 167
   Gefangennahme. 169
   Jmmanuel vor dem Hohen Rat. 171
   Verleugnung durch Petrus. 173
Das 29. Kapitel ~ Selbsttötung des Juda Iharioth 177
   Vor Pilatus. 177
   Verurteilung Jmmanuels 181
Das 30. Kapitel ~ Schmähung Jmmanuels –
Prophetische Ankündigung – Die Kreuzschlagung 185
   Grablegung. 191
Das 31. Kapitel ~ Jmmanuels Flucht aus dem Grabe 193
   Jmmanuels Begegnungen mit seinen Jüngern. 195
Das 32. Kapitel ~ Jmmanuels Abschied 199
Das 33. Kapitel ~ Jmmanuel in Damaskus 205
Das 34. Kapitel ~ Die Schöpfungslehre. 209
Das 35. Kapitel ~ Kulte um Jmmanuel 217
Das 36. Kapitel ~ Mensch und Schöpfung 223
Schlusswort und Erklärung 229
Brief von Isa Rashid 233
   Anmerkung des Herausgebers. 235
NEU! **VORAUSSAGEN DES PROPHETEN JEREMIA** 237
   VORAUSSAGEN DES PROPHETEN ELIA 269

Chapter 18 ~ The Pharisees Demand a Sign 100
   The Leaven of the Pharisees. 100
   Petrus' Faith 102
   Proclamation of the Passion. 102

Chapter 19 ~ The Nature of a Child's Thinking 108
   The Errors of your Neighbour. 110

Chapter 20 ~ Marriage, Divorce, and Celibacy 112
   "Segnung" (Blessing) of the Children 114

Chapter 21 ~ Two Blind Persons 118

Chapter 22 ~ Entry into Jerusalem 122
   Purging of the Temple. 122
   Back in Jerusalem. 124

Chapter 23 ~ Tax Money 128
   Rebirth. 128
   The Greatest Commandment. 130

Chapter 24 ~ Against the Scribes and Pharisees 136

Chapter 25 ~ The Prophecy. 144

Chapter 26 ~ Laws and Commandments. 152
   Proverbs of Wisdom 152
   The False Teachings of Saulus (Saul) 154
   Suicide 156

Chapter 27 ~ The Disciples' Agitation 160
   In Bethany. 162
   The Last Supper. 164

Chapter 28 ~ In Gethsemane 168
   The Capture 170
   Jmmanuel Before the High Council 172
   The Denial by Petrus. 174

Chapter 29 ~ The Suicide of Juda Iharioth (Ihariot) 178
   Before Pilatus (Pilate) 178
   The Conviction of Jmmanuel. 182

Chapter 30 ~ Defamation of Jmmanuel –

Prophetic Delaration – The Crucifixion 186
   Entombment. 192

Chapter 31 ~ Jmmanuel's Flight from the Tomb 194
   Jmmanuel's Meetings with his Disciples. 196

Chapter 32 ~ Jmmanuel's Farewell 200

Chapter 33 ~ Jmmanuel in Damascus 206

Chapter 34 ~ Teachings About Creation 210

Chapter 35 ~ Cults Around Jmmanuel. 218

Chapter 36 ~ The Human Being and Creation. 224

Epilogue and Explanation. 230

Letter from Isa Rashid 234
   Editor's Note 236

NEW! PREDICTIONS OF THE PROPHET JEREMIA 238
   PREDICTIONS OF THE PROPHET ELIA 270

Vorwort

Im Jahre 1963 wurde vorliegende Schrift in Form von in Harz eingegossenen Schriftrollen aufgefunden von Eduard Albert ‹Billy› Meier, nach dem Auffinden der wirklichen Grabhöhle Jmmanuels durch einen katholischen Priester namens Isa Rashid. Geschrieben in alt-aramäischer Schriftsprache, war sie vergraben im wirklichen Grabe (Grabhöhle) Jmmanuels (fälschlicherweise Jesus Christus genannt), unter einer Felsplatte eingelegt. Der Finder der Grabhöhle war ein griechisch-katholischer Priester, wie bereits erwähnt, dessen Name erstlich leider nach seinem Wunsche nicht genannt werden sollte (er befürchtete, und zwar mit Recht, wie sich später ergab, dass er von der Kirche sowie von den Israelis verfolgt und vielleicht gar von Meuchelmördern getötet würde, was sich dann leider auch bewahrheitete).

Der Urheber der Schriftrollen war ein Zeitgenosse und Jünger Jmmanuels, der bekannt ist unter dem Namen Judas Ischarioth, und der fälschlicherweise seit rund 2000 Jahren als Jmmanuels Verräter angeprangert wird, obwohl dieser mit dem Verrat nichts zu tun hatte, da dieses greuliche Tun wahrheitlich einem Pharisäersohn namens Juda Iharioth zusteht.

Wohl werden die heute noch herrschende orthodoxe und konservative Geistlichkeit und ihre irregeleitete Anhängerschaft versuchen, vorliegende Schrift mit allen möglichen Mitteln zu dementieren, sie zu zerstören und der Lüge zu bezichtigen, wie sie dies mit vielen andern alten Schriften, die von der wahrheitlichen Wahrheit zeugten, ebenso getan haben (siehe z. B. die Bücher Henoch und Jezihra usw., die aus der Bibel entfernt wurden, weil sie zu wahrheitsgetreu überliefert waren), um ihren bedrohten Irrglauben zu retten. Wie jeher wird es daher auch jetzt so sein, dass diese Schrift vernichtet und wohl auch aus dem Verkehr gezogen werden soll. Es wird wohl aber auch so sein, dass auf den Herausgeber der Schrift von vielen Seiten ein Druck ausgeübt werden wird, oder dass man ihn sogar verfolgt und ihn vielleicht durch Meuchelmörder umbringen lässt, um die ‹wahre Religion› zu wahren (drei Mordversuche wurden bereits im Jahre 1976 auf ihn unternommen, sogar im Beisein von Zeugen, wie später auch. Bis zum Ende des Jahres 2006 wuchs die Zahl der Mordversuche auf deren 21 an). So werden sicher auch Schritte zur Polizei, zu Behörden, zum Staatsanwalt und Richter und zu Gerichten aller Art unternommen, um vorliegende Schrift zu verbieten, unmöglich zu machen, der Lüge zu bezichtigen oder sie zu vernichten, was an der Wahrheit der Schrift jedoch in keiner Weise auch nur ein Jota Ablass tun kann. Mit Sicherheit werden die diesbezüglich beauftragten Dunkelmänner mit aller Umsicht und Geschicklichkeit und voller Intrigen vorgehen, damit die Schrift aberkannt, als Lüge bezichtigt und vernichtet werde, wie dies auch beim Erscheinen anderer Schriften der Fall war, deren Originale dann aber der vatikanischen Bibliothek in Rom einverleibt wurden.

Foreword

In 1963 the text presented in this book was discovered by "Billy" Eduard Albert Meier in the form of scrolls encased in preservative resin, after a Greek Catholic priest by the name of Isa Rashid discovered the actual burial cave of Jmmanuel (who has been erroneously called Jesus Christ). Written in the literary language of Old Aramaic, the document was buried under a flat rock in the tomb. It was Rashid's wish that his name not be publicized. He feared, and rightfully so, that he would be persecuted by the Church and the Israelis and perhaps even be assassinated, a possibility that unfortunately became true later.

The author of the scrolls was a contemporary and disciple of Jmmanuel who was known by the name of Judas Ischarioth (Iscariot). For about 2000 years he has been wrongly denounced as the traitor of Jmmanuel, although he had nothing to do with the betrayal. This ugly deed was actually carried out by Juda Iharioth (Ihariot), the son of a Pharisee.

In order to save their threatened heresy, today's still-dominant orthodox and conservative clergy and their naïve followers will probably attempt to deny the scrolls, destroy this book and denounce it as lies, as they have done with many other ancient writings that bore witness to the truth. (See, for example, the books Henoch and Jezihra, among others, which were removed from the Bible because they had been too close to the truth when handed down). As before, it will happen again that this writing will be attacked and probably taken out of circulation. It will probably happen that pressure from many sides will be exercised on the editor of the writing, or he may be persecuted or assassinated in order to preserve the "true religion." (Three attempts on his life were made in 1976, even in the presence of witnesses. By the end of 2006 the number of murder attempts had increased to 21.) Certainly efforts will be made to induce police, authorities, public prosecutors, judges and courts of all kinds to prohibit this book, to ridicule it, to repudiate it or to suppress it, actions which, however, will not detract one iota from its veracity. The obscurantists in charge certainly will proceed with all circumspection, skill and intrigues to have the document dismissed, denounced as a hoax and quashed, as has been the case upon publication of other writings whose original scripts, however, were then hidden in the Vatican Library in Rome.

Es werden aber auch kultreligiöse Fanatiker und andere Irregeleitete wider diese Schrift Zeter und Mordio schreien und mit allen Mitteln gegen ihre Existenz und den Herausgeber vorgehen. Doch dem war ja bekanntermassen seit jeher so, ohne irgendwelche Scheu vor Mord und Meuchelmord und dergleichen. Diese Tatsache ist dem Herausgeber wohlbekannt, so er sich bestens darauf vorbereitet hat. Wie aber z.B. das sogenannte ‹Heilige Amt›, der ‹Heilige Stuhl zu Rom› und der Papst verfahren, um die Irr-Kultreligion Christentum aufzubauen oder zu retten, dafür mögen die Leserinnen und Leser nur an die Inquisitionszeit denken (die vom ‹Heiligen Stuhl› angeordnet wurde), durch die im Auftrage des ‹Heiligen Stuhles› allein in Europa Millionen von Menschen bestialisch abgeschlachtet, gefoltert und ermordet wurden (allein die durch Aufzeichnungen festgehaltenen Morde im Auftrage des ‹Heiligen Stuhles› belaufen sich für die Inquisitionszeit auf neun (9) Millionen, während die unaufgezeichneten Fälle mindestens nochmals mit einer Dunkelziffer von ebenfalls 9 Millionen zu verzeichnen sind).

Vorliegende Übersetzung beweist eindeutig, dass die kultreligiösen Irrlehren jeder Wahrheit entbehren, und dass sie das unverantwortliche Machwerk von skrupellosen Kreaturen sind, die teils im Solde des ‹Heiligen Stuhles› standen, oder aber die unverständig, fanatisch, bewusstseinsmässig irre oder machtgierig waren. Menschen, die über Jahrtausende hinweg bedenkenlos und skrupellos die Menschheit in die Irre führten, und die mörderisch und millionenfach Menschenblut vergossen. Jedoch nicht genug damit, denn die Nachfolger dieser mörderischen und skrupellosen Kreaturen schufen über die Jahrhunderte und Jahrtausende hinweg eine gewaltige kultreligiöse Macht, die den gesamten irdischen Menschheitsbestand zu beherrschen vermag. Im Verlaufe der verflossenen Jahrtausende kämpften sich die Kultreligionen rücksichtslos durch blutiges und bestialisches Morden zu den gewaltigsten Mächten der Erde empor, vor denen sich selbst brutale und diktatorische Regierungen beugten und beugen.

Kultreligion:
Schmutzigster Deckmantel gewaltigster Macht unter dem Namen falscher und verlogener Liebe, die bedenkenlos und ohne jegliche Skrupel wörtlich genommen über Leichen geht.

Mit der neutestamentlichen Irrlehre im Rücken, fingert die christliche Kultreligion hinein in die Politik aller Länder. Sie geniert sich aber auch nicht, in das intimste Familienleben des Menschen einzugreifen – bis ins Bett der Ehepartner, um selbst da das letzte und privateste Geheimnis des Menschen anzugreifen und in den kultreligiösen Kirchenschmutz zu ziehen und alles zu zerstören.

But there will also ensue an outcry against the text from the religious fanatics and other misled persons who will want to proceed with all means against its existence and the editor. It has always been like that, as everyone knows— there is no shying away from murder, assassination or anything similar. The editor is well acquainted with this fact and consequently has taken necessary precautions. But the "Holy Ministry," the "Holy See in Rome" and the Pope have always taken steps to build up or to save the erroneous cult religion of Christianity. In this connection the readers need only to think of the Inquisition (ordered by the "Holy See"), through whose command millions of people in Europe alone were brutally slaughtered, tortured and murdered. The number of murders on record committed by the "Holy See" amounted to nine million during the Inquisition, while the number of undocumented murders adds at least another nine million.

This translation provides strong evidence that the cult religions' erroneous doctrines have manipulated the truth and that they are the irresponsible machinations of unscrupulous men, some of whom were hired by the "Holy See." Others were foolish, fanatical, in a deranged state of consciousness, or power-hungry human beings who, without hesitation or scruple, misled humanity for thousands of years, shedding the blood of millions through murder. Furthermore, the descendants of these murderers and unscrupulous men established over the centuries and millennia a mighty cult-religious power capable of ruling over all humanity. In the course of past millennia the cult religions ruthlessly, and through bloody and brutal murders, fought their way to become the most powerful forces of the earth, to which even brutal and dictatorial governments bowed down and still do.

Cult Religion:

The most sordid pretext of maximum power in the name of false and mendacious love that literally walks over dead bodies without hesitation or scruple.

Backed by the false doctrine of the New Testament, the Christian cult religion meddles in the politics of all countries. Moreover, it is not embarrassed to interfere in the most intimate family life of human beings—even in the bed of marriage partners—in order even there to attack and destroy the last and most private secrets of human beings.

Nun endlich ist die Zeit gekommen, da diesem Schmutztreiben ein Ende bereitet werden kann, wenn der Mensch vernünftig genug wird, umdenkt und sich der wirklichen Lehre Jmmanuels widmet. Wohl werden alle jene, die sich in den lügnerischen Wahnsinn der Kultreligionen verrannt haben und deshalb eines normalen und vernünftigen Denkens nicht mehr fähig sind, sich dagegen mit allen Mitteln sträuben und auflehnen, doch wird ihr Wahnsinnskampf umsonst sein, denn die Wahrheit wird stärker sein als aller kultreligiöse Wahnsinn und jede schmutzige Lüge, selbst wenn diese Lüge bis anhin Jahrtausende gedauert hat. Die schmutzige Lüge der Kultreligionen wird nun endgültig zerbrochen und zerstört, auch wenn sich diese selbst und alle ihre Anhänger und Verfechter noch so sehr dagegen auflehnen. Die Wahrheit wird nun endlich siegen, auch wenn sie sehr hart errungen werden muss, wie es in der Schrift geschrieben steht, die da sagt, dass die Wahrheit eine weltweite Katastrophe hervorrufen wird. Die Wahrheit ist aber von Not, und so darf sie nicht länger verschwiegen werden. Eine Katastrophe wird aber verständlich sein, wenn man bedenkt, dass die Kultreligionen zu ungeheurer Macht gelangt sind, wodurch sie bisher alle gegen sie gerichteten Wahrheiten mit allen mörderischen und schmutzigen Mitteln zu unterdrücken vermochten und dies auch neuerlich versuchen werden, wobei sie auch diesmal nicht vor Mord zurückschrecken werden, wie dies ohne Unterlass in aller vergangenen Zeit immer der Fall war. Aus diesem Grunde läuft auch der Herausgeber dieser Schrift Gefahr, dass er im Auftrage der Kultreligionen, privater Fanatiker und Sektenmitglieder verfolgt und vielleicht gar ermordet wird, oder aber dass er den Gerichten überantwortet werden soll.

Aus all dem heraus merke der Erdenmensch endlich, was die Kultreligionen sind und mit welchen blutigen Mitteln sie gegen die Wahrheit angehen, denn nur durch sie vermögen sie ihre Gewalt und Macht über den in jeglicher Beziehung versklavten Menschen zu behaupten.

Mitläufer und Anhänger der wirklichen Lehre Jmmanuels sind aber ebenso gefährdet, wie der Herausgeber dieser Schrift selbst, was hier unbedingt klargestellt sein muss. Der Herausgeber dieser Schrift ist jedoch nicht nur ihretwegen gefährdet, sondern auch darum, weil er Kontaktmann ist zu ausserirdischen Intelligenzen und zu sehr hohen Geistformen höherer Ebenen, die die wahrheitliche Lehre des Geistes übermitteln, die er unverfälscht neu verbreitet und damit die Lügen der Kultreligionen aufdeckt, was zu deren langsamen aber sicheren Ausradierung führt.

Now finally has come the time when a stop can be put to all these unscrupulous activities, if man becomes sensible enough, revises his thinking and devotes himself to the real teachings of Jmmanuel. In all likelihood, all those who have bashed their heads against the brick wall of the cult religions' deceitful madness and are therefore no longer capable of normal and sensible thinking, will fight and oppose it with all means; and yet, their desperate fight will be in vain because truth will be stronger than any cult-religious mania or dirty lie, even though the lie has been in existence for thousands of years. The scandalous falsehoods of cult religions will now be shattered and destroyed for good, no matter how much the cult religions and all their followers and advocates rebel against it. Finally truth will be victorious, even though it must be secured through great struggles, as it has been written in the Scriptures, which say that the truth will provoke a worldwide catastrophe. However, truth is required and must no longer be silenced. A catastrophe will be understandable if one considers that the cult religions have attained immense power, which so far has enabled them to suppress, with murderous and sordid means, all truths directed against them. They will again attempt to do this, even if it means indulging in murder as has often been the case in the past. For this reason, the editor of this work will run the risk of being persecuted by order of the cult religions, private fanatics and sect members, to be murdered or be handed over to the courts.

From all this may the earthling at last realize what the cult religions are and with what type of bloody means they fight the truth, as it is only in this way that they are capable of maintaining their full power and control over the enslaved human beings.

Here it must be pointed out emphatically that followers and supporters of the true teachings of Jmmanuel are just as much at risk as is the editor of this document himself. However, the editor is even more endangered because he is the contact man for extraterrestrial intelligences and very highly developed spiritual entities on exalted planes who transmit to him the true spirit teachings that he disseminates without modification, thereby exposing the lies of the cult religions, which will lead to their slow but certain eradication.

Ebenso gefährdet war aber auch der Finder der Grabhöhle und Übersetzer der Originalrollen dieser Schrift, so er sich bereits vor Jahren vorsorglicherweise von der Kirche losgesagt hatte, um irgendwo unerkannt mit seiner inzwischen gegründeten Familie zu leben. Sich der ungeheuren Macht der Kultreligionen bewusst, wollte er seinen Namen nicht der Öffentlichkeit preisgeben, so aber auch nicht die Originalschriften. Mit Recht nämlich fürchtete er um sein Leben und um das seiner teuren Familie, die allesamt inzwischen doch den kultreligiösen Häschern zum Opfer fielen und meuchlings ermordet wurden. Lange vor diesem Zeitpunkt jedoch gab der Mann unter dem Siegel der Verschwiegenheit, dass sein Name nicht genannt würde, die Übersetzung vorliegender Schrift seinem guten Freund, so nämlich dem Herausgeber. Erst aber im Jahre 1974 erhielt dieser von der Ebene Arahat Athersata die Erlaubnis, die Übersetzung der Schrift weiteren und interessierten Kreisen zugänglich zu machen.

Im Jahre 1963 führte der Finder der Grabhöhle und Übersetzer der Originalrollen dieser Schrift seinen Freund, den Herausgeber Eduard Meier, verschiedentlich in die eigentliche und wirkliche Grabhöhle Jmmanuels, die bereits mit viel Sand und Erde angefüllt war. Bei Ausgrabungen fand E. Meier dann auch verschiedene Dinge, die den Inhalt der Schrift bestätigten (siehe Photos der Tonfigur und des Minerals am Anfang dieses Buches.)

Leider muss zur vorliegenden Schrift noch gesagt werden, dass sie nicht mehr vollständig ist, da verschiedene Stücke der Schriftrollen völlig unleserlich oder zerfallen waren. Auch fehlten ganz offenbar verschiedene davon. Nichtsdestoweniger jedoch legt das noch Vorhandene ein erschütterndes Zeugnis davon ab, dass um die Person Jmmanuels und seine Lehre im Verlaufe von zwei Jahrtausenden eine infame kultreligiöse Irrlehre gemacht worden ist, ein Lügengewebe ohnegleichen, um eine kultreligiöse Macht aufzubauen und um den Erdenmenschen skrupellos zu versklaven – wahrlich, alles nur auf Kosten des irregeführten, gutgläubigen und unwissenden Menschen der Erde, und auf Kosten seines Hab und Gutes, vor allem aber auf Kosten seines unschuldig vergossenen Blutes, das gewaltsam von ihm geflossen ist durch die schmutzigen Machenschaften des ‹Heiligen Stuhles›, der lügnerisch Liebe predigt, zum Zwecke der Ausbeutung, Versklavung und Vergewaltigung des Erdenmenschen.

Nur sehr selten gelingt es einem einzelnen Menschen, Themen und Wahrheiten zur Veröffentlichung zu bringen, die ursächliche Zusammenhänge aufhellen oder auch nur schwach in diese hineinleuchten, wenn es sich um kultreligiöse oder politische Belange handelt. Die bisherige Praxis beweist, dass in der Regel solche Menschen skrupellos verfolgt, gefoltert und ermordet wurden und werden, weil sofort immer Kräfte in Erscheinung treten und auf den Plan gerufen werden, die den Wahrheitsgehalt einer Aussage nicht nur in diffuses Licht zu stellen wissen, sondern denen jedes Mittel recht ist, die Wahrheit selbst ad absurdum zu führen.

Isa Rashid, the discoverer of the burial cave and translator of the original scrolls, was equally endangered, so that years earlier he took the precaution of withdrawing from the Church to live incognito somewhere with the family he had started in the interim. Conscious of the immense power of the cult religions, he wanted to conceal both his name and the original scripts from the public. He rightfully feared for his life and for those of his beloved family, all of whom since that time have become victims of the cult religions' persecutors, by whom they were assassinated. Long before this point in time, Rashid, under the seal of secrecy that his name not be mentioned, gave the translation of the scrolls to his good friend, the editor, Eduard Meier. But it was not until 1974 that Meier, in turn, received permission from the plane of Arahat Athersata to make the translation of the scrolls accessible to other interested circles.

In 1963, Rashid on various occasions took his friend, Eduard Meier, to the actual burial cave of Jmmanuel, which was practically filled with a great deal of sand and dirt. In the course of excavations Meier subsequently found various items that confirmed the the contents of the scripts (see photos of clay figure and mineral in the first pages of this book).

Unfortunately it must be mentioned that the document is no longer complete, since various pieces of the scrolls were completely illegible and decayed. Furthermore, some were obviously missing. What was preserved nevertheless bears shocking witness that in the course of two millennia an infamous false doctrine, a web of unequalled lies, was manufactured around the person of Jmmanuel in order to erect a cult-religious power and unscrupulously enslave earthlings—all this truly at the cost of misled, trusting and unaware human beings and their belongings, and above all at the cost of innocently spilled blood through the dirty intrigues of the "Holy See," which deceitfully preaches love for the purpose of exploitation, enslavement and assault of people on Earth.

It is very rare that one individual succeeds in publicizing themes and truths that clarify causal connections or at the least shed some light on them when they pertain to cult religions or political matters. The existing practice proves that, as a rule, such human beings were unscrupulously persecuted, tortured and murdered. Forces called to the fore appear promptly, knowing how to place the truthful contents of a statement into a dim light. To them any means is justifiable to make truth itself into a travesty.

Aber damit noch nicht genug, denn sobald etwas veröffentlicht und verbreitet wird, was ursächliche Zusammenhänge und Wahrheiten klären kann im Bezug auf kultreligiöse oder politische Belange, dann werden mit Hilfe von Seelsorgern, Polizei, Behörden, Gerichten und den Mächtigen der Kultreligionen und deren fanatischen Anhängern die Schriften aus dem Verkehr gezogen, ‹sichergestellt› oder vernichtet, um dem Erdenmenschen weiterhin die wahrheitliche Wahrheit zu entziehen und ihn weiterhin im Elend seines Falschdenkens und seiner Irrlehren darben und elend verkommen zu lassen, weil er nur dadurch weiterhin bis zum letzten Blutstropfen ausgebeutet werden kann, besonders eben von Regierungen und Kultreligionen.

Die deutsche Version des Talmud Jmmanuel entspricht nicht dem Übersetzungs-Original aus dem Altaramäischen, denn Isa Rashid war der deutschen Sprache nicht derart mächtig und mit dem Code der Mission in keiner Weise vertraut, so er die deutsche Endfassung nicht anfertigen konnte. Wohl handelt es sich bei der deutschen Fassung um eine Abschrift der Übersetzung aus dem Altaramäischen, doch in einer von "Billy" Eduard A. Meier vervollständigten Form und mit dem missionsbedingten Code versehen.

Bei der deutschen Version handelt es sich also um ein Produkt, das im Stil und in der Satzbildung zu etwa 80% von Eduard A. Meier erarbeitet wurde, während die restlichen 20% als Werk der Übersetzungsarbeit von Isa Rashid betrachtet werden müssen.

Die Deutsch-Version-Schreibung in korrekter Form und gemäss der alten Sprachweise sowie die Codierung in missionsbedingter Form umfassen etwas mehr als das Vierfache an Arbeitsleistung und Aufwand, als dies für die Übersetzung aus dem Altaramäischen benötigt wurde.

Der Herausgeber ‹Billy› Eduard Albert Meier

But that is not all, because as soon as anything is published and disseminated that clarifies causal relationships and truths concerning cult religions or political matters, then, the publications are taken out of circulation with the help of clergy, police, government agencies, courts, the powerful of the cult religions and their fanatical followers. The publications are "safeguarded" or destroyed, to continue depriving the earthling of the real truth, letting him starve and perish woefully in his misery of false thinking and erroneous teachings, because only in so doing can he be further exploited to his last drop of blood, particularly by governments and cult religions.

The German version of the Talmud Jmmanuel does not correspond to the original translation from ancient Aramaic because Isa Rashid neither mastered the German language sufficiently nor was he familiar with the code of the Mission to the point that he could have drawn up the German version. The German version does represent a copy of the translation from ancient Aramaic, but in a form that has been corrected by Eduard A. "Billy" Meier and supplied with the code required by the Mission.

Thus, the German version represents a product 80% of whose style and sentence structure was achieved by Eduard A. Meier, while the remaining 20% must be considered Isa Rashid's translation effort.

Getting the German version spelled correctly, according to the ancient linguistic form, as well as the Mission's required codex, comprised slightly more than four times the work input and energy required for the translation from ancient Aramaic.

The editor, "Billy" Eduard Albert Meier

Dank und Widmung

Für das Zustandekommen dieses kleinen Buches entbiete ich meinen sehr herzlichen Dank an die Geistformen Petale und Arahat Athersata.

Mein Dank gilt aber auch meinen lebenslangen Lehrern und Freunden Sfath, Asket, Semjase, Quetzal and Ptaah usw., die sich mir in liebevoller Form angenommen und mich in grossem Wissen unterrichtet haben, um mich so auf meine wichtige und schwere Aufgabe vorzubereiten. Möge mein Dank über unermessliche Distanzen zu ihnen dringen, womit ich ihnen ein dauerndes Andenken wahren möchte.

Gewidmet ist diese Schrift allen Menschen ohne Unterschied und im gesamtuniversellen Raume. Möge sie allen eine Form geistiger Werte sein, zum schnellen Fortschritt der Evolution, zur wahrlichen schöpfungsgesetzmässigen Liebe, Harmonie und Wahrheit und zur Erlangung von wahrlichem Wissen, von Weisheit und Frieden.

Meinen Dank spreche ich auch aus dem Finder der Grabhöhle Jmmanuels und dem Übersetzer der durch mich (Billy) aufgefundenen Schrift, sowie meiner lieben Frau Kalliope und meinen Kindern Gilgamesha, Atlantis-Sokrates und Methusalem, durch deren Zusammensein und Liebe ich als grosse Hilfe meine schwere Aufgabe zu erfüllen vermochte und in Zukunft auch zu erfüllen vermag.

Recht herzlich danke ich auch allen folgenden Personen, die mir bei meiner schweren Aufgabe zur Seite gestanden und sehr hilfreiche Dienste geleistet und die Herausgabe der Schrift ermöglicht haben:

Frau Walder, Frl. Flammer, Frl. Stetter, Frl. Moser, J. Bertschinger, Fam. Wächter, H. Runkel, H. Proch, B. Brand, H. Schutzbach, Fam. Ventura, Frl. Rufer, E. & G. Moosbrugger, Frau Koye, S. Lehmann, A. Kropf, Ph. & W. Stauber, B. & H. Lanzendorfer, P. Petrizzo, A. Schubiger, M. Brügger, E. Beldi, S. Holler, A. Bieri, E. Bieri, H. Benz, E. Gruber, L. Memper, Ch. Frehner, Ch. Gasser, B. Keller.

—‹Billy› Eduard Albert Meier

Wir möchten unseren Dank an Brian Crissey und Pam Meier von Wild Flower Press richten, die uns die Gelegenheit boten, die vierte Auflage des Talmud Jmmanuel zu publizieren. Sie waren die ersten, die in den USA eine Übersetzung von Billys Werken veröffentlichten, und sie halfen und unterstützten uns beim Aufbau von Steelmark. Wir danken ihnen für ihre harte Arbeit, ihre Ausdauer und Freundschaft. Ein besonderer Unser spezieller Dank geht an Jim Deardorff und Dietmar Rothe, die viel Zeit und Mühe aufgewendet haben fürs Korrigieren der englischen Übersetzung, und an Savio, dank dessen finanzieller Unterstützung der Druck dieses Buches ermöglicht wurde. Ausserdem möchten wir Billy danken für sein Vertrauen in Steelmarks Fähigkeit, sein Werk genau und ohne Veränderungen zu veröffentlichen.

—Steelmark LLC

Acknowledgments

For the materialization of this small book I wish to express my sincere gratitude to the spiritual forms Petale and Arahat Athersata.

In addition, my gratitude is also extended to my life-long teachers and friends Sfath, Asket, Semjase, Quetzal and Ptaah, etc., who took an interest in me in a loving way and taught me great knowledge, in order to prepare me for my important and difficult task. May my gratitude reach them across immeasurable distances, thus enabling me to maintain a lasting memory.

This book is being dedicated without distinction to all human beings in the whole universe. May it be a form of spiritual values to all of them and expedite the progress of evolution, the truly lawful love emanating from Creation, harmony and truth and to the attainment of true knowledge, wisdom and peace.

I also express my thanks to the discoverer of the tomb where Jmmanuel had lain, and to the translator of the text that I found, as well as to my dear wife Kalliope and my children Gilgamesha, Atlantis-Sokrates and Methusalem, through whose companionship and love I was able to fulfil my difficult task and continue to fulfil it in the future.

I also thank the following persons who stood by my side as I carried out my difficult task, have rendered valuable services and made possible the publication of the work: Mrs. Walder, Miss Flammer, Miss Stetter, Miss Moser, J. Bertschinger, the Wächter family, H. Runkel, H. Proch, B. Brand, H. Schutzbach, the Ventura family, Miss Rufer, E. and G. Moosbrugger, Mrs. Koye, S. Lehmann, A. Kropf, Ph. and W. Stauber, B. and H. Lanzendorfer, P. Petrizzo, A. Schubiger, M. Brügger, E. Beldi, S. Holler, A. Bieri, E. Bieri, H. Benz, E. Gruber, L. Memper, Ch. Frehner, Ch. Gasser, B. Keller.

—"Billy" Eduard Albert Meier

We would like to extend our appreciation to Brian Crissey and Pam Meier of Wild Flower Press who provided the opportunity for us to publish this fourth edition of the *Talmud Jmmanuel*. They were the first to publish an English translation of Billy's work in the U.S. and were helpful and supportive in the formation of Steelmark. For their hard work, perseverance, and friendship – we thank them. Our special thanks go to Jim Deardorff and Dietmar Rothe who contributed their time and effort in proofreading the English translation and to Savio who contributed financially to make this printing possible. We would also like to thank Billy for his confidence in Steelmark's ability to accurately publish his work without alteration.

—*Steelmark LLC*

xiii-D   Dank und Widmung

Das Bild von Jmmanuel (fälschlich Jesus Christus genannt) auf dieser Seite wurde von der Strahlschiffpilotin Semjase (beheimatet auf Erra, im Sternhaufen der Plejaren jenseits der Plejaden, rund 500 Lichtjahre vom SOL-System entfernt) gezeichnet.

Semjase hat die Zeichnung am 31.12.1975 angefertigt, nach alten Bildern aus der Zeit seines Wirkens in Palästina. Diese alten Bilder Jmmanuels, die sich im Besitze der Plejadier/Plejaren befinden, beweisen, dass auf der Erde bis anhin ein völlig falsches Bild von ihm gemacht wurde. Die Zeichnung auf der gegenüberliegenden Seite wurde im Sommer 2004 von Christian Krukowski erstellt.

Bildvergleiche mit den Portraits und dem vom Vatikan verwahrten sogenannten Turiner Totentuch ergeben eindeutig, dass das hier wiedergegebene Bild nicht identisch ist mit den Gesichtszügen usw. des Bildes auf dem Totentuch, das angeblich Jmmanuels/Jesus' Abbild aufzeigen soll während der Ohnmachtszeit nach der Kreuzigung.

Die Schreibweise Jmmanuel mit einem J entspricht keinem Schreibfehler, denn den Angaben der Plejadier/Plejaren gemäss entstammt dieser Name ihren Vorfahren, die in der Schriftsprache den Namen Jmmanuel in vorgenannter Form schrieben.

Gezeichnet von Semjase / created by Semjase

An original pen illustration (left) was drawn by the beamship pilot, Semjase (whose home planet, Erra, in the Plejaren star cluster beyond the Pleiades, is about 500 light years from our SOL system.) Semjase drew her version on December 31, 1975, from old pictures dating back to the time when Jmmanuel was active in Palestine. These old pictures of Jmmanuel, in the Pleiadians'/Plejaren's possession, show characteristics that differ significantly from commonly accepted images of Jesus. The drawing (below) was created by Christian Krukowski in the summer of 2004.

Comparisons of these portraits to the Shroud of Turin, preserved at the Vatican, reveal clearly that the pictures reproduced here are not identical to the features in the picture on the shroud, which allegedly shows the image of Jmmanuel/Jesus during the time after the crucifixion.

The spelling of Jmmanuel with a "J" is no mistake, for according to the Pleiadians/Plejaren, this name is traced back to their forefathers, who spelled the name Jmmanuel in written language with a "J".

Created by Christian Krukowski / Gezeichnet von Christian Krukowski

Das 1. Kapitel

Der Stammbaum Jmmanuels

1. Das ist das Buch und Arkanum Jmmanuels, der da heisst «Der mit göttlichem Wissen», und der da ist ein Sohn Josephs, des Jakob, der fernen Nachkommen Davids, der da war ein Nachfahre Abrams, dessen Geschlecht zurückreicht zu Adam, dem Vater eines irdischen Menschengeschlechtes, der gezeugt war von Semjasa, dem Anführer der Himmelssöhne, die da waren die Wächterengel Gottes, des grossen Herrschers der Weithergereisten.
2. Semjasa, der Himmelssohn und Wächterengel Gottes, des grossen Herrschers der Weithergereisten durch die Weiten des Universums, zeugte mit einem irdischen Weibe Adam, den Vater des weissen Menschengeschlechtes.
3. Adam nahm sich ein irdisches Weib und zeugte Seth.
4. Seth zeugte Enos.
5. Enos zeugte Akjbeel.
6. Akjbeel zeugte Aruseak.
7. Aruseak zeugte Kenan.
8. Kenan zeugte Mahalaleel.
9. Mahalaleel zeugte Urakjbarameel.
10. Urakjbarameel zeugte Jared.
11. Jared zeugte Henoch.
12. Henoch zeugte Methusalah.
13. Methusalah zeugte Lamech.
14. Lamech zeugte Tamjel.
15. Tamjel zeugte Danel.
16. Danel zeugte Asael.
17. Asael zeugte Samsafeel.
18. Samsafeel zeugte Jomjael.
19. Jomjael zeugte Turel.
20. Turel zeugte Hamech.
21. Hamech zeugte Noah.
22. Noah zeugte Sem.
23. Sem zeugte Arpachsad.
24. Arpachsad zeugte Batraal.
25. Batraal zeugte Ramuel.
26. Ramuel zeugte Askeel.
27. Askeel zeugte Armers.
28. Armers zeugte Salah.
29. Salah zeugte Eber.
30. Eber zeugte Peleg.
31. Peleg zeugte Regu.

Chapter 1

The Genealogy of Jmmanuel

1. This is the book and arcanum of Jmmanuel, who is called "the one with godly knowledge," who is a son of Joseph, of Jakob (Jacob), of the distant descendants of David. David was a descendant of Abram (Abraham), whose genealogy traces back to Adam, the father of a species of terrestrial human beings. Adam was begotten by Semjasa, the commander of the celestial sons who were the guardian angels of god, the great ruler of the travellers from afar.
2. Semjasa, the celestial son and guardian angel of god, the great ruler of the voyagers who travelled here through vast expanses of the universe, took a terrestrial woman and begot Adam, the father of the white human species.
3. Adam took for himself an Earth wife and begot Seth.
4. Seth begot Enos.
5. Enos begot Akjbeel.
6. Akjbeel begot Aruseak.
7. Aruseak begot Kenan.
8. Kenan begot Mahalaleel.
9. Mahalaleel begot Urakjbarameel.
10. Urakjbarameel begot Jared.
11. Jared begot Henoch.
12. Henoch begot Methusalah.
13. Methusalah begot Lamech.
14. Lamech begot Tamjel.
15. Tamjel begot Danel.
16. Danel begot Asael.
17. Asael begot Samsafeel.
18. Samsafeel begot Jomjael.
19. Jomjael begot Turel.
20. Turel begot Hamech.
21. Hamech begot Noah.
22. Noah begot Sem.
23. Sem begot Arpachsad.
24. Arpachsad begot Batraal.
25. Batraal begot Ramuel.
26. Ramuel begot Askeel.
27. Askeel begot Armers.
28. Armers begot Salah.
29. Salah begot Eber.
30. Eber begot Peleg.
31. Peleg begot Regu.

32. Regu zeugte Serug.
33. Serug zeugte Araseal.
34. Araseal zeugte Nahor.
35. Nahor zeugte Thara.
36. Thara zeugte Abram.
37. Abram zeugte Jsaak.
38. Jsaak zeugte Jakob.
39. Jakob zeugte Juda.
40. Juda zeugte Ananj.
41. Ananj zeugte Ertael.
42. Ertael zeugte Perez.
43. Perez zeugte Hezron.
44. Hezron zeugte Ram.
45. Ram zeugte Amjnadab.
46. Amjnadab zeugte Savebe.
47. Savebe zeugte Nahesson.
48. Nahesson zeugte Sahna.
49. Sahna zeugte Boas.
50. Boas zeugte Obed.
51. Obed zeugte Jesse.
52. Jesse zeugte Davjd.
53. Davjd zeugte Salomo.
54. Salomo zeugte Asa.
55. Asa zeugte Gadaeel.
56. Gadaeel zeugte Josaphat.
57. Josaphat zeugte Jora.
58. Jora zeugte Armeneel.
59. Armeneel zeugte Usja.
60. Usja zeugte Jothan.
61. Jothan zeugte Gadreel.
62. Gadreel zeugte Ahas.
63. Ahas zeugte Jtjskja.
64. Jtjskja zeugte Manasse.
65. Manasse zeugte Amon.
66. Amon zeugte Josja.
67. Josja zeugte Jojachjn.
68. Jojachjn zeugte Sealthjel.
69. Sealthjel zeugte Jequn.
70. Jequn zeugte Serubabel.
71. Serubabel zeugte Abjud.
72. Abjud zeugte Eljakjm.
73. Eljakjm zeugte Asor.
74. Asor zeugte Zadok.
75. Zadok zeugte Achjm.
76. Achjm zeugte Eljud.
77. Eljud zeugte Eleasar.

32. Regu begot Serug.
33. Serug begot Araseal.
34. Araseal begot Nahor.
35. Nahor begot Thara.
36. Thara begot Abraham.
37. Abraham begot Jsaak.
38. Jsaak begot Jacob.
39. Jacob begot Juda.
40. Juda begot Ananj.
41. Ananj begot Ertael.
42. Ertael begot Perez.
43. Perez begot Hezron.
44. Hezron begot Ram.
45. Ram begot Amjnadab.
46. Amjnadab begot Savebe.
47. Savebe begot Nahesson.
48. Nahesson begot Sahna.
49. Sahna begot Boas.
50. Boas begot Obed.
51. Obed begot Jesse.
52. Jesse begot David.
53. David begot Salomo (Solomon).
54. Solomon begot Asa.
55. Asa begot Gadaeel.
56. Gadaeel begot Josaphat.
57. Josaphat begot Jora.
58. Jora begot Armeneel.
59. Armeneel begot Usja.
60. Usja begot Jothan.
61. Jothan begot Gadreel.
62. Gadreel begot Ahas.
63. Ahas begot Jtjskja.
64. Jtjskja begot Manasse.
65. Manasse begot Amon.
66. Amon begot Josja.
67. Josja begot Jojachjn.
68. Jojachjn begot Sealthjel.
69. Sealthjel begot Jequn.
70. Jequn begot Serubabel.
71. Serubabel begot Abjud.
72. Abjud begot Eljakjm.
73. Eljakjm begot Asor.
74. Asor begot Zadok.
75. Zadok begot Achjm.
76. Achjm begot Eljud.
77. Eljud begot Eleasar.

78. Eleasar zeugte Matthan.
79. Matthan zeugte Jakob.
80. Jakob zeugte Joseph.
81. Joseph war der Mann der Maria, der Mutter Jmmanuels, die da ward geschwängert von einem fernen Nachfahren des Himmelssohnes Rasiel, des Wächterengels des Geheimnisses.
82. Als Joseph erfuhr von der heimlichen Schwängerung Marias durch einen Nachfahren der Himmelssöhne aus dem Geschlecht Rasiel, siehe, da war er in Zorn erwallt und gedachte Maria zu verlassen, noch ehe er ihr vertrauet wäre vor dem Volke.
83. Indes Joseph aber also gedachte, siehe, da erschien ein abgesandter Wächterengel des Himmelssohnes Gabriel, der Maria geschwängert hatte, und sprach also:
84. «Joseph, Maria ist dir vertrauet und du seiest ihr Gemahl, verlasse sie nicht, denn die Frucht ihres Leibes ist zu Grossem ausersehen; vertraue dich in aller Offenheit mit ihr, so ihr vor dem Volke Mann und Weib seid.
85. Siehe, die Schwängerung Marias geschah also elftausend Jahre nach der Zeugung Adams durch den Himmelssohn Semjasa, so das Wort erfüllet würde, was Gott, der Herrscher der Weithergereisten, durch den Propheten Jesaja gesagt hat, der da spricht:
86. ‹Siehe, eine Jungfrau wird durch einen Himmelssohn geschwängert werden, noch ehe sie vor dem Volke einem Mann vertrauet ist.
87. Die Frucht ihres Leibes werden sie beim Namen Jmmanuel heissen, das gedolmetscht ist «der mit göttlichem Wissen», zum Zeichen und der Ehre Gottes, durch dessen Kraft und Vorsorge die Erde mit intelligentem menschlichem Leben befruchtet wurde, durch die Begattung der irdischen Weiber durch die Himmelssöhne, die Weithergereisten aus dem Universum.›
88. Siehe, Gott und sein Gefolge kamen weither aus den Tiefen des Alls, wo sie sich von einer strengen Knechtschaft erlösten und mit den frühen Weibern dieser Erde eine neue Rasse und Heimat zeugten.
89. Gott gebührt die Ehre der irdischen Menschen, denn siehe also: Er ist der wahre Zeuger des weissen und der farbigen irdischen Menschengeschlechter, und ihm soll Ehre gebührt sein.
90. Ausser ihm ist nichts in gleicher Form für diese von ihm gezeugten Menschengeschlechter, daher der Mensch keine anderen Götter neben sich haben soll, die andere Menschengeschlechter an anderen Orten der Erde zeugten.
91. Ausser Gott ist nichts in gleicher Form, das des Ansehens würdig wäre; über ihm und seinen Himmelssöhnen herrscht allein die Allmacht aller Schöpfung; die Schöpfung selbst, die verehrt werden soll.
92. Siehe also; über die Erde herrscht Gott, der Herr der Himmelssöhne und der Menschen dieses weissen und der farbigen Geschlechter.
93. Gott ist der Gesetzgeber für diese Menschengeschlechter, und seine Wünsche sollen erfüllt sein also von Mann und Weib.

78. Eleasar begot Matthan.
79. Matthan begot Jacob.
80. Jacob begot Joseph.
81. Joseph was the husband of Maria (Mary), the mother of Jmmanuel, who was impregnated by a distant descendant of the celestial son, Rasiel, who was the guardian angel of the secret.
82. When Joseph heard of Maria's secret impregnation by a descendant of the celestial sons from the lineage of Rasiel, behold, he was filled with wrath and thought of leaving Maria before he would be married to her before the people.
83. While Joseph was thinking in this manner, behold, a guardian angel, sent by Gabriel, the celestial son who had impregnated Maria, appeared and said:
84. "Joseph, Maria is betrothed to you, and you are to become her spouse; do not leave her, because the fruit of her womb is chosen for a great purpose. Marry her in all openness, so that you may be husband and wife before the people.
85. "Behold, the impregnation of Maria occurred eleven thousand years after the procreation of Adam through the celestial son Semjasa, to fulfil the word of god, the ruler of those who travelled from afar, who conveyed these words through the prophet Jesaja (Isaiah):
86. " 'Behold, a virgin will be impregnated by a celestial son before she is married to a man before the people.
87. " 'They will name the fruit of her womb Jmmanuel, which translated means "the one with godly knowledge," as a symbol and honour to god. Through god's power and providential care the Earth was made to bear intelligent human life when the celestial sons, the travellers from the far reaches of the universe, mated with the women of Earth.'
88. "Behold, god and his retainers came far from the depths of space, where they delivered themselves from a strong bondage, and created here a new human race and home with the early women of this Earth.
89. "God deserves the honour of people of Earth, for behold; he is the true maker of the white and of coloured human species, and to him honour should be given.
90. "Except for him there is nothing equal in form for these generations of each human species created by him. Besides him, therefore, people should have no other gods who created other human species in other parts of the Earth.
91. "Except for god there is nothing of comparable form worthy of veneration. Over him and his celestial sons reigns only the almightiness of all creation: Creation itself, which should be revered.
92. "Behold, therefore; over the Earth reigns god, the master of the celestial sons and the people of the white and coloured terrestrial species.
93. "God is the lawgiver for these human species and, therefore, his wishes should be fulfilled by man and woman.

94. Gott, der Herr, ist grossmütig in seiner Liebe, also aber furchtbar in seinem Zorn, so seine Gesetze missachtet werden.
95. Die Schwängerung Marias ist Gottes Gesetz also, so du Joseph, als ihr Gemahl ihr vertrauet seist.»

Jmmanuels Geburt

96. Joseph aber, indem er also hörte, gedachte seiner Frömmigkeit in den Gesetzen Gottes, so er Maria heimholte und sich ihr vertrauete vor dem Volke.
97. Zu der Zeit begab es sich aber, dass ein Gebot von Kaiser Augustus ausging, dass alle Welt geschätzet würde.
98. Also war diese Schätzung die allererste dieser Art und geschah zu der Zeit, da Cyrenius Landpfleger in Syrien war.
99. Und jedermann ging, dass er sich schätzen liesse, ein jeglicher in seine Stadt.
100. Also machte sich auch auf Joseph aus Galiläa, aus der Stadt Nazareth, mit seinem Weibe Maria, in das jüdische Land zur Stadt Davids, die da heisst Bethlehem, darum, dass er von dem Hause und dem Geschlecht Davids war.
101. Darum, auf dass er sich schätzen liesse mit seinem ihm vertrauten Weibe Maria, das geschwängert war vom Himmelssohne Gabriel aus dem Geschlecht Rasiel.
102. Und als sie daselbst waren, kam die Zeit, da sie gebären sollte.
103. Also sie aber keine Unterkunft fanden, nachteten sie in einem Stall.
104. Und Maria gebar ihren ersten Sohn im Stroh und wickelte ihn in Tücher und legte ihn in eine Krippe beim Viehzeug, denn sie hatte sonst keinen Raum in der Herberge.

94. "God, the lord, is magnanimous in his love, but also frightful in his wrath when his laws are disobeyed.
95. "Maria's impregnation is god's law, and you, Joseph, are to be her husband in matrimony."

The Birth of Jmmanuel

96. When Joseph heard this, however, he was mindful of his godliness to god's laws, so he brought Maria home and married her before the people.
97. At this time a decree went out from Emperor Augustus, that all the world should be counted.
98. This census was the first of its kind and occurred at the time that Cyrenius was governor in Syria.
99. All went to be assessed, each to his own town.
100. Joseph of Galilee, of the town of Nazareth, also went with his wife Maria into the Judaic land to the city of David, which is called Bethlehem, because he was of the house and lineage of David,
101. in order to be assessed with his wife, Maria, who was pregnant by the celestial son Gabriel from the lineage of Rasiel.
102. When they were there, the time came for her to give birth.
103. Since they could find no shelter, they spent the night in a stable.
104. And Maria bore her first son on the straw, wrapped him in cloth, and laid him in a manger near the various animals, because there was no other room for her in the inn.

Das 2. Kapitel

Die Weisen aus dem Morgenland

1. Da Jmmanuel geboren war im Stall zu Bethlehem, in der Herberge im jüdischen Lande zur Zeit Herodes Antipas, Tetrarch von Galiläa und Peräa, siehe, da kamen Weise vom Morgenland nach Jerusalem und sprachen:
2. «Wo ist der neugeborene Weisheitskönig der Juden?
3. Wir haben am Himmel ein starkes Licht gesehen und eine Stimme gehört, die sprach:
4. ‹Folget dem Schweif des Lichtes, denn der Weisheitskönig der Juden ist geboren, der also wird grosses Wissen bringen.›
5. So sind wir gekommen, den neugeborenen Weisheitskönig anzubeten.
6. Er soll das Wissen Gottes besitzen und ein Sohn des Himmelssohnes Gabriel sein.
7. Sein Wissen soll grenzenlos sein und seine Macht das Bewusstsein[1] der Menschen beherrschen, auf dass sie lernen und der Schöpfung dienen.»
8. Da das Herodes Antipas hörte, erschrak er und mit ihm das ganze Jerusalem, denn sie ängstigten, dass das neugeborene Kind greuliche Macht ausüben könnte.
9. Herodes Antipas liess versammeln alle Hohenpriester und Schriftgelehrten unter dem Volke und erforschte von ihnen, wo der Jmmanuel sollte geboren sein.
10. Und sie sagten ihm: «Zu Bethlehem im jüdischen Lande, denn also steht es geschrieben durch den Propheten Micha:
11. ‹Und du Bethlehem im jüdischen Lande bist mitnichten die kleinste unter den Städten in Juda, denn aus dir soll kommen der Weisheitskönig, der grosses Wissen zum Volke Israel bringt, auf dass es lerne und der Schöpfung diene.›»
12. Da berief Herodes Antipas die Weisen heimlich und erkundete mit Fleiss von ihnen, wann das starke Licht mit dem langen Schweif am Himmel erschienen wäre.
13. Danach wies er sie nach Bethlehem und sprach: «Ziehet hin und forschet fleissig nach dem Kindlein, und wenn ihr's findet, so sagt mir's wieder, dass auch ich komme und es anbete.»
14. Als sie nun Herodes Antipas gehört hatten, zogen sie hin; und siehe, das Licht mit dem langen Schweif, das sie im Morgenland gesehen hatten, zog mit hohem Singen vor ihnen her, bis dass es kam und stand zu Bethlehem senkrecht über dem Stall, da das Kindlein geboren war.
15. Da sie dies sahen, wurden sie hocherfreut.

---

[1] In Anpassung an das moderne Verständnis hat der Herausgeber den Begriff «Geist» und «geistig» durch «Bewusstsein» bzw. «bewusstseinsmässig» ersetzt, und zwar im ganzen Talmud Jmmanuel.

Chapter 2

The Wise Men from the Orient

1. When Jmmanuel was born in the stable at Bethlehem, in the shelter in the land of the Jews during the time of Herodes (Herod) Antipas, Tetrarch of Galilee and Peraea, behold, wise men arrived in Jerusalem from the Orient and asked:
2. "Where is the newborn king of wisdom of the Jews?
3. "We have seen a bright light in the sky and heard a voice saying,
4. "Follow the tail of the light, because the king of wisdom of the Jews is born, who will bring great knowledge.
5. "Therefore we have come to worship the newborn king of wisdom.
6. "He shall possess the knowledge of god and be a son of the celestial son Gabriel.
7. "His knowledge will be boundless, as will be his power to control human consciousness[1], so that human beings may learn and serve Creation."
8. When Herodes Antipas heard of this, he was frightened, and with him everyone in Jerusalem, because they feared that the newborn child would wield dreadful power.
9. Herodes Antipas called together all the chief priests and scribes from among the people and inquired of them where Jmmanuel should have been born.
10. And they replied: "In Bethlehem, in the Jewish land; for thus it was written by the prophet Micha (Micah):
11. " 'And you, Bethlehem, in the land of the Jews, are by no means the least among the cities in Judea, for from you shall come forth the king of wisdom, who will bring great knowledge to the people of Israel so that they may learn and serve Creation.' "
12. Thereupon, Herodes Antipas called the wise men secretly and diligently asked them when the bright light with the long tail had appeared in the sky.
13. He then directed them to Bethlehem, and said, "Go and search diligently for the young child and when you find him, let me know, so that I may also come and adore him."
14. After they had listened to Herodes Antipas, they departed. And behold, the light with the long tail, which they had observed in the Orient, moved ahead of them with a high singing sound until it reached Bethlehem and stood directly over the stable where the infant was born.
15. When they saw this they were filled with great joy.

---

[1] In order to adjust the text to modern understanding, the term "spirit" has been replaced by "consciousness" in the entire Talmud Jmmanuel, where appropriate. The same applies to "spiritual" = "consciousness-related."

16. Alsdann gingen sie in den Stall und fanden das Kindlein mit seiner Mutter Maria und dem Joseph, und sie fielen nieder und beteten es an und brachten ihre Schätze dar, die da bestanden aus Gold, Weihrauch und Myrrhe.
17. Also aber erklang wieder die Stimme hoch oben vom Lichte her, dass sie nicht wieder sollten zu Herodes Antipas gehen, da er Böses für das Kindlein sinne.
18. Und sie zogen auf einem anderen Weg wieder in ihr Land.
19. Da die drei Weisen aber hinweggezogen waren, siehe, da erschien der Himmelssohn Gabriel dem Joseph und sprach:
20. «Stehe auf und nimm das Kindlein und seine Mutter Maria zu dir und fliehe nach Ägyptenland und bleibe allda, bis ich dir's sage, denn Herodes Antipas geht damit um, dass er das Kindlein suche und es töte, da er fürchtet, das Neugeborene möge schreckliche Macht ausüben.
21. Derweil du in Ägyptenland weilst, sende ich meinen Abgesandten zu Herodes Antipas, ihn der Wahrheit zu belehren.»
22. Und Joseph stand auf und nahm das Kindlein und seine Mutter zu sich in der Nacht und entwich unter Führung des Himmelssohnes Gabriel in das niedersinkende Licht, das mit ihnen nach Ägyptenland entfloh.
23. Sie blieben allda, bis Herodes Antipas Gesinnungswandel trieb und sich die Angst in ihm verflüchtigte.
24. Da Herodes Antipas nun sah, dass er von dem Knäblein nichts zu befürchten hatte und dass ihm nur grosse Weisheit und Wissen zugeredet war, fühlte er sich ungefährdet in seinem Reich, so er dem Abgesandten des Himmelssohnes Gabriel zusagte, Maria und Joseph und Jmmanuel nicht weiter zu verfolgen.
25. Da aber Herodes Antipas und sein Gefolge anderer Gesinnung geworden waren, siehe, da erschien der Himmelssohn Gabriel wieder bei Joseph in Ägyptenland und sprach:
26. «Stehe auf und nimm das Kindlein und seine Mutter Maria zu dir und ziehe hin in das Land Israel; sie alle sind anderer Gesinnung geworden, die dem Kinde nach dem Leben standen.»
27. Und Joseph stand auf, nahm das Kindlein und seine Mutter und ging wieder hinein in das wieder erschienene Licht, das sie nach Israel brachte.
28. Der Himmelssohn Gabriel brachte sie zurück ins galiläische Land.
29. Daselbst wohnten sie in der Stadt, die da heisst Nazareth, auf dass erfüllet würde, was da gesagt ist durch die Propheten: «Jmmanuel soll der Nazarener heissen.»

16. They then went into the stable and found the young child with his mother, Maria, and with Joseph. And they fell down and worshiped the infant and offered their treasures, which were gold, frankincense and myrrh.
17. However, the voice again rang out from the light high above, saying that they should not return to Herodes Antipas because he planned evil for the young child.
18. And they returned to their homeland by another route.
19. After the three wise men had left, behold, the celestial son Gabriel appeared to Joseph, saying:
20. "Arise and take the infant and his mother Maria with you and flee to the land of Egypt. Stay there until I beckon you, because Herodes Antipas is planning to seek out the young child and kill him, since he fears that this babe might wield terrible power.
21. "While you are in the land of Egypt, I will send my delegate to Herodes Antipas to teach him the truth."
22. And Joseph arose and took the young child and his mother by night and escaped under the guidance of the celestial son Gabriel in the descending light, which fled with them to the land of Egypt.
23. Here they remained until Herodes Antipas had a change of mind and his inner fear abated.
24. When Herodes Antipas realized that he had nothing to fear from the young boy, who was credited only with great wisdom and knowledge, he felt safe in his realm. Thus, he promised the delegate of the celestial son Gabriel he would no longer pursue Maria, Joseph and Jmmanuel.
25. Now that Herodes Antipas and his followers had changed their attitude, behold, the celestial son Gabriel appeared again before Joseph in the land of Egypt, and said,
26. "Arise and take the young child and his mother Maria and move to the land of Israel; all those who sought the child's life have had a change of heart."
27. And Joseph stood up, took the child and his mother, and returned into the light which once more had appeared. It brought them to Israel.
28. The celestial son Gabriel brought them back to the land of Galilee.
29. There they dwelled in the city called Nazareth, so that what had been spoken by the prophets would be fulfilled, "Jmmanuel shall be called the Nazarene."

Das 3. Kapitel

Johannes der Täufer

1. Zu gegebener Zeit kam Johannes der Täufer und predigte an den Ufern des Jordans, am Rande der Wüste.
2. Johannes der Täufer predigte die Taufe nach den alten Gesetzen Gottes, wonach der Weg zum Wissen bereitet werde.
3. Er predigte, dass Gottes Gesetze zu befolgen seien, da er für dieses Menschengeschlecht der alleinige Herrscher sei.
4. Er lehrte aber, dass über Gott die Schöpfung stehe, die Gebärung der Welten, Universen und Lebewesen.
5. Und also lehrte er, dass die geschlechtslose Schöpfung das Geheimnis aller Geheimnisse sei, der Tod und das Leben, das Licht und die Finsternis, das Sein und das Nichtsein.
6. Und also lehrte er ein andermal, dass Gott, der Herr, der Herrscher dieses Menschengeschlechts und der Weithergereisten, der Himmelssöhne, die Schöpfung in Ehrfurcht achte.
7. Und es ging zu Johannes dem Täufer hinaus das ganze jüdische Land und alle Leute von Jerusalem und bekannten sich zum Wissen der alten Gesetze Gottes und liessen sich von ihm taufen im Jordan.
8. Er aber, Johannes, hatte ein Kleid von Kamelhaaren und einen ledernen Gürtel um seine Lenden; seine Speise aber war Heuschrecken und wilder Honig.
9. Als er viel des Volkes taufte, also kamen viele Pharisäer und Sadduzäer zu ihm, die ihn mit ihren bösen Reden beschämten.
10. Johannes der Täufer aber sprach: «Ihr Otterngezücht, wer hat denn euch gewiesen, dass ihr dem künftigen Zorne entrinnen werdet, wenn eure irren Lehren erkannt sind?
11. Sehet zu; tut rechtschaffene Frucht der Busse und lernet die Wahrheit.
12. Kehret ab vom Übel eurer irren Lehren, die ihr in Hochmut und im Sinne eurer Machtgier und Schatzgier betreibt.
13. Denket nur nicht, dass ihr bei euch wollt sagen: ‹Wir haben Abram zum Vater.›
14. Ich sage euch: Gott vermag mit seinem Wissen und seiner Kraft Abram aus diesen Steinen Kinder zu erwecken, weil er um das Geheimnis der Schöpfung weiss.
15. Es ist schon die Axt den Bäumen an die Wurzel gelegt; darum, welcher Baum nicht gute Frucht bringt, wird abgehauen und ins Feuer geworfen.

Chapter 3

Johannes Who Gives the Blessing
(John the Baptist)

1. In due course, Johannes the Baptist came to the edge of the wilderness and preached at the banks of the Jordan.
2. Johannes the Baptist preached of blessing in accordance with the old laws of god, according to which the way to knowledge was to be prepared.
3. He preached that god's laws shall be followed because he is the sole ruler of this human species.
4. He preached that above god, however, stands Creation, the source of the worlds, universes and all living creatures.
5. And so he taught that the genderless Creation is the mystery of all mysteries: death and life, light and darkness, being and non-being.
6. And so he taught once again that god, the lord and ruler of this human species and of those who travelled from afar, the celestial sons, holds Creation in high reverence.
7. All Judea and all the people of Jerusalem went forth to Johannes the Baptist, acknowledging the wisdom of the old laws of god, and let themselves be blessed by him in the river Jordan.
8. Johannes wore a garment made from camel's hair and a leather belt around his loins. His food consisted of locusts and wild honey.
9. While he was blessing many of the people, many Pharisees and Sadducees came to him who humiliated him with malicious talk.
10. But Johannes the Baptist spoke, "You brood of adders, who told you that you will escape from future wrath, once your erroneous teachings are revealed?
11. "See to it that you bear righteous fruit of repentance and learn the truth.
12. "Turn away from the evil of your erroneous teachings, which you carry out with arrogance and pursuant with your greed for power and treasures.
13. "Do not think just of saying to each other, 'We have Abram (Abraham) as father.'
14. "I say to you, with his knowledge and his power, god is able to raise up children to Abram out of these stones, because he has knowledge of the secret of Creation.
15. "Already the axe has been laid at the root of the trees. Therefore, any tree that does not bring forth good fruit will be hewn down and thrown into the fire.

16. Ihr Otterngezücht, in zweimal tausend Jahren werdet ihr und eure Nachfahren, die ihr irre Lehren zu eurem eigenen Hochmut in Machtgier und Schatzgier betreibt, vernichtet und der Lüge bestraft werden.
17. So wird es sein, wenn die Menschengeschlechter zu wissen beginnen und die Spreu vom Korne sich scheidet.
18. Es wird die Zeit sein, wenn eure irren Lehren belacht werden und die Menschengeschlechter die Wahrheit finden.
19. So wird es geschehen, wenn die Menschengeschlechter die singenden Lichter und die Feuerwagen bauen, mit denen sie also in den Weltenraum entrücken, so es Gott und sein Gefolge, die Himmelssöhne, tun.
20. So nämlich jene, die uns die Weisheit und das Wissen der Schöpfung lehrten.
21. Jene also, die uns nahelegten, die Naturgesetze zu befolgen und nach ihnen zu leben.
22. Oh ihr Abtrünnigen, ihr Otterngezücht, weicht von diesem Ort, denn ihr seid unrein und verflucht in euren irrigen Lehren.
23. Weichet von diesem Ort, denn ich vermag euch mit Willen nur mit Wasser zur Busse zu taufen; der aber nach mir kommt, ist stärker als ich, und ich bin nicht genug, ihm die Schuhe abzunehmen; er wird euch mit dem Wissen des Geistes taufen und mit dem Feuer der Wahrheit.
24. Und er hat seine Worfschaufel in der Hand; er wird seine Tenne fegen und den Weizen in seine Speicher sammeln; die Spreu aber wird er verbrennen mit unauslöschlichem Feuer.
25. Die Lüge widersteht niemals der Wahrheit, die in ihrem Feuer das Übel vernichtet.»
26. Wie aber Johannes der Täufer so sprach, siehe, zu der Zeit kam Jmmanuel aus Galiläa an den Jordan zu Johannes, dass er sich von ihm taufen liesse.
27. Johannes aber wehrte ihm und sprach: «Ich bedarf wohl, dass ich von dir getauft werde, denn du bist wissender als ich, und du kommst zu mir?»
28. Jmmanuel aber antwortete ihm und sprach: «Lass es jetzt also geschehen, denn so gebührt es uns, alle Gerechtigkeit zu erfüllen, da wir beide irdische Söhne sind.»
29. Da liess Johannes es zu und taufte ihn.
30. Und da Jmmanuel getauft war, stieg er alsbald aus dem Wasser des Jordans; und siehe, da fiel ein metallenes Licht aus dem Himmel und stürzte über den Jordan.
31. Also fielen sie alle auf ihr Angesicht und gruben es in den Sand, derweil eine Stimme aus dem metallenen Lichte sprach:
32. «Dies ist mein lieber Sohn, an welchem ich Wohlgefallen habe; er wird der König der Wahrheit sein, durch die sich die irdischen Menschengeschlechter zu Wissenden erheben sollen.»
33. Siehe, nach diesen Worten begab sich Jmmanuel in das metallene Licht, das unter Feuer und Rauch in den Himmel stieg und über das leblose Meer hinwegglitt, so also das Singen des metallenen Lichtes bald verstummte.
34. Danach ward Jmmanuel vierzig Tage und vierzig Nächte nicht mehr gesehen.

16. "You brood of adders, in two times a thousand years you and your followers, who pursue erroneous teachings out of your own haughtiness in your greed for power and treasures, shall be vanquished and, on account of your lies, punished.
17. "So it shall be when the human species begin to comprehend, and when the chaff is separated from the grain.
18. "It will be at the time when your erroneous teachings will be laughed at and the human species discover the truth.
19. "This will come to pass when the human species build singing lights and chariots of fire, with which they can escape into the cosmos, as is done by god and his followers, the celestial sons,
20. "namely those who taught us the wisdom and knowledge of Creation,
21. "and who urged us to obey the laws of nature and live according to them.
22. "O you renegades, you brood of adders, get away from this place, because you are impure and cursed in your erroneous teachings.
23. "Get away from this place, because I can by my own accord bless you into repentance only with water; but he who comes after me is stronger than I, and I am not worthy of removing his sandals. He will bless you with the knowledge of the spirit and with the fire of truth.
24. "He has his winnowing fork in his hand; he will sweep his threshing floor and gather the wheat into his granary, but he will burn the chaff with unquenchable fire.
25. "The lie can never withstand the truth, which destroys evil in its fire."
26. As Johannes the Baptist thus spoke, behold, Jmmanuel of Galilee then approached Johannes at the Jordan, to be blessed by him.
27. Johannes, however, refused him and spoke, "It is I who need to be blessed by you because you possess greater knowledge than I. And you come to me?"
28. But Jmmanuel answered him, "Let it happen so now, because it is fitting for us to fulfil all justice, since we are both sons of the Earth."
29. So Johannes consented and blessed him.
30. When Jmmanuel had been blessed, he soon came out of the water of the Jordan, and behold, a metallic light fell from the sky and rushed over the Jordan.
31. Consequently they all fell on their faces and pressed them into the sand while a voice from the metallic light spoke:
32. "This is my beloved son with whom I am well pleased. He will be the king of truth, through which the terrestrial human species shall rise as wise ones."
33. Behold, after these words Jmmanuel entered into the metallic light, which climbed into the sky, surrounded by fire and smoke, and passed over the lifeless sea, as the singing of the metallic light soon faded away.
34. After that, Jmmanuel was no longer seen for forty days and forty nights.

Das 4. Kapitel

Jmmanuels Arkanum

1. Und von diesem Tage an weilte Jmmanuel nicht mehr unter den Menschenkindern dieser Menschengeschlechter.
2. Jmmanuel ward von der Erde aufgehoben, und keiner wusste, wohin er aufgehoben worden und also was ihm auch widerfahren war.
3. Er ward dann aber abgesetzt von dem metallenen Lichte zwischen Nord und West, dort, wo die Wächterengel Schnüre (Richtlinien) empfangen hatten, also sie damit den Ort für die Auserwählten messen mussten.
4. So lebte er vierzig Tage und vierzig Nächte zwischen den Winden von Nord und West, wo er das Arkanum (Geheimnis) des Wissens empfing.
5. Er verbrachte in Belehrung seine Tage bei den weisen Heiligen Gottes und bei den Wächterengeln, den Himmelssöhnen.
6. Diese lehrten ihn die Weisheit des Wissens.
7. Sie lehrten ihn die Herrschaft Gottes über die irdischen Menschengeschlechter und über seine Himmelssöhne.
8. Also erklärten sie ihm auch die Allmacht der Schöpfung der Universen.
9. Ebenso belehrten sie ihn über die Unsterblichkeit des Geistes durch die Wiedergeburt.
10. Dort sah er die ersten Väter also, die Heiligen von uralter Zeit, die da waren die Väter der irdischen Menschengeschlechter: Die Himmelssöhne.
11. Von da an ging er gen Norden an den Enden der Erde hin, wo die metallenen Lichter und die Feuerwagen aus dem Himmel kamen oder singend in Rauch und Feuer gehüllt emporschossen.
12. Dort sah er ein grosses und herrliches Wunder an den Enden der ganzen Erde.
13. Er sah daselbst die Himmelstore offen, von denen es drei verschiedene gab.
14. Gross wie die Fläche des leblosen Meeres am Jordan strahlten die Himmelstore in hellstem Sohar.
15. Darin war wirklich strahlend das ganze Land Israel lebendig und wahr, Mensch und Tier und alles was da stand.
16. In diesem ersten Himmelstor also ward kein Geheimnis verborgen, denn der Sohar drang in den kleinsten Raum der Hütten und offenbarte das letzte Vertraute.
17. Im zweiten Himmelstor erhoben sich mächtige Berge, deren Gipfel also in den Himmel reichten und in den Wolken verschwanden.
18. Bis tief hinunter lag viel Masse tiefer Schnee, an dessen Grenzen ein anderes Menschengeschlecht von brauner Hautfarbe seine Hütten erbaute.
19. Das dritte Himmelstor offenbarte also ein Land von riesigen Ausmassen, gebirgig, mit Flüssen, Seen und Meeren durchzogen, da wieder ein anderes Menschengeschlecht wohnte.

Chapter 4

Jmmanuel's Arcanum

1. From this day on, Jmmanuel no longer lived among the children of these human species.
2. Jmmanuel was lifted up from the Earth, and no one knew where he had been taken or what had happened to him.
3. But then he was set down by the metallic light between North and West, in a place where the guardian angels had received cords (guidelines) by which they were to evaluate the site for the chosen ones.
4. Thus, he lived for forty days and forty nights between the winds of the North and the West, where he received the arcanum (secrets) of knowledge.
5. During this instruction period he spent his days with the wise saints of god and the guardian angels, the celestial sons.
6. They taught him the wisdom of knowledge.
7. They taught him about the power of god over terrestrial human species and over his celestial sons.
8. They also explained to him the almightiness of the Creation of the universes.
9. They also taught him about the immortality of the spirit through rebirth.
10. There he saw the first forefathers, the saints of ancient times, who were the celestial sons and the fathers of the terrestrial human species.
11. From there he went to the North towards the ends of the Earth, where the metallic lights and chariots of fire came down from the sky or shot upwards with a singing sound, enveloped in smoke and fire.
12. There, at the ends of the entire Earth, he saw a great and marvellous wonder.
13. In that place he saw the celestial portals open, of which there were three different ones.
14. The celestial portals radiated in the most brilliant Sohar an area as large as the lifeless sea on the river Jordan.
15. Actually gleaming therein was the entire land of Israel, alive and true, human beings and animals and everything that was there.
16. In this first celestial portal, no secret was concealed, because the Sohar entered into the smallest spaces in the cottages and revealed the last intimate detail.
17. Inside the second celestial portal, there rose mighty mountains, whose peaks reached into the sky and disappeared into the clouds.
18. Far below lay deep masses of snow, at whose edges a different, brown-skinned human species built their huts.
19. The third celestial portal revealed a land of gigantic dimensions, mountainous and interspersed with rivers, lakes and seas, where yet another human species dwelled.

20. Unweit dieser drei Himmelstore war der Palast Gottes erbaut, des Herrschers dieser Menschengeschlechter und der Weithergereisten, der Himmelssöhne, der Wächterengel.
21. In seinem Palast herrschte Gott über die drei von ihm gezeugten Menschengeschlechter und über sein Gefolge, die Himmelssöhne.
22. Unsterblich und uralt war er von riesenhaftem Wuchs wie die Himmelssöhne.
23. Im Palaste Gottes erschienen Jmmanuel zwei sehr grosse Männer, wie er solche niemals auf der Erde gesehen hatte.
24. Ihr Angesicht leuchtete wie die Sonne, ihre Augen glichen brennenden Fackeln; und aus ihrem Munde ging Feuer hervor; ihre Kleidung ähnelte einer Verteilung von Schaum; und ihre Arme waren wie goldene Flügel.
25. Sie lebten in einer ihnen eigenen Welt, weil die Luft dieser Erdenwelt sie getötet hätte.
26. Diese beiden Siebengestirnmänner waren heilige Lehrer, zusammen mit zwei kleiner gewachsenen Männern, die also sprachen, dass sie Baawimänner seien.
27. Sie sprachen: «Menschen sind vom Himmel zur Erde gekommen, und andere Menschen sind von der Erde in den Himmel aufgehoben worden, und die vom Himmel gekommenen Menschen sind lange auf der Erde geblieben und haben die intelligenten Menschengeschlechter gezeugt.
28. Siehe, die von den Himmelssöhnen gezeugten Menschenkinder waren eigentümlich von den alten Erdenmenschen verschieden.
29. Sie waren nicht wie ein Mensch der Erde, sondern gleich den Kindern der Engel des Himmels, und anders geartet.
30. Ihr Leib war weiss wie Schnee und rot wie Rosenblüte, und die Haupthaare und Scheitelhaare weiss wie Wolle, und die Augen schön.
31. Die Menschengeschlechter nun werden also das Erbe dieser Schönheit behalten und weiterzeugen.
32. Sie werden sich aber im Laufe der Jahrhunderte und Jahrtausende zusammentun mit anderen Menschengeschlechtern der Erde und der Himmel, so sie neue Menschengeschlechter zeugen und spezielle Rassen, wie die Himmelssöhne mit den Erdenmenschen.
33. Jmmanuel, du bist ein Wissender, aus unseren Reihen gezeugt von einem Himmelssohne.
34. Mit deinem Wissen wirst du Unmögliches möglich machen und Dinge vollbringen, die von den Menschengeschlechtern als Wunder bezeugt werden.
35. Du kennst die Kraft des Bewusstseins, doch hüte dich, sie missbräuchlich anzuwenden.
36. Dein eigenes weises und das durch uns erlangte Wissen soll zum Wohle der Menschengeschlechter gereichen, doch wird der Weg dahin für sie und für dich sehr schwer sein.
37. Du wirst verkannt und verleugnet werden, denn die Menschengeschlechter sind noch unwissend und dem Wahnglauben verfallen.
38. Sie glauben, dass Gott die Schöpfung selbst wäre und nicht der Herrscher der Himmelssöhne und dieser Menschengeschlechter.

20. Not far from these three celestial portals had been built the palace of god, the powerful one of these terrestrial human species and of those who had travelled from afar, the celestial sons, the guardian angels.
21. In his palace, god held the power over the three human species created by him and over his following, the celestial sons.
22. He was immortal, ancient and of giant size like the celestial sons.
23. In the palace of god, there appeared to Jmmanuel two very tall men, the likes of whom he had never seen on Earth.
24. Their faces shone like the sun, and their eyes looked like burning torches. From their mouths issued fire. Their clothing resembled a covering of foam, and their arms were like golden wings.
25. They inhabited an environment of their own, because the air of this earthly world would have been fatal for them.
26. These two men from the constellation of the seven stars were venerable teachers, and they were together with two smaller men who said that they were from Baawi.
27. They said: "People have come from the skies to Earth, and other people have been lifted from Earth into the skies; the people coming from the skies remained on Earth for a long time, and they created the intelligent human species.
28. "Behold, human beings begotten by the celestial sons were different in a unique way from other people on Earth.
29. "They were not like Earth humans but like the children of the celestial angels, and of a different kind.
30. "Their bodies were white as snow and red as the rose blossom, their hair at the top of the head and the beard white as wool and their eyes beautiful.
31. "The human species will now retain their inherited beauty and propagate it further.
32. "But in the course of centuries and millennia they will mix with other human species of the Earth and skies, so as to generate a new human species and special races, as the celestial sons did with the Earth people.
33. "Jmmanuel, you are an informed insider, begotten from among our ranks by a celestial son.
34. "With your knowledge you will make the impossible possible and accomplish things that the human species will attest as miracles.
35. "You know the power of the consciousness, but beware of abusing it.
36. "Your own wisdom and the knowledge obtained through us should contribute to the well-being of the human species, though the road leading thereto will be very difficult for them and for you.
37. "You will be misunderstood and denounced, because the human species are still ignorant and addicted to delusional beliefs.
38. "They believe that god is Creation itself and not the ruler of the celestial sons and these human species.

39. Die Erdenmenschen dichten ihm die Allmacht der Schöpfung an und verherrlichen ihn als die Schöpfung selbst.
40. Gott aber ist ein Mensch wie alle Himmelssöhne und die Menschengeschlechter, nur, er ist bewusstseinsmässig ungeheuer viel grösser als sie.
41. Die Schöpfung steht also unmessbar viel höher als Gott, der Herr über Himmelssöhne und Menschengeschlechter, denn die Schöpfung ist das unmessbare Geheimnis.
42. Auch dich, Jmmanuel, werden sie als Gott und seinen eingeborenen Sohn beschimpfen, und auch dich also der geheimnisvollen Schöpfung gleichstellen.
43. Achte dich dieser irren Lehren jedoch nicht, denn es wird Jahrtausende dauern, ehe die Menschenkinder dieser Menschengeschlechter die Wahrheit zu erkennen vermögen.
44. Es wird viel Menschenblut fliessen deinetwegen, deines also, wie das unzähliger Generationen.
45. Ungeachtet dessen: Erfülle deine Mission als Weisheitskönig, als Sohn Gabriels, des Himmelssohnes.
46. Im Namen Gottes wurde das Gesetz erlassen dich zu zeugen, so du also als Prophet und Wegbereiter des weisen Wissens diesen Menschengeschlechtern wirkend sein sollst.
47. Erfülle deine Mission unbeirrbar, wider alle Unvernunft und wider alle irren Lehren der Schriftgelehrten und Pharisäer und also wider das ungläubige Volk.
48. Also werden nach Erfüllung deiner Mission Jahrhunderte und zwei Jahrtausende vergehen, ehe die Wahrheit deines unter das Volk gebrachten Wissens von einigen Menschenkindern erkannt und verbreitet werden wird.
49. Erst zur Zeit der himmelstürmenden Maschinen wird die Wahrheit durchbrechen, und also die irre Lehre langsam ins Wanken geraten, dass du Gottes Sohn oder die Schöpfung wärest.
50. Dies aber wird also die Zeit sein, da wir Himmelssöhne uns den Menschengeschlechtern neu zu offenbaren beginnen, wenn sie wissend geworden sind und mit ihrer gewonnenen Macht die Gefüge der Himmel bedrohen werden.»
51. So sprachen sie, die Himmelssöhne zwischen Nord und West, ehe sie Jmmanuel im metallenen Licht zurückbrachten nach Israel, ins galiläische Land also.
52. Da nun Jmmanuel hörte, dass Johannes der Täufer gefangengelegt war, verliess er die Stadt Nazareth, kam und wohnte zu Kapernaum, das da liegt am See im Lande Sebulon und Naphtali.
53. Seit der Zeit fing Jmmanuel an zu predigen und sagte: «Tuet Busse und kehret euch der Wahrheit und dem Wissen zu, denn sie allein bringen das Leben!»
54. Als nun Jmmanuel am galiläischen Meer ging, sah er zwei Brüder, Simeon, der da heisst Petrus, und Andreas, seinen Bruder; die warfen ihre Netze ins Meer, denn sie waren Fischer.
55. Und er sprach zu ihnen: «Folget mir nach; ich will euch das Wissen lehren und euch zu Menschenfischern machen.»
56. Alsbald verliessen sie ihre Netze und folgten ihm nach.

39. "Earth people attribute to him the almightiness of Creation and glorify him as Creation itself.
40. "But god is a human being, like all the celestial sons and the human species, except that he is vastly greater in consciousness than they are.
41. "Creation, however, is of immeasurably higher standing than god, the lord over the celestial sons and terrestrial human species, because Creation is the immeasurable enigma.
42. "Jmmanuel, you will also be slandered as god and as his only-begotten son, and you, too, will be equated with the mysterious Creation.
43. "Do not heed these erroneous teachings, however, because millennia will pass before the people of these human species are capable of recognizing the truth.
44. "Much human blood will be shed because of you, including your own and that of countless generations.
45. "Notwithstanding, fulfil your mission as the king of wisdom, as the son of Gabriel, the celestial son.
46. "The law for your creation was issued in the name of god, so that you may serve as prophet and giver of wise knowledge for these human species.
47. "Fulfil your mission unperturbed by the irrationality and all erroneous teachings of the scribes and Pharisees, and despite the disbelieving people.
48. "Hence, following the fulfilment of your mission, centuries and two millennia will pass before the truth of the knowledge you brought to the people will be recognized and disseminated by a few human beings.
49. "Not until the time of space-rushing machines will the truth break through and gradually shake the erroneous teachings that you are the son of god or Creation.
50. "And this will be the time when we celestial sons begin to reveal ourselves anew to the human species, when they will have become knowing and will threaten the structure of the skies with their acquired power."
51. Thus they spoke, the celestial sons between the North and the West, before bringing Jmmanuel in the metallic light back to Israel, to the land of Galilee.
52. When Jmmanuel heard that Johannes the Baptist had been imprisoned, he left the town of Nazareth, came to and lived in Capernaum, which lies by the sea in the land of Zebulon and Naphtali.
53. From that time onward Jmmanuel began to preach, saying, "Repent and turn to the truth and knowledge, because they alone bring you life!"
54. When Jmmanuel went by the Sea of Galilee, he saw two brothers, Simon, who is called Petrus (Peter), and Andreas (Andrew), his brother, casting their nets into the sea for they were fishermen.
55. And he said to them, "Follow me; I will teach you knowledge and make you fishers of people."
56. Thereupon, they left their nets and followed him.

57. Und als er von dannen weiterging, sah er zwei andere Brüder, Jakobus, den Sohn des Zebedäus, und Johannes, seinen Bruder, im Schiff mit ihrem Vater Zebedäus, dass sie ihre Netze flickten.
58. Und er rief sie.
59. Alsbald verliessen sie das Schiff und ihren Vater und folgten ihm nach.
60. Und Jmmanuel ging umher im ganzen galiläischen Lande, lehrte in ihren Synagogen und predigte das Wissen des Geistes und heilte alle Krankheit und alle Gebrechen im Volk.
61. Und die Kunde von ihm erscholl in ganz Syrienland, und sie brachten zu ihm alle Kranken, mit mancherlei Leiden und Plagen behaftet, die Besessenen, die Mondsüchtigen und die Gichtbrüchigen; und er machte sie gesund.
62. Und es folgte ihm nach viel Volk aus Galiläa, aus den zehn Städten, von Jerusalem, aus dem jüdischen Lande und von jenseits des Jordans.

57. As he went on, he saw two other brothers, Jakobus (Jacob), the son of Zebedäus (Zebedee), and Johannes (John), his brother, in the boat along with their father, Zebedäus, mending their nets.
58. And he called them.
59. Forthwith they left the boat and their father, and followed him.
60. Jmmanuel went about in the entire land of Galilee, teaching in their synagogues, preaching the knowledge of the spirit, and healing all diseases and shortcomings among the people.
61. News of him spread through the entire land of Syria, and they brought to him all the sick afflicted with various diseases and torments, the possessed, the lunatics, and the paralytics; and he made them well.
62. And many people followed him—from Galilee, from the Decapolis, from Jerusalem, from the land of Judea and from beyond the Jordan.

Das 5. Kapitel

Die Bergpredigt

1. Da Jmmanuel aber das Volk sah, das ihm nachfolgte, ging er auf einen Berg und setzte sich; und seine Jünger traten zu ihm.
2. Und er lehrte sie und sprach:
3. «Selig sind die, die bewusstseinsmässig reich sind und die Wahrheit erkennen, denn das Leben ist ihrer.
4. Selig sind die, die da Leid tragen, denn daraus erkennen sie die Wahrheit und sollen getröstet werden.
5. Selig sind die bewusstseinsmässig Ausgeglichenen, denn sie werden das Wissen besitzen.
6. Selig sind die, die da hungern und dürsten nach Wahrheit und Wissen, denn sie sollen satt werden.
7. Selig sind die, die den Naturgesetzen nachleben, denn sie leben nach dem Schöpfungsplan.
8. Selig sind die, die reinen Gewissens sind, denn sie brauchen sich nicht zu fürchten.
9. Selig sind die Schöpfungswissenden, denn sie frönen nicht einer irren Lehre.
10. Selig sind die Gerechten, denn ihnen ist die Natur untertan.
11. Selig seid ihr, wenn euch die Menschen um meinetwillen und um unserer Lehre willen schmähen und verfolgen und reden allerlei Übles wider euch, so sie daran lügen.
12. Seid fröhlich und getrost; das Leben und das Wiederleben wird es euch wohl lohnen; denn also haben die Wahrheitsschmähenden verfolgt die Propheten, die vor euch gewesen sind, und also werden sie auch euch verfolgen.
13. Ihr seid das Salz der Erde, und wenn nun das Salz kraftlos wird, womit soll man salzen?, es ist zu nichts hinfort nütze, denn dass man es hinausschütte und lasse es die Leute zertreten.
14. Ihr seid das Licht der Welt und bedenket: Es kann die Stadt, die auf einem Berge liegt, nicht verborgen sein.
15. Man zündet auch nicht ein Licht an und stellt es unter einen Scheffel, sondern auf einen Leuchter; so leuchtet es allen, die im Hause sind.
16. So soll euer Licht leuchten vor den Leuten, dass sie eure guten Werke sehen und die Wahrheit eures Wissens erkennen.
17. Ihr sollt nicht wähnen, dass ich gekommen bin, das Gesetz oder die Propheten aufzulösen; ich bin nicht gekommen aufzulösen, sondern zu erfüllen und das Wissen zu offenbaren.
18. Denn wahrlich, ich sage euch: Bis dass Himmel und Erde vergehen, wird nicht vergehen der kleinste Buchstabe noch ein Tüpfelchen vom Gesetze der Schöpfung und den Gesetzen der Natur, bis dass es alles geschehe.

Chapter 5

The Sermon On the Mount

1. When Jmmanuel saw the people following him, he went up a hill and sat down; and his disciples came to him.
2. And he taught them, saying:
3. "Blessed are those who are rich in consciousness and recognize the truth, for life is theirs.
4. "Blessed are those who endure hardship, for they shall thus recognize truth and be comforted.
5. "Blessed are those balanced in consciousness, for they shall possess knowledge.
6. "Blessed are those who hunger and thirst for truth and knowledge, for they shall be satisfied.
7. "Blessed are those who live according to the laws of nature, for they live according to the plan of Creation.
8. "Blessed are those who have a clear conscience, for they need not fear.
9. "Blessed are those who know about Creation, for they are not enslaved by erroneous teachings.
10. "Blessed are the righteous, for nature is subject to them.
11. "Blessed are you if, on my account and because of our teachings, people defame and persecute you and speak all manner of evil against you; thus they lie about the teachings.
12. "Be of good cheer and take comfort; this life and the next life will reward you. For so have the defamers of the truth persecuted the prophets who were before you, and so will they also persecute you.
13. "You are the salt of the Earth, and if the salt loses its flavour, with what would one salt? It is useless henceforth, unless it be thrown out and stepped on by the people.
14. "You are the light of the world, and consider: The city that lies on top of a mountain cannot be hidden.
15. "One does not light a candle and place it under a bushel, but on a candlestick; thus it shines for all those who are in the house.
16. "Likewise your light shall shine before the people, so they see your good deeds and recognize the truth of your knowledge.
17. "Do not think that I have come to do away with the law or the prophets; I have come not to undo, but to fulfil and to reveal the knowledge.
18. "Truly, I say to you: Until the skies and the Earth vanish, neither a letter nor a dot of the law of Creation and the laws of nature will vanish, until all is fulfilled.

19. Wer eines der kleinsten Gesetze oder Gebote auflöst und die Leute die Lehre irrig lehrt, der wird der Kleinste heissen; wer die Lehre aber wahrlich verbreitet, der wird gross heissen und den Dank des Geistes erhalten.
20. Denn ich sage euch: Es sei, wenn eure Gerechtigkeit nicht besser ist als die der Schriftgelehrten und Pharisäer, so werdet ihr nicht den Dank des Bewusstseins und des Lebens erhalten.
21. Ihr habt gehört, dass zu den Alten gesagt ist: Du sollst nicht töten; wer aber tötet, der soll des Gerichts schuldig sein.
22. Ich aber sage euch: Übt Gerechtigkeit nach dem Naturgesetz der Schöpfung, so ihr das Urteil in der Logik findet.
23. Schuldig sind alle, die nicht aus Notwehr oder nach einem in Notwehr gegebenen Gesetzesurteil handeln, wenn sie töten; oder schuldig sind alle, die üble Reden und Handlungen führen.
24. Gerechtigkeit nach den Naturgesetzen der Schöpfung allein ergibt ein Urteil in Logik.
25. Seid nicht willfährig euren Widersachern, wenn ihr im Recht seid und der Richter voraussichtlich zu euren Gunsten entscheiden muss.
26. Wahrlich, ich sage euch: Ihr werdet nur dann Gerechtigkeit erlangen, wenn ihr sie selbst findet und euren Nächsten verständlich machen könnt.
27. Ihr habt gehört, dass gesagt ist: Du sollst nicht ehebrechen.
28. Ich aber sage euch: Wer ausser seinem eigenen Gemahl beischläft, der oder die soll den Gerichten überantwortet werden, denn es ist menschlich unwürdig, verachtenswert und verstösst wider die Gesetze der Natur.
29. Wenn dir aber dein rechtes oder linkes Auge Ärgernis schafft, so reiss es aus und wirf es von dir, denn es ist dir besser, dass eins deiner Glieder verderbe und nicht der ganze Leib.
30. Wenn dir ein Gedanke Ärgernis schafft, dann vernichte ihn und verbanne ihn aus deinem Hirn, denn es ist besser einen ärgerniserregenden Gedanken zu verderben und nicht die ganze Gedankenwelt in Aufruhr zu bringen.
31. Es ist auch gesagt: Wer sich von seinem Gemahl scheidet, der soll einen Scheidebrief aushändigen.
32. Ich aber sage euch: Wer sich von seinem Gespan scheidet, es sei denn wegen Ehebruchs, der macht, dass die Ehe bricht; wer einen schuldig geschiedenen Gespan freit, der begeht Ehebruch also.
33. Ihr habt weiter gehört, dass zu den Alten gesagt ist: Du sollst keinen falschen Eid tun und sollst Gott deinen Eid halten.
34. Ich aber sage euch, dass ihr überhaupt nicht schwören sollt; so schwört nicht beim Himmel, denn er ist unendlich und unmessbar.
35. Und schwört nicht bei der Erde, denn sie ist vergänglich; auch schwört nicht bei Jerusalem, denn sie ist eine vergängliche Stadt, erbaut von Menschenhand.
36. Auch sollst du nicht bei deinem Haupte schwören, denn du vermagst nicht ein einziges Haar in seiner Farbe zu ändern.
37. Schwöre auch nicht beim Andenken an einen Menschen oder einen Gegenstand, denn alle sind sie vergänglich.
38. Eure Rede sei in jedem Fall nur: Ja, ja oder nein, nein, denn was darüber ist, verstösst wider die Gesetze.

19. "Whosoever violates one of the smallest of the laws or commandments and teaches the people falsely, will be called the smallest; but whosoever spreads the teachings truthfully will be called great and will receive the reward of the spirit.
20. "I tell you: If your righteousness does not exceed that of the scribes and Pharisees, you will not receive the reward of the consciousness and of life.
21. "You have heard that it was said to your ancestors: 'You shall not kill; but whosoever kills shall be found guilty by the courts.'
22. "However, I say to you: Exercise justice according to the natural laws of Creation, so that you find the judgment in logic.
23. "Guilty are all those who kill when not acting in self-defence or according to legal verdict based on self-defence. Likewise, guilty are all those who engage in evil speech and actions.
24. "Only justice according to the natural laws of Creation produces a logical judgment.
25. "Do not accommodate your adversaries if you are in the right and the judge will probably have to decide in your favour.
26. "Truly, I say to you: You will attain justice only when you find it yourself and can make your fellow human beings understand it.
27. "You have heard that it was said: 'You shall not commit adultery.'
28. "But I say to you: Whosoever has sexual intercourse with someone other than their spouse shall be delivered to the courts, for it is an act unworthy of human beings, contemptible and an offence against the laws of nature.
29. "If, however, your right or left eye causes annoyance, tear it out and throw it away, because it is better for you that just one of your members be destroyed than your whole body.
30. "If a thought causes you annoyance, eradicate it and ban it from your brain. It is better to destroy a thought that incites annoyance than to bring the whole world of thought into an uproar.
31. "It has also been said: 'Whosoever divorces his spouse shall hand over a certificate of divorce.'
32. "However, I say to you: Whosoever separates from their spouse, except in response to adultery, commits adultery; whosoever marries a person who is guilty in a divorce also commits adultery.
33. "You have further heard it said to your ancestors: 'You shall take no false oath, and you shall keep your oath to god.'
34. "However, I say to you that you shall not swear at all; do not swear by the skies, because they are infinite and immeasurable.
35. "Neither swear by the Earth, because it is impermanent, nor swear by Jerusalem, because it is an impermanent city built by human hands.
36. "You shall also not swear by your head, because you cannot change the colour of a single hair.
37. "Also do not swear by the kind memory of a person or a thing, for they are all impermanent.
38. "Let your speech at all times simply be: 'Yes, yes' or 'no, no.' Anything beyond that goes against the laws.

39. Ihr habt gehört, dass da gesagt ist: Auge um Auge und Zahn um Zahn.
40. Ich aber sage euch: Übet Gerechtigkeit nach dem Naturgesetz der Schöpfung, so ihr das Urteil in der Logik findet.
41. Entbiete deine Liebe rundum da, da sie gerechtfertigt ist, und strafe allda, da das Naturgesetz Strafe fordert.
42. Gebe dem, der dich bittet, wenn er in Ehrlichkeit seine Bitte darbringt, und wende dich von dem, der dir in Unehrlichkeit abborgen will.
43. Ihr habt gehört, dass gesagt ist: Du sollst deinen Nächsten lieben und deinen Feind hassen.
44. Ich aber sage euch: Übet Liebe und Verständnis nach dem Naturgesetz der Schöpfung, so ihr das richtige Handeln und Empfinden in der Logik findet.
45. Entbiete deine Liebe rundum da, da sie gerechtfertigt ist, und verachte allda, da das Naturgesetz es fordert.
46. Ihr sollt weise sein und das Wissen lernen, denn ihr sollt vollkommen werden im Bewusstsein wie die Schöpfung, die euch erschuf.
47. Ihr sollt im Laufe der Wiederleben euren Geist und euer Bewusstsein schulen und vollkommen werden lassen, also ihr eins werdet mit der Schöpfung.»

39. "You have heard it said: 'An eye for an eye, and a tooth for a tooth.'
40. "But I say to you, exercise justice according to the natural laws of Creation, so that you find the verdict in logic.
41. "Offer your love wherever it is warranted, and punish wherever the law of nature demands punishment.
42. "Give to them who ask of you, if they make their requests in honesty, and turn away from them who want to borrow from you in a dishonest way.
43. "You have heard it said, 'You shall love your neighbour and hate your enemy.'
44. "However, I say to you: Practice love and understanding according to the natural laws of Creation, so that through logic you find the right action and perception.
45. "Offer your love where it is warranted, and despise where the law of nature demands it.
46. "You shall be wise and acquire knowledge, because you shall become perfect in consciousness as the Creation which created you.
47. "Over the course of incarnations you shall train your spirit and your consciousness and allow them to develop to perfection, so that you become one with Creation."

Das 6. Kapitel

Das Almosen, das Fasten, die Schätze und das Sorgen

1. «Habt acht auf eure Frömmigkeit, dass ihr sie mit richtigen Worten übet vor den Leuten, auf dass ihr nicht von ihnen der Lüge beschimpfet werdet, dadurch ihr keinen Lohn bei ihnen findet.
2. Wählet eure Worte in natürlicher Logik und berufet euch auf das Wissen und Handeln der Natur.
3. Wenn du nun Almosen gibst, sollst du nicht lassen von dir posaunen, wie die Heuchler tun in den Synagogen und auf den Gassen, auf dass sie von den Leuten gepriesen werden; wahrlich, ich sage euch: Sie haben ihren Lohn dahin, denn ihr Almosen gilt nur der Selbstsucht.
4. Und wenn ihr betet, sollt ihr nicht sein wie die Heuchler, die da gerne stehen und beten in den Synagogen und an den Ecken auf den Gassen, auf dass sie beten nur für ihre Selbstsucht und das Ansehen vor den Leuten.
5. Und wenn ihr betet, sollt ihr die Allmacht des Geistes anrufen, und ihr sollt nicht irres Zeug plappern wie die Götzenanbeter, Unverständigen und Selbstsüchtigen, denn sie meinen, sie werden erhöret, wenn sie viele Worte machen.
6. Des Menschen Schöpfungs-Geist-Teil bedarf nicht vieler Worte, jedoch des Wissens darum, dass er machtvoll ist.
7. Betet darum im Wissen zur Allmacht des Geistes, dass seine Grösse und Kraft unendlich ist.
8. Verstehet ihr nicht direkt zur Allmacht des Geistes zu beten, dann behelfet euch mit einem Heiligtum, über das ihr ins Bewusstsein gelanget.
9. Gleichet aber auch niemals den Unverständigen, Heuchlern, Götzenanbetern und Selbstsüchtigen, die ein Heiligtum verehren im Glauben, dass die Allmacht des Geistes darinnen wohne.
10. Seid wissend, dass auch durch ein Heiligtum die Allmacht des Geistes stets in euch selbst wohnet.
11. Betet daher als Wissende, und darum sollt ihr also beten:
12. ‹Mein Geist (Bewusstsein), der du bist in Allmacht.
13. Dein Name sei geheiligt.
14. Dein Reich inkarniere sich in mir.
15. Deine Kraft entfalte sich in mir, auf Erden und in den Himmeln.
16. Mein tägliches Brot gib mir heute, so ich erkenne meine Schuld, und ich erkenne die Wahrheit.
17. Und führe mich nicht in Versuchung und Verwirrung, sondern erlöse mich vom Irrtum.

Chapter 6

Alms, Fasting, Treasures, and Concerns

1. "Be mindful of your piety, that you practice it before the people with correct words, lest you be accused of lying and thereby find no reward from them.
2. "Choose your words using natural logic, and draw upon the knowledge and behaviour of nature.
3. "When you give alms, you do not let it be trumpeted, as do the hypocrites in the synagogues and on the streets, that they may be praised by the people; truly, I say to you, they have lost their reward, because their alms serve only their selfishness.
4. "And when you pray, you shall not be like the hypocrites, who enjoy standing and praying in the synagogues and on the corners of the streets, because they pray only for the sake of their selfishness and the impression they have upon the people.
5. "When you pray, you shall call upon the almightiness of the spirit and not babble misleading nonsense like the idol worshippers, the ignorant and the selfish, because they think they are heard when they use many words.
6. "The Creation-spirit part of the human has no need for many words, however human beings need the knowledge of how powerful it is.
7. "Pray therefore to the almightiness of the spirit, in the knowledge that its greatness and power are infinite.
8. "If you do not know how to pray directly to the almighty power of the spirit, make use of something sacred by which you can reach the consciousness.
9. "But be never like the ignorant, the hypocrites, the worshippers of false gods, and the selfish, who worship something sacred in the belief that the almightiness of the spirit dwells in it.
10. "Be aware, however, that the almighty power of the spirit always dwells within you regardless of your usage of a sacred object or place.
11. "Therefore pray as one who knows; thus you should pray as follows:
12. "'My spirit (consciousness), you exist within almightiness.
13. "'May your name be holy.
14. "'May your world incarnate itself within me.
15. "'May your power unfold itself within me, on Earth and in the skies.
16. "'Give me today my daily bread, that I may recognize my wrongdoings and the truth.
17. "'And lead me not into temptation and confusion, but deliver me from error.

18. Denn dein ist das Reich in mir und die Kraft und das Wissen in Ewigkeit. — Amen›.
19. Denn wenn ihr betet zu eurem Geist (Bewusstsein), so wird er euch geben, was ihr erbittet, denn wisset in Wissen, so werdet ihr's empfangen.
20. Wenn ihr aber glaubet an irrige Lehren, dass die Kraft und der Geist nicht in euch selbst wohnen, dann werdet ihr ohne Wissen sein und bewusstseinsmässig in Armut leben.
21. Wohl werdet ihr auch hie und da empfangen, was ihr in irrem Glauben von zweckentfremdeten Heiligtümern, von Götzen und Göttern erbittet, doch empfanget ihr dabei nur aus starkem irren Glauben heraus, ohne Wissen der wirklichen Wahrheit.
22. Denn wahrlich, ich sage euch: Selig sind nur die, die der wirklichen Wahrheit und dem Wissen frönen, denn nur sie empfangen in Ehrlichkeit.
23. Wenn ihr fastet, sollt ihr nicht sauer sehen wie die Heuchler, denn sie verstellen ihr Angesicht, auf dass sie vor den Leuten scheinen mit ihrem Fasten.
24. Wahrlich, ich sage euch: Sie haben ihren Lohn dahin, denn sie fasten nur um ihres selbstsüchtigen Ansehens willen.
25. Wenn du aber fastest, so salbe dein Haupt und wasche dein Angesicht, auf dass du nicht scheinest vor den Leuten mit deinem Fasten, sondern vor deinem eigenen Bewusstsein, welcher im Verborgenen ist.
26. Du fastest ja um deiner Gesundheit willen und um die Erweiterung deines Bewusstseins und deines Geistes und Wissens.
27. Ihr sollt euch auch nicht grosse Schätze sammeln auf Erden, wo sie die Motten und der Rost fressen und wo die Diebe nachgraben und stehlen.
28. Sammelt euch aber Schätze im Geiste und im Bewusstsein, wo sie weder von Motten noch von Rost gefressen werden, und wo die Diebe nicht nachgraben noch stehlen.
29. Denn wo euer Schatz ist, da ist auch euer Herz; und der wahre Schatz ist die Weisheit und das Wissen.
30. Das Auge ist deines Leibes Leuchte.
31. Wenn dein Auge lauter ist, so wird dein ganzer Leib Licht sein.
32. Wenn aber dein Auge böse ist, so wird dein ganzer Leib finster sein.
33. Wenn nun das Licht in dir duster ist, wie gross wird dann die Finsternis sein!
34. Niemand kann zwei Herren dienen; entweder er wird den einen hassen und den anderen lieben, oder er wird dem einen anhangen und den anderen verachten.
35. Ihr könnt nicht eurem Bewusstsein dienen und dem Mammon.
36. Darum sage ich euch: Sorget euch um das Wissen eures Bewusstseins, und um das, was ihr essen und trinken werdet, und sorget euch um euren Leib, was ihr anziehen werdet.
37. Denn sind nicht der Geist, das Leben und der Leib mehr als alle Schätze der Welt?
38. Das nach Wahrheit und Wissen dürstende Bewusstsein des Menschen vermag ohne seinen Leib das irdische Leben nicht zu fristen, denn sie beide sind zusammen eins.

18. " 'For yours is the world within me and the power and the knowledge forever. — Amen.'
19. "When you pray to your spirit (consciousness), it will give you what you request; have trust in this knowledge and you will receive.
20. "However, if you believe in the erroneous teachings that the power and spirit do not dwell within you, then you will be without knowledge and will live in consciousness-related poverty.
21. "Now and then you will receive what you in your false belief request from misused sacred objects, or from false idols and false gods; but you will receive only because of your strong false belief, without knowledge of the real truth.
22. "Truly, I say to you: Blessed are only those who serve the actual truth and knowledge, because only they receive in honesty.
23. "When you fast do not look sour like the hypocrites, for they put on pretentious faces, in order to shine with their fasting before the people.
24. "Truly, I say to you, they have lost their reward, because they fast only out of their self-seeking desire for recognition."
25. "But when you fast, anoint your head and wash your face, so that you do not shine before the people with your fasting but before your own consciousness, which is hidden.
26. "You fast for the sake of your health and for the expansion of your consciousness, spirit and your knowledge.
27. "Neither should you amass great treasures on Earth, where moths and rust consume them and thieves break in and steal them.
28. "But collect treasures in the spirit and in consciousness, where neither moths nor rust consumes them and where thieves neither break in nor steal.
29. "For where your treasure is, there your heart is also; and the true treasure is wisdom and knowledge.
30. "The eye is the light of your body.
31. "When your eye is clear, your entire body will be a light.
32. "But if your eye is evil, your whole body will be dark.
33. "If now the light within you is dim, how great then will be the darkness!
34. "No one can serve two masters; either he will hate the one and love the other, or he will adhere to the one and despise the other.
35. "You cannot serve your consciousness and mammon.
36. "Therefore, I say to you, concern yourself about the knowledge of your consciousness, and besides that with what you will eat and drink, and be concerned about your body and how you will clothe it.
37. "For are not the spirit, life and body more important than all the treasures of the world?
38. "The human consciousness, which is thirsting for truth and knowledge, is incapable of preserving its earthly life without the body, because both body and consciousness together are one.

39. So sei der Mensch besorget um wachsendes Wissen für sein Bewusstsein, um die Gesetze des Lebens und um Speise, Trank und Kleidung für seinen Leib.
40. Sehet die Vögel unter dem Himmel an: Sie säen nicht, sie ernten nicht, sie sammeln nicht in die Scheunen, und die Schöpfung nähret sie doch.
41. Seid ihr denn nicht viel mehr als sie?
42. Sehet die Vögel unter dem Himmel an: Sie vertilgen die schädlichen Insekten und sie haben ihr Federkleid, sie haben jedoch keinen sich weiterentwickelnden Geist.
43. Sie arbeiten, weil sie ihrer Pflicht obliegen, und sie werden genähret und gekleidet von der Schöpfung.
44. Seid ihr denn nicht viel mehr als sie?
45. Ihr vermöget selbständig zu denken durch euer freies Bewusstsein, ihr vermöget selbständig zu arbeiten, und ihr vermöget selbständig Speise und Trank zu bereiten und euren Leib zu kleiden.
46. Schauet die Lilien im Sumpfe, wie sie wachsen; sie arbeiten nicht, auch spinnen sie nicht, doch wahrlich, ich sage euch: Auch Lilien erfüllen ihre Aufgabe, wenn sie mit ihrer Schönheit das Auge erfreuen.
47. Ich sage euch, dass auch Salomo in aller seiner Herrlichkeit nicht bekleidet gewesen ist wie derselben eine.
48. So denn die Schöpfung das Gras auf dem Felde nährt und kleidet, das doch heute steht und morgen in den Ofen geworfen wird; solltet ihr da nicht viel mehr für euch selbst tun?
49. Das Gras erfüllet seine Aufgabe, indem es als Futter und zur Heizung dienet; seid ihr aber nicht viel mehr als das Gras, oh, ihr Kleinwissenden?
50. Darum sollt ihr euch sorgen um die Weisheit und das Wissen eures Bewusstseins und darum, dass ihr nicht an Speis und Trank und Kleidung leidet.
51. Wahrlich, ich sage euch: Wenn ihr an Hunger, Durst und Nacktheit leidet, dann werden Weisheit und Wissen durch Sorgen verdrängt.
52. Trachtet am ersten nach dem Reiche eures Geistes und nach seinem Wissen, und nach der Labung eures Leibes für Speis und Trank und Kleidung.
53. Darum sorget für den andern Morgen, denn der morgige Tag wird nicht alleine für euch sorgen.
54. Es ist genug, dass jeder Tag seine eigene Plage habe, also ihr euch nicht noch in Not des leiblichen Wohles erbarmen müsst.»

39. "Thus you should be concerned about increasing your knowledge for your consciousness' sake, about the laws of life and about food, drink and clothing for your body.
40. "Look at the birds in the sky: they do not sow, they do not reap, they do not store their food in barns, and yet Creation feeds them.
41. "Are you not much more than they?
42. "Look at the birds in the sky: they devour the harmful insects, and they have plumage for clothing, yet they have no spirit capable of ongoing evolution.
43. "They work to fulfil their duty, and they are fed and clothed by Creation.
44. "Are you not much more than they?
45. "You can think independently through your free consciousness; you can work independently and you can prepare food and drink and clothe your bodies independently.
46. "Behold the lilies in the marsh as they grow: they neither toil nor spin, yet truly, I say to you, the lilies also fulfil their mission, when they give pleasure to the eye with their beauty.
47. "I tell you, even Solomon in all his splendour was not arrayed as one of these.
48. "Creation nourishes and clothes the grass in the field, which today is standing and tomorrow is thrown into the stove. Should not you then do much more for yourselves?
49. "The grass fulfils its mission by serving as fodder and fuel; but are you not of much greater value than grass, o you of little knowledge?
50. "Therefore, you shall care for the wisdom and knowledge of your consciousness, and take care that you do not suffer from lack of food, drink and clothing.
51. "Truly, I say to you, if you suffer from hunger, thirst and nakedness, then wisdom and knowledge will be crowded out by worry.
52. "First seek the world of your spirit and its knowledge, and seek to comfort your body with food, drink and clothing.
53. "Therefore, take care for the next day, for tomorrow will not take care of you by itself.
54. "It is enough that each day has its own misery, therefore you must not also be at the mercy of the need for your physical welfare."

Das 7. Kapitel

Der Richtgeist (das Urteilen)

1. «Richtet nicht falsch, auf dass ihr nicht falsch gerichtet werdet.
2. Denn mit welcherlei Gericht ihr richtet, werdet ihr gerichtet werden; und mit welchem Mass ihr messet, werdet ihr gemessen werden.
3. Richtet nach der Logik der Naturgesetze, die von der Schöpfung sind, denn sie allein haben ihre Wahrheit und ihre Richtigkeit.
4. Was siehst du aber den Splitter in deines Bruders Auge und wirst nicht gewahr des Balkens in deinem Auge?
5. Oder, wie darfst du sagen zu deinem Bruder: Halt, ich will dir den Splitter aus deinem Auge ziehen, und siehe, ein Balken ist in deinem Auge.
6. Du Heuchler, zieh zuerst den Balken aus deinem Auge, danach sieh zu, wie du den Splitter aus deines Bruders Auge ziehst.
7. Erlerne zuerst die Gesetze der Natur und der Schöpfung, ihre Logik, ehe du richtest und urteilst und die Fehler an deinem Nächsten sehen willst.
8. Erlerne zuerst im Gesetz der Natur und der Schöpfung deine eigenen Fehler erkennen, so du dann also die Fehler deiner Nächsten beheben kannst.
9. Ihr sollt das Heilige nicht den Hunden geben und eure Perlen nicht vor die Säue werfen, auf dass sie dieselben nicht zertreten mit ihren Füssen und sich wenden und euch zerreissen.
10. Wahrlich, ich sage euch: Werfet nicht euer bewusstseinsmässiges Gut in den Schmutz und verschwendet es nicht an Unwürdige, denn sie danken es euch nicht und zerreissen euch, denn ihr Verstand ist klein und ihr Bewusstsein ist schwach.»

Die Gebetserhörung

11. «Bittet, so wird euch gegeben; suchet, so werdet ihr finden; klopfet an, so wird euch aufgetan.
12. Denn wer da bittet seinen Geist (Bewusstsein), der empfängt, und wer da durch die Kraft seines Bewusstseins sucht, der findet; und wer da bei seinem Bewusstsein anklopfet, dem wird aufgetan.
13. Welcher ist unter euch, so ihn sein Sohn bittet ums Brot, der ihm einen Stein reicht?
14. Oder, so er ihn bittet um einen Fisch, der ihm eine Schlange bietet?
15. So nun ihr, die ihr doch arg seid, könnt dennoch euren Kindern gute Gaben geben, wieviel mehr wird euch euer Bewusstsein geben, wenn ihr darum bittet.

Der bewusstseinsmässige Wille

16. Alles nun, was ihr wollt, das euch die Leute tun sollen, das tut ihnen auch.
17. Das ist das Gesetz, gesagt durch die Propheten.

Chapter 7

The Spirit of Judgment (to Judge)

1. "Judge not falsely, lest you be falsely judged.
2. "For with whatever judgment you judge, you will be judged, and with whatever measure you measure, you will be measured.
3. "Judge according to the logic of the laws of nature, which are from Creation, because only they possess its truth and correctness.
4. "Why do you see the splinter in your brother's eye and are not aware of the beam in your own eye?
5. "Or, how dare you say to your brother: 'Wait, I will take the splinter out of your eye?' And behold, there is a beam in your own eye.
6. "You hypocrite, first take the beam out of your own eye, then see how you can take the splinter out of your brother's eye.
7. "Learn first the laws of nature and of Creation, their logic, before you judge and condemn and wish to see the faults of your neighbour.
8. "Through the laws of nature and of Creation learn first how to recognize your own faults, so that you can then correct the faults of your neighbours.
9. "You shall not give sacred things to the dogs, nor throw your pearls before the swine, lest they trample them with their feet and turn on you and tear you apart.
10. "Truly, I say to you: Do not throw your consciousness-related treasure into the dirt and do not waste it on the unworthy, because they will not thank you and will tear you apart, for their understanding is small and their consciousness is weak.

Response to Prayer

11. "Ask, and it will be given to you; seek and you will find; knock, and it will be opened to you.
12. "For whosoever asks of their spirit (consciousness), will receive; and whosoever seeks through the power of consciousness, will find; and whosoever knocks at the door of their consciousness, to that person will it be opened.
13. "Who among you would hand your son a stone if he asks for bread?
14. "Or offer him a snake if he asks for a fish?
15. "So if you, now, though being wicked, can nevertheless give your children good gifts, how much more will your consciousness give you, if you ask for it.

The Will of the Consciousness

16. "Everything that you wish people would do to you, do likewise to them.
17. "This is the law delivered through the prophets.

18. Gehet ein durch die enge Pforte.
19. Die Pforte ist weit und der Pfad ist breit, der zur Verdammnis führt, und ihrer sind viele, die darauf wandeln.
20. Und die Pforte ist eng, und der Weg ist schmal, der zum Leben und zum Wissen führt, und nur wenige sind ihrer, die ihn finden.
21. Sehet euch vor vor den falschen Propheten und Schriftgelehrten, die in Schafskleidern zu euch kommen, inwendig aber sind sie reissende Wölfe, und predigen euch Demut vor Heiligtümern, Götzen und Göttern und predigen euch Demut vor Idolen und irren Lehren.
22. Sehet euch vor vor denen, die euch die Weisheit und das Wissen verbieten, denn sie sprechen zu euch nur, um Macht über euch zu erlangen und euer Hab und Gut an sich zu reissen.
23. An ihren Früchten sollt ihr sie erkennen.
24. Kann man auch Trauben von den Dornen, oder Feigen von den Disteln lesen?
25. Also, eine jegliche gute Saat bringt gute Ernte, aber eine faule Saat bringt arge Ernte.
26. Ein guter Baum kann nie arge Früchte bringen, und ein fauler Baum kann nie gute Früchte bringen.
27. Darum: An ihren Früchten sollt ihr sie erkennen.
28. Darum, wer diese meine Rede hört und tut, der gleicht einem klugen Manne, der sein Haus auf den Felsen baute.
29. Da nun ein Platzregen fiel und die Wasser kamen und wehten die Winde und stiessen an das Haus, fiel es doch nicht, denn es war auf Felsen gegründet.
30. Und wer diese Rede hört und tut sie nicht, der ist einem törichten Manne gleich, der sein Haus auf Sand baute.
31. Da nun ein Platzregen kam und die Wasser und wehten die Winde und stiessen an das Haus, da fiel es und tat einen grossen Fall.»
32. Und es begab sich, da Jmmanuel diese Rede vollendet hatte, entsetzte sich das Volk über seine Lehre.
33. Er lehrte nämlich mit Vollmacht eine neue Lehre, und dies nicht wie die Schriftgelehrten.

18. "Enter through the narrow portal.
19. "The portal is wide and the path is broad which leads to damnation, and many are those who travel thereon.
20. "And the portal is narrow and the way is slender which leads to life and knowledge, and there are only few who find it.
21. "Beware of false prophets and scribes who come to you in sheep's clothing, but inwardly are like ravenous wolves, preaching to you about submissiveness before sacred objects, false deities and gods, and preaching submissiveness to idols and erroneous teachings.
22. "Beware of those who forbid you access to wisdom and knowledge, for they speak to you only to attain power over you and to seize your goods and belongings.
23. "You will recognize them by their fruits.
24. "Can one gather grapes from the thorns, or figs from the thistles?
25. "Hence, every good seed brings forth a good harvest, but a rotten seed brings forth a bad harvest.
26. "A good tree can never bear bad fruit, and a rotten tree can never bear good fruit.
27. "Thus, by their fruits you will recognize them.
28. "Therefore, whosoever hears these words of mine and acts upon them will be like an intelligent man who built his house on the rock.
29. "Now when a downpour fell and the waters came and the winds blew and beat upon the house, it did not fall because it was founded on rock.
30. "Whosoever hears these words and does not act upon them is like a foolish man who built his house on sand.
31. "When a downpour came and the waters and the winds beat upon the house, it collapsed and great was its fall."
32. It happened that after Jmmanuel had finished his talk, the people were shocked by his teachings.
33. He taught with full power a new doctrine unlike that of the scribes.

Das 8. Kapitel

Heilung eines Aussätzigen

1. Als er aber vom Berge herabging, folgte ihm viel Volks nach.
2. Und siehe, ein Aussätziger kam und fiel vor ihm nieder und sprach: «Herr, so du willst, kannst du mich wohl reinigen.»
3. Und Jmmanuel streckte seine Hand aus, rührte ihn an und sprach: «Ich will's tun: Sei gereinigt», und alsbald ward er von seinem Aussatz rein.
4. Und Jmmanuel sprach zu ihm: «Siehe zu, sage es niemand, sondern gehe hin und zeige dich dem Priester.
5. Du wurdest geheilt durch die Kraft des Bewusstseins und durch die Weisheit des Wissens.»

Der Hauptmann zu Kapernaum

6. Da aber Jmmanuel hineinging nach Kapernaum, trat ein Hauptmann zu ihm, der ihn bat und sprach:
7. «Herr, mein Knecht liegt zu Hause und ist gichtbrüchig und hat grosse Qual.
8. Herr, ich habe deine neue Lehre gehört, und ich weiss um die Wahrheit deiner Weisheit, die da sagt, dass des Menschen Bewusstsein Wunder zu vollbringen vermöge durch das Wissen der Wahrheit.»
9. Jmmanuel sprach zu ihm: «Ich will kommen und ihn gesund machen.»
10. Der Hauptmann antwortete und sprach: «Herr, ich bin nicht wert, dass du unter mein Dach gehst, sondern sprich nur ein Wort, so wird mein Knecht gesund.
11. Auch ich bin ein Mensch, der Obrigkeit untertan, und ich habe unter mir Kriegsknechte; und wenn ich sage zu einem: ‹Gehe hin!› so geht er hin; und zum andern: ‹Komm her!› so kommt er; und zu meinem Knecht: ‹Tu das!› so tut er's.»
12. Da das Jmmanuel hörte, verwunderte er sich und sprach zu denen, die ihm nachfolgten: «Wahrlich, ich sage euch: Solches Vertrauen habe ich in Israel bei keinem gefunden.
13. Aber ich sage euch: Viele werden kommen vom Osten und vom Westen, vom Süden und vom Norden, und sie werden meine Lehre verstehen und ihre Weisheit im Wissen erkennen.
14. Die Kinder Israels aber werden ausgestossen in die Finsternis hinaus; da wird sein Heulen und Zähneklappern.
15. Die irren Lehren Israels werden Blutvergiessen bringen über Jahrtausende hinweg, denn die machtgierige Selbstsucht und Selbstherrlichkeit Israels wird bringen Tod und Verderben über das Land und über alle Welt.

Chapter 8

The Healing of the Leper

1. When he descended from the mountain, many people followed him.
2. Behold, a leper came and knelt before him, and said, "Master, if you will it, you can make me clean."
3. Jmmanuel stretched out his hand, touched him and said, "I will do it. Be cleansed." And immediately he was cleansed of his leprosy.
4. And Jmmanuel spoke to him, "See to it that you tell no one. Instead, go and present yourself to the priest.
5. "You were healed through the power of the consciousness and the wisdom of knowledge."

The Centurion at Capernaum

6. When Jmmanuel went to Capernaum, a centurion walked up to him with a request, saying,
7. "Master, my servant lies at home incapacitated with gout and is in great distress.
8. "Master, I have heard your new teachings and I know the truth of your wisdom, which states that the human consciousness can perform miracles through knowledge of the truth."
9. Jmmanuel spoke to him, "I will come and make him well."
10. The centurion replied, "Master, I am not worthy to have you enter under my roof, but only say the word and my servant will be well.
11. "I, too, am a man subject to authority, and I also have soldiers under me. If I say to one, 'Go!' he goes, and to another, 'Come here!' he comes, and to my servant, 'Do this!' he does it."
12. When Jmmanuel heard this, he marvelled and spoke to those who followed him, "Truly, I say to you, such trust I have found in no one in Israel.
13. "But I say to you, many will come from the east and the west, from the south and the north, and they will understand my teachings and recognize their wisdom in knowledge.
14. "However, the children of Israel will be expelled into darkness; there will be wailing and the chattering of teeth.
15. "The erroneous teachings of Israel will bring bloodshed over the millennia, because the power-hungry selfishness and overbearingness of Israel will bring death and destruction over the land and all the world.

16. Kehret ab von den irren Lehren der israelitischen Obrigkeit und deren Schriftgelehrten, denn sie bringen Verderben in die Reihen der Menschengeschlechter.
17. Israel glaubt das auserwählte Menschengeschlecht zu sein; jedoch mitnichten ist es das, denn es ist abtrünniger und unwissender als die Unwissenden selbst, denen das Geheimnis der Schöpfungsgesetze fehlt.»
18. Und Jmmanuel sprach zu dem Hauptmann: «Gehe hin, dir geschehe, wie du angenommen hast»; und sein Knecht ward gesund zu derselben Stunde.

Jmmanuel im Hause Petrus

19. Und Jmmanuel kam in des Petrus Haus und sah, dass dessen Schwiegermutter lag und hatte das Fieber.
20. Da ergriff er ihre Hand, und das Fieber verliess sie; und sie stand auf und diente ihm.
21. Am Abend aber brachten sie viele Besessene zu ihm; und er trieb die bösen «Geister» aus durch sein Wort und machte alle Kranken gesund.
22. Dies, auf dass erfüllet würde, was gesagt ist durch den Propheten Jesaja, der da sprach: «Er hat uns die neue Lehre des Wissens gebracht und unsere Schwachheit auf sich genommen, und unsere Kranken hat er geheilt.»

Vom Ernst der Nachfolge

23. Und da Jmmanuel viel Volks um sich sah, hiess er hinüber ans andere Ufer zu fahren.
24. Und es trat zu ihm ein Schriftgelehrter, der sprach zu ihm: «Meister, ich will dir folgen, wo du hingehst.»
25. Jmmanuel sprach zu ihm: «Die Füchse haben Höhlen, und die Vögel unter dem Himmel haben Nester, ich aber habe nichts Festes, da ich mein Haupt hinlege.
26. Ich habe die Mission, Weisheit und Wissen zu predigen, also ich rastlos durch die Lande ziehe.»
27. Und ein anderer, einer seiner Jünger, sprach zu ihm: «Herr, erlaube mir, dass ich hingehe und meinen verstorbenen Vater begrabe.»
28. Jmmanuel aber sprach zu ihm: «Folge mir nach und lass die Toten ihre Toten begraben.»

Heilung zweier Besessener

29. Und er kam ans andere Ufer in die Gegend der Gadarener; da liefen ihm entgegen zwei Selbstwahnbesessene, die kamen aus den Grabhöhlen und waren sehr gefährlich, so, dass niemand diese Strasse gehen konnte.
30. Und siehe, sie schrien und sprachen: «Was willst du von uns, du Sohn Gabriels des Himmelssohnes.
31. Bist du gekommen uns zu quälen, ehe denn es Zeit ist?»
32. Da aber baten ihn die bösen Selbstwahnwesen in den Besessenen: «Herr, willst du uns austreiben, so lass uns in die Herde Säue fahren, die unweit dort drüben weidet.»

16. "Turn away from the erroneous teachings of the Israelite authorities and their scribes, because they will bring destruction to the masses of the human species.
17. "The Israelites believe themselves the chosen people (human species). By no means is this the case, because they are more disloyal and unknowing than the ignorant who lack the secret of Creation's laws."
18. And Jmmanuel spoke to the centurion, "Go, be it done for you as you have expected." And his servant became well that same hour.

Jmmanuel in the House of Petrus (Peter)

19. Jmmanuel came to Petrus' house and saw that his mother-in-law lay sick with a fever.
20. He touched her hand, the fever left her and she got up and served him.
21. In the evening, however, they brought to him many who were possessed; and he drove out the evil "spirits" through his word and made all the sick well.
22. So it came to pass that what was said through the prophet Jesaja (Isaiah) would be fulfilled, who spoke, "He has brought us new teachings of knowledge and has taken our weakness upon himself, and he has healed our sick."

On the Importance of Discipleship

23. When Jmmanuel saw many people around him, he told them to go across to the other shore.
24. A scribe walked up to him and said, "Master, I will follow you wherever you go."
25. Jmmanuel spoke to him, "Foxes have dens and birds of the air have nests, but I have no fixed place where I can lay my head.
26. "I have the mission to preach wisdom and knowledge, therefore I am moving restlessly through the lands."
27. And another, one of his disciples, said to him, "Master, permit me to go and bury my father who just died."
28. But Jmmanuel said to him, "Follow me and let the dead bury their dead."

The Healing of Two Possessed Persons

29. He arrived at the other shore, in the region of the Gadarenes. There, two persons possessed by self-created delusional entities ran up to him; they came out of the burial caves and were very dangerous, so that no one could walk on this street.
30. And behold, they cried out, saying, "What do you want of us, you son of Gabriel, the celestial son?
31. "Have you come to torment us before it is even time?"
32. Then the evil, self-created delusional entities within the possessed asked him, "Master, if you intend to drive us out, then let us go into the herd of swine grazing just over there."

33. Und er sprach: «So fahret hin.»
34. Da fuhren sie aus in die Säue, und siehe, die ganze Herde stürzte hinunter zu den Wassern und ersoff.
35. Und die Säuehirten flohen und gingen hin in die Stadt und sagten alles und wie es mit den Besessenen gegangen war.
36. Und siehe, da ging die ganze Stadt hinaus, Jmmanuel entgegen.
37. Und da sie ihn sahen, baten sie ihn, dass er aus ihrer Gegend weichen möchte.

33. And he spoke, "So go there."
34. Then they went out into the swine, and behold, the whole herd rushed down to the water and drowned.
35. The swineherds fled and went into the town and told everything, including what had happened to the possessed.
36. And behold, the whole town came out and approached Jmmanuel.
37. And when they saw him, they asked him to leave their area.

Das 9. Kapitel

Heilung des Gichtbrüchigen

1. Da trat er in das Schiff und fuhr wieder hinüber und kam in seine Stadt.
2. Und siehe, da brachten sie zu ihm einen Gichtbrüchigen, der lag auf einem Bette, und da nun Jmmanuel ihr Vertrauen sah, sprach er zu dem Gichtbrüchigen: «Sei getrost, denn dein Vertrauen an die Kraft meines Bewusstseins und dein Vertrauen an meine Weisheitslehre, die die Lehre der Natur und der Schöpfung ist, hat dir geholfen.»
3. Und siehe, etliche unter den Schriftgelehrten schürten im Volke die Rede: «Dieser Mann lästert Gott und unsere heiligen Lehren.»
4. Da aber Jmmanuel ihre Gedanken erfasste, sprach er: «Warum denkt ihr so Arges und wider euer besseres Wissen?
5. Doch was ist leichter zu sagen: Dein Vertrauen hat dir geholfen, oder zu sagen: Stehe auf und wandle?
6. Auf dass ihr aber wisset, dass ich ein Mensch bin wie ihr seid, dass ich aber die Kraft meines Bewusstseins durch mein Wissen zu nutzen weiss, so befehle ich dem Gichtbrüchigen: ‹Stehe auf, hebe dein Bett und gehe heim!›»
7. Und er stand auf, nahm sein Bett auf und ging heim.
8. Da das Volk das sah, fürchtete es sich und pries die neue wunderbare Lehre Jmmanuels, die solche Macht den Menschen zu geben vermochte.

Matthäus

9. Und da Jmmanuel von dannen ging, sah er einen Menschen am Zoll sitzen, der hiess Matthäus und sprach zu ihm: «Folge mir nach!», und er stand auf und folgte ihm nach.
10. Und es begab sich, als er zu Tische sass zu Hause, siehe, da kamen viele Zöllner und Unwissende und Wahrheitssucher und sassen zu Tische mit Jmmanuel und seinen Jüngern.
11. Da das die Pharisäer sahen, sprachen sie zu seinen Jüngern: «Warum isst euer Meister mit den Zöllnern und den Unwissenden?»
12. Da das Jmmanuel hörte, sprach er: «Die Gesunden bedürfen des Arztes nicht, sondern die Kranken, und die Wissenden bedürfen der Lehre nicht, sondern die Unwissenden, und die Nichtirregeleiteten bedürfen der Belehrung nicht, sondern die Irregeleiteten.
13. Gehet aber hin und erkennet die Falschheit eurer irrigen Lehren, so ihr damit nicht Menschen irreleitet, die nach der Wahrheit dürsten.»

Chapter 9

Healing of the Gouty Person

1. Then he stepped into the boat, returned to the other side again and came into his town.
2. And behold, they brought to him a gouty person lying on a bed. When Jmmanuel saw their faith, he spoke to the paralytic, "Be comforted, because your faith in the power of my consciousness and your confidence in my teachings of wisdom, which are the teachings of nature and of Creation, has helped you."
3. And behold, some of the scribes began stirring up talk among the people: "This man slanders God and our holy teachings."
4. But since Jmmanuel understood their thoughts, he spoke, "Why do you think such evil thoughts against your better knowledge?
5. "Yet, what is easier, to say, 'Your faith has helped you,' or, 'Stand up and walk?'
6. "So that you may know that I am a person like you and yet know how to use the power of my consciousness through my knowledge, I command the gouty person, 'Get up, pick up your bed and go home!'"
7. And he stood up, took up his bed, and went home.
8. When the people saw this, they became fearful and praised the new wondrous teachings of Jmmanuel, which could give such power to human beings.

Matthäus (Matthew)

9. As Jmmanuel was leaving, he saw a man named Matthäus (Matthew) sitting at the tax office and spoke to him, "Follow me!" And he stood up and followed him.
10. And it came to pass as he was eating at home, behold, many tax collectors, ignorant people and truth seekers came and ate at the table with Jmmanuel and his disciples.
11. When the Pharisees saw this, they spoke to his disciples, "Why is your master eating with the tax collectors and the ignorant?"
12. When Jmmanuel heard this, he spoke, "The healthy do not need a physician but the sick do; and the knowledgeable do not need the teachings but the ignorant do. Those who were not misled do not need the teachings, but those who were misled do.
13. "Go therefore, and recognize the falseness of your wrong teachings, so you do not mislead those people who thirst for the truth."

Das Fasten

14. Da kamen die Jünger des Johannes zu ihm und sprachen: «Herr, warum fasten wir und die Pharisäer, und du und deine Jünger fasten nicht?»
15. Jmmanuel aber sprach zu ihnen: «Wie können die Unwissenden fasten und Leid tragen, solange sie des Wissens belehrt werden?
16. Und wie kann der Lehrer fasten, wenn er die Unwissenden des Wissens belehren muss?
17. Wahrlich, ich sage euch: Eure Lehren sind falsch, wenn ihr nach den Gesetzen eines Kultes fastet; das Fasten dient nur der Gesundheit des Leibes und der Bildung des Bewusstseins.
18. Niemand flickt ein altes Kleid mit einem neuen Lappen Tuchs, denn der Lappen reisst doch wieder vom Kleid, und der Riss wird ärger.
19. Man füllet auch nicht jungen Wein in alte Schläuche, sonst zerreissen die Schläuche, und der Wein wird verschüttet, und die Schläuche kommen um, sondern man füllet jungen Wein in neue Schläuche, so werden sie beide miteinander erhalten.»

Des Jairus Tochter
Die blutflüssige Frau[1]

20. Da er solches mit ihnen redete, siehe, da kam einer der Obersten der Gemeinde und fiel vor ihm nieder und sprach: «Meine Tochter ist soeben gestorben, aber komm und lege deine Hand auf, so wird sie leben.»
21. Und Jmmanuel stand auf und seine Jünger folgten ihm.
22. Und siehe, die, die zwölf Jahre den Blutfluss gehabt, trat von hinten zu ihm und rührte seines Kleides Saum an.
23. Denn sie sprach bei sich selbst: «Könnte ich nur sein Kleid anrühren, so würde ich gesund.»
24. Da wandte sich Jmmanuel um und sah sie und sprach: «Sei getrost, dein Vertrauen hat dir geholfen,» und die Frau ward gesund von Stunde an.
25. Und als er in des Obersten Haus kam und sah die Pfeifer und das Getümmel des Volkes, sprach er:
26. «Weichet, denn das Mägdlein ist nicht tot, sondern es schläft,» und sie verlachten ihn.
27. Als aber das Volk hinausgetrieben war, ging er hinein und ergriff es bei der Hand und sprach: «Ich befehle dir, erhebe dich und gehe.»
28. Da stand das Mägdlein auf und ging, und alsbald erscholl diese Kunde in jenes ganze Land.

Ein Blinder und zwei Stumme

29. Und als Jmmanuel von dannen weiterging, folgte ihm ein Blinder nach und schrie: «Ach Herr, du Sohn der Weisheit und des Wissens, der du die Kraft deines Bewusstseins zu nutzen vermagst, erbarme dich meiner.»

---
[1] *Sie war ein Hermaphrodit = Zwitter*

Fasting

14. Then the disciples of Johannes came to him, saying, "Master, why do we and the Pharisees fast while you and your disciples do not?"
15. Jmmanuel said to them, "How can the ignorant fast and suffer while they are being taught knowledge?
16. "And how can the teacher fast when he must teach knowledge to the ignorant?
17. "Truly, I say to you, your teachings are false if you fast according to a religious dogma; fasting serves only the health of the body and the growth of the consciousness.
18. "No one mends an old garment with a new patch of cloth, because the patch will tear again from the garment, and the rip will become worse.
19. "Neither is new wine poured into old wineskins, for the skins will tear, the wine will spill, and the wineskins will be ruined. Instead, new wine is put into new wineskins so both are preserved."

The Daughter of Jairus
The Woman[1] with Haemophilia

20. While he was talking with them, behold, one of the community leaders came and knelt before him, saying, "My daughter has just died, but come and lay your hand on her so she will live."
21. And Jmmanuel stood up and his disciples followed him.
22. And behold, a woman who had haemophilia for twelve years stepped up behind him and touched the fringe of his garment.
23. She spoke to herself, "If only I could touch his garment, I would be cured."
24. Then Jmmanuel turned around and saw her, and he said, "Be comforted, your faith has helped you," and the woman was well from that hour on.
25. When he came into the community leader's house and saw the pipers and the turmoil of the people, he spoke,
26. "Depart, because the maiden is not dead but is asleep." And they laughed at him.
27. But after the people were driven out, he entered and took her by the hand and spoke, "I order you to get up and walk!"
28. And the maiden stood up and walked, and soon the news of this spread through that entire land.

A Blind Man and Two Mutes

29. As Jmmanuel left and continued on from there, a blind man followed him, crying, "O Lord, you son of wisdom and knowledge who can use the power of your consciousness, take pity on me."

---

[1] *She (he) was a hermaphrodite*

30. Und da er heimkam, trat der Blinde zu ihm, und Jmmanuel sprach zu ihm: «Vertraust du, dass ich solches tun kann?», und da sprach dieser zu ihm: «Ja, Herr.»
31. Da rührte er seine Augen an und sprach: «Dir geschehe nach deinem Vertrauen.»
32. Und seine Augen wurden geöffnet und er sah.
33. Da bedrohte ihn Jmmanuel und sprach: «Sehe zu, dass niemand erfahre, was dir widerfahren ist.»
34. Aber der Mann ging hinaus und verbreitete die Kunde von ihm in jenem ganzen Land.
35. Da nun dieser war hinausgegangen, siehe, da brachten sie zu ihm zwei Menschen, die waren stumm und zudem besessen von selbsterschaffenen Selbstwahnwesenheiten.
36. Und da die bösen Selbstwahnwesen waren ausgetrieben, siehe, da redeten die Stummen.
37. Und das Volk verwunderte sich und sprach: «Solches ist noch nie in Israel gesehen worden, wie mächtig ist nur diese neue Lehre über die Kraft des Bewusstseins, dass sie solche Wunder zu vollbringen vermag.»
38. Aber die Pharisäer sprachen: «Er treibt die bösen «Geister» aus durch ihren Obersten, und er lästert Gott, unsern Herrn.»
39. Unter sich aber sprachen sie: «Wer ist dieser Jmmanuel, denn er besitzt grössere Weisheit und grössere Kenntnisse als wir!
40. Seine Lehren sind mächtiger und wahrer als die unseren, so er für uns Gefahr bringt.
41. Wir müssen ihn zu haschen versuchen, so er den Tod erleide.»

Die grosse Ernte

42. Und Jmmanuel ging umher in alle Städte und Dörfer, lehrte in ihren Synagogen und predigte das Geheimnis der Schöpfung und der Gesetze der Natur, so das Bewusstsein zur Allmacht gelange.
43. Er predigte geistige Reich im Menschen und heilte alle Krankheit und alle Gebrechen.
44. Und da er das Volk sah, jammerte ihn desselben, denn es war verschmachtet und zerstreut wie eine Herde Schafe, die keinen Hirten hat.
45. Da sprach er zu seinen Jüngern: «Die Ernte ist gross, aber wenige sind der Arbeiter, sie einzubringen.
46. Suchet und betet in eurem Bewusstsein, dass sich weitere Arbeiter für die Ernte finden.»
47. So geschah also, dass sich Arbeiter für die Ernte fanden, die sich zu Jüngern um Jmmanuel sammelten.

30. And as he arrived at his house, the blind man stepped up to him, and Jmmanuel spoke to him, "Do you have confidence that I can do this?" And he answered him, "Yes, Master."
31. Then Jmmanuel touched his eyes, saying, "Be it done to you according to your faith."
32. And his eyes were opened and he saw.
33. Then Jmmanuel urged him, saying, "See to it that no one learns what happened to you."
34. However, the man went out and spread the news of him throughout that land.
35. After the man had left, behold, they brought to him two people who were mute and possessed by self-created delusional entities.
36. And after the evil self-created delusional entities were cast out, behold, the mutes could speak.
37. And the people were amazed, saying, "Such things have never been seen in Israel; how mighty are these new teachings about the power of the consciousness that they can accomplish such miracles."
38. However, the Pharisees said, "He drives out the evil "spirits" through their supreme chief, and he defames God, our Lord."
39. But among themselves they said, "Who is this Jmmanuel, who possesses greater wisdom and greater knowledge than we!
40. "His teachings are mightier and truer than ours, and therefore he endangers us.
41. "We must try to seize him, so that he will suffer death."

The Great Harvest

42. And Jmmanuel went about in all the cities and villages, taught in their synagogues and preached the mystery of Creation and of the laws of nature, so that the consciousness could attain almightiness.
43. He preached about the spiritual world within human beings and healed every type of sickness and infirmity.
44. When he saw the people he took pity on them, for they were languishing and scattered like a flock of sheep without a shepherd.
45. Then he spoke to his disciples, "The harvest is great, but there are few labourers to bring it in.
46. "Seek and pray in your consciousness that more labourers will be found for the harvesting."
47. And so it came to pass that workers for the harvest were found, who gathered around Jmmanuel to become disciples.

Das 10. Kapitel

Berufung der Jünger

1. Und er rief seine zwölf Jünger zu sich und gab ihnen das Wissen über die Beherrschung der unsauberen «Geister»[1], dass sie diese austreiben konnten und das sie zu heilen vermochten alle Krankheit und alles Gebrechen.
2. Die Namen aber der zwölf Jünger sind diese: Simeon, genannt Petrus, und Andreas, sein Bruder; Jakobus, des Zebedäus Sohn, und Johannes, sein Bruder.
3. Philippus und Bartholomäus, Thomas und Matthäus, der Zöllner; Jakobus, des Alphäus Sohn, und Thaddäus.
4. Simeon Kanaäus und Judas Ischarioth, der als einziger neben Jmmanuel die Schrift verstand.
5. Diese zwölf sandte Jmmanuel aus, gebot ihnen und sprach: «Gehet nicht auf Israels Strassen, und ziehet nicht zu den Schriftgelehrten und Pharisäern, sondern gehet hin zu der Samariter Städte und zu den Unwissenden in allen Himmelsrichtungen in aller Welt.
6. Gehet hin zu den Unverständigen, Götzenanbetern und Unwissenden, wenn ich euch verlassen habe, denn sie gehören nicht zum Hause Israel, das da Tod und Blutvergiessen in die Welt bringen wird.
7. Gehet also hin und prediget und sprechet: ‹Die Gesetze der Natur sind die Gesetze der Schöpfung, und die Kraft des schöpferischen Menschenbewusstseins verkörpert das Leben.›
8. Machet Kranke gesund, wecket Tote auf, reiniget Aussätzige, treibet böse «Geister» aus, denn umsonst habet ihr's empfangen, umsonst gebet es auch.
9. Ihr sollet nicht Gold noch Silber noch Kupfer in euren Gürteln häufen.
10. Auch sollet ihr keine grossen Taschen mit euch tragen zur Wegfahrt, darinnen ihr Speis und Trank und Kleidung mit euch tragen könnet.
11. Ziehet nur weg mit dem Allernötigsten, so ihr unterwegs essen und schlafen könnet, und so ihr euch säubern und anders einkleiden könnet.
12. Traget nie zuviel mit euch, denn ihr belastet euch nur und wäret willkommene Opfer der Wegelagerer.
13. Bedenket weiter; jede Arbeit ist ihres Lohnes wert, und so ihr fleissig prediget und das Wissen lehret, also wird euch nichts mangeln.
14. Wenn ihr aber in eine Stadt oder ein Dorf gehet, da erkundiget euch, ob jemand darinnen sei, der es wert ist; und bei demselben bleibet, bis ihr von dannen ziehet.
15. Wenn ihr aber in ein Haus gehet, so grüsset es.

---
[1] *unsaubere Geister = unsaubere Gedanken und Gefühle*

Chapter 10

Commissioning of the Disciples

1. He called his twelve disciples to him and gave them the knowledge for controlling the unclean "spirits"[1], so they could drive them out and heal every sickness and shortcomings.
2. These are the names of the twelve disciples: Simeon (Simon) called Petrus (Peter), and Andreas (Andrew), his brother; Jakobus (James), the son of Zebedäus, and Johannes (John), his brother;
3. Philippus (Philip) and Bartholomäus (Bartholomew); Thomas and Matthäus, the tax collector; Jakobus (James), the son of Alphäus (Alphaeus), and Thaddäus (Thaddeus);
4. Simeon Kanaäus (Simon Canaaeus), and Judas Ischarioth, the only one, other than Jmmanuel, who understood handwriting.
5. Jmmanuel sent forth these twelve, commanding them and saying, "Do not go into the streets of Israel, and do not go to the scribes and Pharisees, but go into the cities of the Samaritans and to the ignorant in all parts of the world.
6. "Once I have left you, go to those who lack understanding, to the idol worshipers and the ignorant, because they do not belong to the house of Israel, which will bring death and bloodshed into the world.
7. "Go out and preach and say, 'The laws of nature are the laws of Creation, and the power of the creational consciousness within human beings embodies life.'
8. "Heal the sick, raise the dead, cleanse the lepers, drive out evil "spirits." Because you received without having to pay, give therefore without compensation.
9. "You shall not amass gold, silver or copper in your belts.
10. "Also, on your travels you shall not take large bags with you in which to carry food, water and clothing.
11. "Go on your way with only the bare essentials for eating and sleeping, for keeping yourselves clean, and for a change of clothing.
12. "Never carry too much with you, because you would only burden yourselves and become welcome victims of waylaying bandits.
13. "Remember furthermore, all labour is worthy of its reward, and you will not be wanting if you diligently preach and teach the true knowledge.
14. "When you go into a city or village, inquire if someone is there who is worthy; and stay with him until you depart.
15. "And when you enter a house, greet it.

---

[1] *unclean spirits = unclean thoughts and feelings.*

16. Wenn es das Haus wert ist, wird euer Frieden auf die Bewohner kommen; ist es aber nichts wert, so wird sich euer Frieden wieder zu euch wenden.
17. Und wenn euch jemand nicht aufnehmen wird noch eure Reden hören will, so gehet hinaus von jenem Haus oder jener Stadt und schüttelt den Staub von euren Füssen.
18. Wahrlich, ich sage euch: In solchen Orten sollet ihr nicht verweilen, denn sie sind Stätten von Unwissenden und Bösen; die Menschen werden die Reden der Wahrheit und des Wissens nicht erkennen.
19. Fliehet diese Orte, denn ihre Bewohner sind abtrünnig von der Schöpfung und von den Gesetzen der Natur; die Menschen dort verehren Heiligtümer, Götzen und Idole, nicht aber die Schöpfung, so sie auch ihre Gesetze nicht befolgen.
20. Fliehet diese Orte, denn die Menschen dort werden euch nach dem Leben trachten, weil sie ihre irren Lehren nicht verlassen wollen.
21. Fliehet diese Ungerechten, denn ihr sollet nicht euer Leben um der Wahrheit und des Wissens willen verlieren; kein Gesetz fordert das von euch, noch gibt es eines, das einen solchen Leichtsinn anerkennet.
22. Wahrlich, ich sage euch: Viele werden trotzdem sterben und ihr Blut in den Sand vergiessen, weil später meine Lehre zu irrigen Lehren gemachet werden, die ich nie geprediget habe und die den Hirnen der Schriftgelehrten und Priester entspringen.
23. Dadurch werden sie die Menschen in ihre Gewalt bringen, durch den Glauben an ihre irren Lehren, um sie also ihres Habes und Gutes zu berauben.
24. In aller Welt wird sein Heulen und Zähneklappern, wenn das Blut fliesset von allen jenen, die meine Lehre der Weisheit und des Wissens zu irren Lehren gemachet haben, und wenn das Blut fliesset von allen jenen, die in irrem Glauben und durch böse Verführung diese irren Lehren glauben und vertreten, die doch nicht die meine ist.
25. Viele dieser Irrgläubigen werden ihr Leben lassen, so also viele vom Volke Israel, das nie zur Ruhe kommen wird bis an das Weltende, weil es unwissend und unweise ist und die Kraft des Bewusstseins, der Liebe und des Wissens leugnet.
26. Wahrlich, ich sage euch: Das Volk Israel war nie ein eigenes Volk, und es lebte seit jeher von Mord und Raub und Brand; denn durch List und Mord haben sie sich in verwerflichen Kriegsraubzügen in den Besitz dieses Landes gebracht, so sie also ihre besten Freunde wie wilde Tiere schlachteten.
27. Verfluchet sei das Volk Israel bis an der Welt Ende, und nie wird es seine Ruhe finden.
28. Sehet, ich sende euch unter die Unwissenden und Götzendiener wie Schafe mitten unter die Wölfe; darum seiet klug wie die Schlangen und ohne Falsch wie die Tauben.
29. Hütet euch aber vor den Menschen, denn sie werden euch überantworten den Gerichten und werden euch geisseln in ihren Synagogen.
30. Und man wird euch vor Fürsten und Könige führen um meiner Lehre willen, ihnen und allen andern Unwissenden zum Zeugnis.

16. "If the house is worthy, your peace will pass onto the occupants. But if it is not worthy, your peace will return to you.
17. "And if someone will not take you in or listen to your words, leave that house or that city and shake the dust from your feet.
18. "Truly, I say to you, do not stay in such places, because they are abodes of the ignorant and evil; people there will not recognize the words of truth and knowledge.
19. "Flee from those places, because their residents are disloyal to Creation and the laws of nature; the people there worship shrines, false gods and idols, but not Creation, nor do they follow its laws.
20. "Flee from those places, for people there will try to take your life, because they do not want to forsake their erroneous teachings.
21. "Flee from such unrighteous people, because you must not lose your life for the sake of truth and knowledge. No law demands this of you, nor is there one that endorses such recklessness.
22. "Truly, I say to you, many, nevertheless, will die and shed their blood into the sand, because later my teachings will be turned into erroneous teachings that I never preached and which originate in the minds of the scribes and priests.
23. "Thereby they will bring the people under their control through belief in their erroneous teachings, in order to rob them of their goods and belongings.
24. "Throughout the world there will be wailing and chattering of teeth when the blood flows from all those who have made my teachings of wisdom and knowledge into erroneous teachings, and when the blood flows from all of those who, in their erroneous belief and through evil seduction, believe and advocate these erroneous teachings—teachings which certainly are not mine.
25. "Many of these erroneous believers will lose their lives, including many Israelites, who will never find their peace until the end of the world, because they are ignorant and unwise and deny the power of the consciousness, of love and of knowledge.
26. "Truly, I say to you, the people of Israel were never one distinct people (originating from within), and they have always lived by murder, robbery and fire. They gained possession of this land through guile and murder in reprehensible, predatory wars, where the best of friends were slaughtered like wild animals.
27. "May the people of Israel be cursed until the end of the world, and never find their peace.
28. "Behold, like sheep among the wolves, I am sending you among the ignorant and the idolaters. Therefore be wise as serpents and innocent as doves.
29. "But beware of the people, for they will turn you over to the courts and scourge you in their synagogues.
30. "And you will be led before sovereigns and kings because of my teachings, as witnesses to them and to all other ignorant people.

31. Wenn ihr nicht fliehen könnet und sie euch überantworten werden, so sorget euch nicht, denn die Kraft eures Bewusstseins wird euch nicht verlassen und euer Wissen saget euch, was ihr reden sollet.
32. Denn ihr seiet es nicht, die da reden, sondern die Kraft eures Bewusstseins mit seinem Wissen.
33. Und ihr müsset gehasset werden um meiner Lehre willen; wer aber bis ans Ende beharret, der wird gross sein.
34. Wenn sie euch aber in einer Stadt verfolgen, so fliehet in eine andere.
35. Mit den Städten Israels begebet euch nicht in zu grosse Mühe, denn wahrlich, ich sage euch: Mit dem Volk Israel werdet ihr nicht zu Ende kommen bis an das Weltende.
36. Der Jünger ist niemals über dem Meister noch der Knecht über seinem Herrn.
37. Es ist dem Jünger genug, dass er sei wie sein Meister, und der Knecht wie sein Herr.
38. Haben sie den Hausvater Beelzebub geheissen, wieviel mehr werden sie seine Hausgenossen so heissen.
39. Darum hütet euch vor Israel, denn es ist wie ein Eitergeschwür.
40. Fürchtet euch jedoch nicht vor ihnen, denn es ist nichts verborgen, was nicht offenbar werde, und nichts ist heimlich, was man nicht wissen werde.
41. Was ich euch sage in der Finsternis, das redet im Licht; und was euch gesaget wird in das Ohr, das prediget auf den Dächern.
42. Fürchtet euch nicht vor üblen Nachreden, noch fürchtet euch vor denen, die Leib und Leben töten.
43. Ihr sollet nicht wähnen, dass ich gekommen sei, Frieden zu bringen auf die Erde.
44. Wahrlich, ich bin nicht gekommen Frieden zu bringen, sondern das Schwert des Wissens um die Kraft des Bewusstseins, der dem Menschen innewohnet.
45. Denn ich bin gekommen, Weisheit und Wissen zu bringen und den Menschen zu erregen, den Sohn wider seinen Vater und die Tochter wider ihre Mutter, die Schwiegertochter wider ihre Schwiegermutter, den Knecht wider seinen Herrn, den Bürger wider seine Obrigkeit und den Gläubigen wider seinen Prediger und Priester.
46. Und des Menschen Feinde werden seine eigenen Hausgenossen sein.
47. Der Weg der Wahrheit ist weit, und die Weisheit des Wissens wird nur langsam durchdringen.
48. Finstere Zeiten werden folgen, Jahrhunderte und Jahrtausende, ehe die Wahrheit des Geistes vor dem Volke durchdringen mag.
49. Die Ungerechten und Unwissenden werden den Wissenden Hass zollen, also sie verfolgen und Feindschaft säen, so also die Schriftgelehrten und die Priester und die Obrigkeiten tuen.»

31. "If you cannot flee and they turn you over to the courts, do not be concerned; the power of your consciousness will not leave you, and your knowledge will tell you what you should say.
32. "It will not be you who speak, but the power of your consciousness with its knowledge.
33. "And you will come to be hated for the sake of my teachings. But those who persevere to the end will be great.
34. "When they persecute you in one city, however, flee to another.
35. "Do not go to too much trouble with the cities of Israel, for truly, I say to you, you will get nowhere with the people of Israel until the end of the world.
36. "The disciple is never above the teacher, nor the servant above the master.
37. "It is enough for the disciple to be like his teacher and the servant like his master.
38. "If they have called the master of the house Beelzebub, how much more will they malign those of his household?
39. "Therefore, beware of Israel because it is like a festering boil.
40. "However, do not be afraid of them, because there is nothing hidden that will not be revealed and nothing secret that will not be known.
41. "What I tell you in darkness, speak in the light; and what is whispered into your ear, proclaim from the rooftops.
42. "Do not be afraid of evil slander, nor fear those who take life and limb.
43. "Do not think that I have come to bring peace on Earth.
44. "Truly, I have not come to bring peace, but the sword of knowledge about the power of the consciousness, which dwells within the human being.
45. "For I have come to bring wisdom and knowledge and to provoke mankind: son against his father, daughter against her mother, daughter-in-law against her mother-in-law, servant against master, citizen against government and believer against preacher.
46. "The people's enemies will be their own housemates.
47. "The path of truth is long and the wisdom of knowledge will only penetrate slowly.
48. "Dark ages will follow, centuries and millennia, before the truth of the spirit will penetrate to the people.
49. "The unrighteous and the ignorant, including the scribes, priests and the authorities, will hate those who have the knowledge and will, therefore, persecute them and sow enmity."

Das 11. Kapitel

Des Täufers Frage

1. Und es begab sich, da Jmmanuel solche Gebote an seine zwölf Jünger vollendet hatte, ging er von dannen, weiter zu lehren und zu predigen in ihren Städten.
2. Da aber Johannes im Gefängnis über die Werke Jmmanuels hörte, sandte er seine Jünger aus und liess ihm sagen:
3. «Bist du es, der da kommen soll; der Weisheitskönig, wie die Propheten sagten, oder sollen wir eines anderen warten?»
4. Jmmanuel antwortete und sprach zu ihnen: «Gehet hin und saget Johannes wieder, was ihr höret und sehet:
5. Blinde sehen und Lahme gehen, Aussätzige werden rein und Taube hören, Tote stehen auf und Suchenden wird die Wahrheit des Wissens verkündet.
6. Und selig ist, der nicht Ärgernis an meiner Lehre nimmt.»

Zeugnis über den Täufer

7. Da sie hingingen, fing Jmmanuel an zu reden zu dem Volke des Johannes: «Was seid ihr hinausgegangen in die Wüste zu sehen?
8. Wolltet ihr ein Rohr sehen, das der Wind hin- und herweht?
9. Oder was seid ihr hinausgegangen zu sehen?
10. Wolltet ihr einen Menschen in weichen Kleidern sehen?
11. Siehe, die da weiche Kleider tragen, sind in der Könige Häuser, bei der Obrigkeit und den Reichen und bei den Heuchlern, Schriftgelehrten und Priestern.
12. Oder was seid ihr hinausgegangen?
13. Wolltet ihr einen Propheten sehen?
14. Ja, ich sage euch: Er ist mehr als ein Prophet.
15. Dieser ist's, von dem geschrieben steht: ‹Siehe, ich sende meinen Boten vor dir her, der deinen Weg vor dir bereiten soll.›
16. Wahrlich, ich sage euch: Unter allen, die von Weibern geboren sind, ist keiner aufgestanden, der grösser wäre als Johannes der Täufer.
17. Aber von den Tagen Johannes' des Täufers bis hierher leidet die Erde an Gewalt, und die, die Gewalt tun, reissen sie weg.
18. Denn alle Propheten und das Gesetz haben geweissagt bis zur Zeit des Johannes.
19. So ihr's also wollt annehmen: Er ist der Elisa, der da kommen soll in seinem Wiederleben.
20. Wer Ohren hat, der höre!
21. Wem soll ich aber dies Geschlecht vergleichen?
22. Es ist den Kindern gleich, die an dem Markt sitzen und rufen ihren Gespielen zu und sprechen:

Chapter 11

The Baptist's Question

1. It happened that after Jmmanuel had finished giving such commandments to his twelve disciples, he continued on from there, teaching and preaching in their cities.
2. When Johannes in prison heard about the works of Jmmanuel, he sent forth his disciples to him and had them say,
3. "Are you the one who is to come, the king of wisdom, as foretold by the prophets, or should we wait for another?"
4. Jmmanuel answered and said to them, "Go back and report to Johannes what you hear and see:
5. "The blind see, the lame walk, the lepers are cleansed, the deaf hear, the dead rise, and the truth of knowledge is proclaimed to those who seek it.
6. "And blessed are those who are not offended by my teachings."

Testimony About the Baptist

7. As they were leaving, Jmmanuel began to speak to the people of Johannes, "What did you go out into the wilderness to see?
8. "Did you expect to see a reed blowing to and fro in the wind?
9. "Or, what did you go out to see?
10. "Did you expect to see a man clothed in soft raiment?
11. "Behold, those who wear soft raiment are in kings' houses with the rulers and the rich, and with the hypocrites, scribes and priests.
12. "Or what did you go out for?
13. "Did you expect to see a prophet?
14. "Yes, I tell you, he is more than a prophet.
15. "This is he of whom it is written, 'Behold, I will send my delegate before you, who shall prepare your way before you.'
16. "Truly, I say to you, among all those born of women, no one has arisen who is greater than Johannes the Baptist.
17. "But now, in the days of Johannes the Baptist, the Earth suffers from violence, and those who commit violence are expropriating it.
18. "For all prophets and the law have foretold up to the time of Johannes.
19. "And if you wish to accept it, he is Elisa (Elisha), who was to come again in his next life.
20. "Those who have ears, let them hear!
21. "But to whom shall I compare this generation?
22. "It is like the children who sit at the market and call to their playmates, saying,

23. ‹Wir haben euch aufgespielt, und ihr wolltet nicht tanzen; wir haben euch vorgeklagt, und ihr wolltet nicht trauern.›
24. Johannes, der Elisa, ist gekommen, ass nicht und trank nicht, so sie sagen: ‹Er ist besessen!›
25. Ich aber bin gekommen, esse und trinke, und so sagen sie: ‹Siehe, wie ist der Mensch ein Fresser und ein Weinsäufer, der Zöllner und der Ungerechten Geselle.›
26. Doch die Weisheit ist gerechtfertigt aus den gegebenen Werken.»

Lobpreis des Bewusstseins und des Wissens

27. Zu der Zeit hob Jmmanuel aber an und sprach: «Gepriesen sei die Schöpfung der Himmel und der Universen und der Erde, dass sie das Wissen und die Kraft des Bewusstseins allen den die irre Lehre verbreitenden Unweisen und Unklugen verborgen hat und es nun den ehrlich Suchenden offenbart.
28. Ja, dies ist also wohlgefällig gewesen von der Schöpfung; also auch von Gott und von seinen Himmelssöhnen, die sie missbräuchliche Macht bisher unter den Menschengeschlechtern unterbunden haben.
29. Und alle Dinge sind nun dem Menschen übergeben, und niemand kennt das Geheimnis der Schöpfung, so also nicht ein Mensch und so also nicht Gott oder sein Gefolge.
30. Und alle Dinge sind nun mir übergeben von Gott, dessen Wächterengel mich die Gesetze und das Wissen der Natur lehrten, und die Gesetze, die von der Schöpfung ausgehen.
31. Also kommet zu mir her alle, die ihr suchend und nach dem Wissen und der Wahrheit dürstend seid; ich will euch wohl erquicken.
32. Nehmet das Joch auf euch, das Erlernenmüssen der neuen Lehre, denn sie ist die Erkennung, so ihr werdet Ruhe finden in ihr für euer Leben.
33. Denn das Joch der Bewusstseinsentfaltung ist sanft, und seine Last ist leicht.»

23. "'We struck up a tune for you, and you would not dance; we wailed before you, and you would not mourn.'
24. "Johannes, who is Elisa, has come neither eating nor drinking; so they say, 'He is possessed.'
25. "But I have come, eating and drinking, and so they say, 'Behold, what a glutton and winebibber this man is, a companion of the tax collectors and the unjust.'
26. "Yet wisdom is justified through the acknowledged deeds."

In Praise of the Consciousness and the Knowledge

27. But at this time Jmmanuel began to speak, "Praise be to Creation, maker of the skies, the universes and the Earth, for keeping the knowledge and power of the consciousness hidden from the unwise and the misguided, who spread the erroneous teachings, and for revealing this knowledge to sincere seekers now.
28. "Yes, it has been good of Creation, and of god and his celestial sons as well, that they have thwarted until now the misuse of power among human species.
29. "All things have now been given over to mankind, and no one knows the secret of Creation, not even one person, and therefore neither god nor his followers.
30. "And all things have now been given over to me by god, whose guardian angels taught me the laws and knowledge of nature and the laws emanating from Creation.
31. "So come to me, all you who are seeking and thirsting for knowledge and truth; I will refresh you.
32. "Take upon yourselves the yoke of having to learn the new teachings, for they offer enlightenment; within them you will find peace for your life,
33. "because the yoke of consciousness-related development is gentle, and its burden is light."

Das 12. Kapitel

Um die Ehe und den Beischlaf

1. Es begab sich aber, dass Jmmanuel anhob zu reden über die Gesetze der Ehe und ihr Allerlei.
2. Und er sprach: «Es ist euch gegeben das Gesetz: ‹Du sollst nicht ehebrechen.›»
3. Ungeachtet dessen treibet der Mensch aber Ehebruch und Hurerei, so er verstösst also gegen die Gesetze der Natur.
4. Es stehet aber geschrieben also: ‹Wer Ehebruch und Hurerei treibet, soll bestraft werden, denn die Fehlbaren sind des Lebens und dessen Gesetzen unwürdig, so sie entmannt und entweibt werden sollen.›[1]
5. Schlafen unvertrauete Mannen und Weiber einander in Lieblosigkeit und Schande bei, sollen sie bestraft werden also, denn die Fehlbaren sind des Lebens und dessen Gesetzen unwürdig, so sie entmannt und entweibt werden sollen.
6. Schlafen aber zwei Männer einander bei, sollen sie bestraft werden also, denn die Fehlbaren sind des Lebens und dessen Gesetzen unwürdig und handeln ketzerisch, so sie entmannt werden sollen und ausgestossen und verbannt vor dem Volke.
7. Schlafen aber zwei Weiber einander bei, sollen sie nicht bestraft werden, denn sie verstossen nicht gegen das Leben und seine Gesetze, da sie nicht besamend, sondern gebärend sind.
8. Da sich Besamung und Besamung zusammentun, da wird das Leben geschändet und getötet, da sich aber Empfängnis und Empfängnis zusammentun, da wird weder geschändet noch getötet noch gezeugt.
9. Wahrlich, ich sage euch: Kein Tier lebt unter den Himmeln, das dem Menschen gleich wäre und das gegen die Gesetze der Schöpfung und der Natur verstösse; seid ihr aber nicht viel mehr als die Tiere?
10. Kein Tier findet sich unter den Himmeln, da sich Männlein und Männlein zum Beischlafe zusammentun, also finden sich da aber Weiblein und Weiblein zusammen, denn Männlein wie Weiblein befolgen die Gesetze der Natur.
11. Welcher Mensch aber Hurerei treibet um des Lohnes oder der Freude willen, der soll entmannt oder entweibt werden und ausgestossen und verbannt vor dem Volke.
12. Welcher Mensch aber einem Kinde beischläft, der ist seines Lebens und dessen Gesetzen unwürdig und soll bestraft werden also, dass er entmannt oder entweibt wird, und dass er des freien Lebens lebenszeitlich enthoben wird in Unfreiheit und Absonderung.
13. Welcher Mensch aber Blutschande betreibt, der ist des Lebens und dessen Gesetzen unwürdig und soll bestraft werden also, dass er entmannt oder entweibt wird, und dass er des freien Lebens lebenszeitlich enthoben wird in Unfreiheit und Absonderung.

---

[1] *Entmannen und entweiben bedeutete ursprünglich, nach Geschlecht getrennt aus der Gemeinschaft ausgeschlossen zu werden.*

Chapter 12

Regarding Marriage and Cohabitation

1. And it came to pass that Jmmanuel began to speak of the laws of marriage and related topics, and he said,
2. "You have been given the directive: 'You shall not commit adultery.'
3. "Despite this, people commit adultery and fornication, thus violating the laws of nature.
4. "It is written, however, 'Whosoever commits adultery and fornication shall be punished, because the fallible are unworthy of life and its laws; thus they shall be cut off from the community.'[1]
5. "If unbetrothed men and women bed down with one another in disgrace and without loving each other, they shall be punished also, for the fallible are unworthy of life and its laws; thus they shall be cut off from the community.
6. "And if two men bed down with each other, then they shall be punished, for those fallible are unworthy of life and its laws and behave heretically; thus they shall be cut off from the community.
7. "If, however, two women bed down with one another, they shall not be punished, because they do not violate life and its laws, since they are not inseminating but are bearing.
8. "When inseminator and inseminator join together, life is desecrated and destroyed. But if conceiver and conceiver join together, there is neither desecration nor destruction nor procreation.
9. "Truly, I say to you, there is no animal beneath the skies that would behave like the human being and violate the laws of Creation and nature. Are you not much more than the animals?
10. "No animal is found under the skies for which males cohabit with other males, but females are found together with females, because male and female animals follow the laws of nature.
11. "Whosoever indulges in fornication for the sake of pay or pleasure shall be cut off from the community.
12. "Whosoever sexually abuses a child is unworthy of life and its laws and shall therefore be punished by being cut off from the community, and be deprived of freedom through lifelong confinement and isolation.
13. "Whosoever indulges in incest is unworthy of life and its laws and shall therefore be punished by being cut off from the community, and be deprived of freedom through lifelong confinement and isolation.

---

[1] The German verbs "entmannen" and "entweiben" originally meant to cut off or expel an offender from the community, separated by sex.

14. Welcher Mensch aber einem Tiere beischläft, der ist des Lebens und dessen Gesetzen unwürdig und soll entmannt oder entweibt werden und ausgestossen und verbannt vor dem Volke.
15. Welcher Mensch sich aber einem in Schuld geschiedenen Manne oder Weibe vertrauet, der soll entmannt oder entweibt werden, denn sie sind des Lebens und dessen Gesetzen unwürdig, und sie sollen beide ausgestossen und verbannt werden vor dem Volke.
16. Wer aber ein Kind zeuget und dem Weibe nicht vertrauet ist und dieses unvertrauet lasset, der ist seines Lebens und dessen Gesetzen unwürdig und soll also bestraft werden, dass er entmannt wird und seiner Freiheit enthoben.
17. Welcher Mensch aber einem Weibe oder einem Manne Vergewaltigung antuet, der ist seines Lebens und dessen Gesetzen unwürdig und soll bestraft werden also, dass er entmannt oder entweibt wird, und dass er seines freien Lebens lebenszeitlich enthoben wird in Unfreiheit und Absonderung.
18. Welcher Mensch aber einem andern Menschen Gewalt antuet, an Leib oder Leben oder Gedankengefühl, der ist seines Lebens und dessen Gesetzen unwürdig und soll bestraft werden also, dass er seines freien Lebens lebenszeitlich enthoben wird in Unfreiheit und Absonderung.
19. Wahrlich, wahrlich, ich sage euch: Diese Gesetze sind ordnungsgemäss und von der Natur gegeben und sie sollen befolgt werden, also der Mensch sich sonst selbst in der ganzen Masse zu Tode bringt.
20. Fünfhundert Millionen Menschen aller Menschengeschlechter mag diese Erde nähren und tragen, doch werden diese Gesetze nicht befolgt, dann werden in zweimal tausend Jahren zehnmal fünfhundert Millionen Menschen sein, und die Erde kann sie nicht mehr tragen.
21. Hungersnot und Katastrophen und grosse weltumfassende Kriege und Seuchen werden die Erde beherrschen, und die Menschengeschlechter werden sich töten, und nur wenige werden überleben.
22. Wahrlich, ich sage euch: Es wird sein Heulen und Zähneklappern, wenn so viel Menschenblut den Sand der Erde tränkt, dass daraus neue Lebensformen entstehen, die das endgültige Grauen über die Menschengeschlechter bringen.
23. Am heutigen Tage ist euch aber alles Gute erlaubt worden, und es sind euch die Gesetze gegeben, nach denen ihr leben sollt.
24. Und weitere Gesetze sollt ihr befolgen, so ihr also den Wohlstand auf Erden habt und Frieden in euren Familien:
25. Enthebet die Kraft des alten Gesetzes, dass das Weib soll des Mannes Untertan sein, also es ein Mensch ist wie der Mann, mit gleichen Rechten und Pflichten.
26. So ein Mann aber ein Weib ehelicht, soll er dem treusten Verwalter des Weibes Gutes einen Preis zahlen als Sicherheit, so es nicht Mangel leide am Notwendigen.
27. Der Preis soll allso berechnet werden, dass für jedes Lebensjahr des Weibes hundert Silberlinge gelten, so es nach eigenem Wissen und Können und nach eigener Kraft gemessen wird, wenn seine Gesundheit nicht unter Mangel leidet.
28. Der Preis soll nicht gelten als einer des Kaufes, also aber als Sicherung für das Weib, so es keinen Mangel leide.

14. "Whosoever has sexual intercourse with an animal is unworthy of life and its laws and shall be cut off from the community, and be expelled and banished before the people.
15. "Whosoever marries a man or woman divorced in guilt shall be cut off from the community, because he or she is unworthy of life and its laws. They shall both be expelled and banished before the people.
16. "He who begets a child without being married to the woman and leaves her unmarried is unworthy of life and its laws and shall therefore be punished by being cut off from the community and loss of his freedom.
17. "Whosoever rapes a woman or a man is unworthy of life and its laws and shall therefore be punished by being cut off from the community, and be deprived of freedom through lifelong confinement and isolation.
18. "Whosoever commits violence against another person's body, life or mental health is unworthy of life and its laws and shall therefore be punished with loss of freedom through lifelong confinement and isolation.
19. "Truly, truly, I say to you, these laws are rational and were established by nature, and they shall be obeyed, or human beings will bring death to themselves in great masses.
20. "This Earth can nourish and support five hundred million people of all human species. But if these laws are not followed, in two times a thousand years there will exist ten times five hundred million people, and the Earth will no longer be able to support them.
21. "Famines, catastrophes, worldwide wars and epidemics will rule the Earth; the human species will kill each other, and only a few will survive.
22. "Truly, I say to you, there will be wailing and chattering of teeth when so much human blood drenches the sands of Earth that new life forms arise from it, bringing the final horror to mankind.
23. "But on this day you have been allowed to receive all good things, and have been given the laws by which you shall live.
24. "And you shall adhere to additional laws, so that you will have prosperity on Earth and peace within your families.
25. "Do away with enforcing the old law that subjects woman to man, since she is a person like the man, with equal rights and obligations.
26. "But when a man marries a woman, he shall pay to the most trusted steward of her possessions a price as security, so that she will not suffer from lack of necessities.
27. "The price (dowry) shall be calculated whereby a hundred pieces of silver will be required for each year of the woman's age, if her health is not lacking. Thus she will be measured according to her knowledge, abilities and strength.
28. "The price shall not be considered that of a purchase, but as security for the woman, so she will not suffer from want.

29. Der Bund der Vertrauung zwischen Mann und Weib soll nur dann erlaubt sein, wenn beide also im Verstande klar und fähig sind, eine Ehe nach den Gesetzen zu führen.
30. Eine Ehevertrauung zwischen Mann und Weib sollt ihr nur dann schliessen also, wenn der Preis für das Weib bezahlt wird.
31. Erfolgt nach vorheriger Abmachung kein Preis, so gilt also das Gesetz, dass der Mann das Weib mit allen Notwendigkeiten besorgen muss.
32. Unfruchtbarkeit des Weibes ist kein Scheidungsgrund, also nicht andere Meinung oder Handlung.
33. Als Scheidungsgrund gelte nur der Ehebruch, allso die Zerstörung oder Gefährdung des materiellen Bewusstseins, des Leibes oder des Lebens eigener Familienmitglieder.
34. Ein Mensch, der schuldig geschieden wird also, soll entmannt oder entweibt werden, denn er ist des Lebens und dessen Gesetzen unwürdig, und er soll ausgestossen und verbannt werden vor dem Volke.
35. So denn alles so geschehe und befolgt werde, wird Recht und Frieden bei allen Menschengeschlechtern einziehen und das Leben bewahrt werden.»

29. "The bond of matrimony between man and woman shall be permitted only if both are mentally competent and capable of conducting a marriage according to the laws.
30. "A marriage agreement between man and woman shall be concluded only when the price for the woman is paid.
31. "If, according to prearranged agreement, no price is paid, the law applies that the man must provide for all of the wife's necessities.
32. "Neither a wife's infertility nor other judgment or action is a cause for divorce.
33. "The only valid grounds for divorce, aside from adultery, are the destruction or endangerment of the material consciousness, the body or the life of a member of one's own family.
34. "A person who is to blame for a divorce shall be cut off from the community, expelled and banished before the people, because he or she is unworthy of life and its laws.
35. "If all is done and adhered to in this way, justice and peace will come to all human species and life will be preserved."

Das 13. Kapitel

Jmmanuel und der Sabbat

1. Zu der Zeit ging Jmmanuel durch ein Kornfeld am Sabbat; und seine Jünger waren hungrig und fingen an Ähren auszuraufen und assen.
2. Da das aber sahen die Pharisäer, sprachen sie zu ihm: «Siehe, deine Jünger tun, was am Sabbat nicht erlaubt ist.»
3. Er aber sprach zu ihnen: «Habt ihr nicht gelesen, was David tat, als ihn und die mit ihm waren hungerte?
4. Wie er in das Gotteshaus ging und ass die Schaubrote, die er doch nicht durfte essen, noch die, die mit ihm waren, sondern allein die Priester?
5. Oder habt ihr nicht gelesen im Gesetz, wie die Priester am Sabbat im Tempel den Sabbat brechen und sind doch ohne Schuld?
6. Wahrlich, ich sage euch, ihr Schlangen- und Otterngezücht: Eher wird ein Stein zu Brot werden, ehe an einem Sabbat keine Arbeit verrichtet werden darf.
7. Denn das Gesetz, dass der Sabbat geheiligt werde, ist nur ein Menschengesetz ohne Logik, allso viele Gesetze von Menschen gemacht sind, die den Gesetzen der Schöpfung widerreden.
8. Falsche Propheten und Schriftenverdreher sind die Schuldigen für diese falschen Gesetze, die den Gesetzen der Schöpfung und der Natur widersprechen.
9. Des Menschen Gesetz ist es also, dass der Sabbat heilig sei und niemand das Tagwerk übe, doch ist das ein Gesetz, das der Logik entfällt, denn das Gesetz ist eine irre Lehre vom Menschenbewusstsein.
10. Wahrlich, ich sage euch: Kein Sabbat ist heilig und kein Schöpfungsgesetz befiehlt, dass am Sabbat kein Tagwerk verrichtet werden darf.
11. Der Sabbat also ist ein Tag wie jeder andere Tag, da das Tagwerk verrichtet werden darf.
12. Der Mensch ist ein Wesen mit eigenem Willen, also er auch alleiniger Herr über den Sabbat ist, so es schon geschrieben steht in den alten Schriften und Gesetzen, die, welche nicht von falschen Propheten und Schriftenverdrehern und Pharisäern verfälscht wurden.»
13. Und er ging von dannen weiter und kam in ihre Synagoge, da das Volk er weiterlehrte.
14. Und siehe, da war ein Mensch, der hatte eine verdorrte Hand, und also fragten sie ihn und sprachen: «Ist's auch recht am Sabbat zu heilen?», auf dass sie eine weitere Sache wider ihn hätten.

Chapter 13

Jmmanuel and the Sabbath

1. At that time Jmmanuel walked through a field of grain on the sabbath; and his disciples, being hungry, began to pluck ears of grain and to eat.
2. When the Pharisees saw this, they spoke to him, "Behold, your disciples are doing what is not allowed on the sabbath."
3. But he spoke to them, "Have you not read what David did when he and those with him were hungry?
4. "How he went into the temple and ate the showbread, which neither he nor those with him were permitted to eat but only the priests?
5. "Or have you not read in the law, how on the sabbath the priests in the temple violate the sabbath and yet are without guilt?
6. "Truly, I say to you, you brood of snakes and adders, a stone will turn into bread before no work may be done on the sabbath.
7. "For the law that the sabbath be kept holy is only a man-made law without logic, as are many man-made laws that contradict the laws of Creation.
8. "False prophets and distorters of the scriptures are the guilty ones responsible for these false laws that contradict the laws of Creation and of nature.
9. "It is therefore a human law that the sabbath be kept holy and that no work be done on that day, but it is a law that escapes logic, since this law is a false teaching, emanating from the human consciousness.
10. "Truly, I say to you, no sabbath is holy and no law of Creation dictates that no work may be done on the sabbath.
11. "Thus the sabbath is a day like any other day on which the day's work may be done.
12. "Human beings are creatures with wills of their own; thus they alone are masters over the sabbath, as was previously written in those ancient scriptures and laws that were not adulterated by false prophets, distorters of the scriptures and Pharisees."
13. And he walked on from there and came into their synagogue, where he continued to teach the people.
14. And behold, there was a man with a withered hand, and they asked him, "Is it also lawful to heal on the sabbath?" in order that they would have further cause against him.

15. Aber er sprach zu ihnen: «Ihr Heuchler, hättet ihr Augen, Ohren und einen Verstand, so könntet ihr sehen, hören und verstehen; ihr aber seid blind und ohne Verstand, denn euch fehlt das Wissen also, um die Natur zu sehen, zu hören und zu verstehen, so aber also fehlt euch die Erkenntnis um die Gesetze der Schöpfung, so ihr nämlich sehen, hören und verstehen könntet, dass die Schöpfung keinen Sabbat heiligt.
16. Jeden Sabbat also die Schöpfung die Gestirne an den Himmeln dreht, Sonne, Winde und Regen regiert, und alle Kreatur auf Erden nährt.
17. Sie lässt die Wasser laufen in ihren Betten, und alles geht seinen üblichen Lauf, an einem Sabbat wie am andern Sabbat, so wie es die Schöpfung erschaffen hat.
18. Ist der Mensch aber nicht viel mehr als alle Kreaturen und Pflanzen, so er Herr über sie alle ist, wenn er die wahren Gesetze befolgt!
19. Ihr Schlangen- und Otterngezücht, ihr Schriftenverdreher, die ihr für eure Lohngier und Machtgier irre Lehren verbreitet; welcher ist unter euch, wenn er ein einziges Schaf hat und es fällt ihm am Sabbat in eine Grube, der es nicht ergreife und ihm heraushelfe?
20. Wieviel mehr ist nun ein Mensch als ein Schaf und als eure verlogenen und irren Lehren!»
21. Da sprach er zu dem Menschen: «Strecke deine Hand aus!»
22. Und er streckte sie aus; und sie ward ihm wieder gesund, gleich wie die andere.
23. Da gingen die Pharisäer hinaus und hielten einen Rat über ihn, wie sie ihn umbrächten, da er also ihre Lügen und irren Lehren vor dem Volke kundtat.
24. Und da Jmmanuel das erfuhr, wich er von dannen; und ihm folgte nach viel Volk und viele Kranke, und er heilte sie alle.
25. Er aber bedrohte sie, dass sie die Kunde von ihm nicht ausbreiten sollten, denn er fürchtete, dass er gefangengenommen und den Martertod sterben sollte.
26. Der Wille zur Wahrheit oblag ihm aber also, so er seine Lehre und die Weisheit dem Volke weiter offenbarte.

15. But he spoke to them, "You hypocrites, if only you had eyes, ears and minds so you could see, hear and understand; but you are blind and without reason because you lack the knowledge to see, hear and understand nature. Therefore, you lack "Erkenntnis[1]" (cognition) into the laws of Creation that would enable you to see, hear and understand that Creation does not keep the sabbath holy.
16. "Every sabbath day Creation rotates the stars through the skies, regulates the sun, winds and rains and nourishes all creatures on Earth.
17. "It keeps the rivers flowing in their beds, and everything goes its normal way on one sabbath as on another, just as Creation made it.
18. "But are not human beings much more than all the creatures and plants? Thus they are masters over them all when they follow the true laws!
19. "You brood of snakes and adders, you distorters of the scriptures who, because of your greed for money and power, spread erroneous teachings; had you but one sheep that fell into a pit on the sabbath day, who among you would not take hold of it and pull it out?
20. "How much more is a person worth than a sheep or your deceitful and erroneous teachings!"
21. Then he spoke to the man, "Stretch out your hand!"
22. And he stretched it out; and it became sound again just like the other hand.
23. Then the Pharisees went out and held counsel about him, on how they could destroy him, since he made known their lies and erroneous teachings in front of the people.
24. When Jmmanuel learned of this, he withdrew from there, and many people followed him, including many sick people; and he healed them all.
25. He warned them, however, not to spread the news about him, because he was afraid he would be captured and put to death by torture.
26. But his dedication to the truth prevailed, and so he continued to reveal his teachings and wisdom to the people.

---

[1] "Erkenntnis" is translated as "cognition" from this point on, even though its meaning is unique to the German language and not easily rendered into a single English term.

Das 14. Kapitel

Die Verfehlung des Judas Ischarioth

1. Und es begab sich, dass Jmmanuel und seine Jünger nach Bethlehem gingen, da er das Volk lehrte und unterrichtete.
2. Judas Ischarioth aber war der Lehre Jmmanuels abtrünnig und lebte nur seinen Gelüsten.
3. Heimlich sammelte er unter den Zuhörern Jmmanuels und häufte Gold, Silber und Kupfer in seinem Beutel, so er eitel leben konnte.
4. Es begab sich aber, dass Juda Iharioth, des Pharisäers Simeon Sohn, Jmmanuel die Verfehlungen des Judas Ischarioth hinterbrachte, da er hoffte, dadurch entlöhnt zu werden.
5. Jmmanuel aber dankte ihm und entlöhnte ihn nicht mit irgendwelchen Gaben, so Juda Iharioth auf Rache sann, denn er war gierig auf Gold und Silber und Güter.
6. Judas Ischarioth aber wurde von Jmmanuel in die Wüste geleitet, da er ihn während drei Tagen und drei Nächten unterrichtete in der Lehre des Rechts und des Unrechts, so der Jünger Reue bezeugte und alsbald die Lehre Jmmanuels befolgte.
7. Als er zurückkehrte in die Stadt, verteilte er also all sein Besitztum und das Gesammelte unter die Armen und war ein treuer Jünger Jmmanuels.
8. Zur selbigen Zeit geschah es aber, dass ihm, Judas Ischarioth, die Schriften geraubt wurden, in denen er über die Lehre Jmmanuels berichtete; also er es Jmmanuel sagte.
9. Er aber sprach: «Wahrlich, wahrlich, ich sage dir, Judas Ischarioth, du wirst noch weit Schlimmeres erleiden, denn nur deine Schrift über meine Lehre und mein Leben einbüssen.
10. Über zwei Jahrtausende wirst du unschuldig des Verrats an mir beschuldigt werden, weil Simeon der Pharisäer es so will.
11. Sein Sohn aber, Juda Iharioth, ist der wahre Schuldige, er ist wie sein Vater, Simeon Iharioth, ein Pharisäer, der mir nach dem Leben trachtet.
12. Er ist es aber also, der dir die Schriften geraubt hat und sie den Schriftgelehrten und Pharisäern brachte, so sie mich danach richten und töten sollen.
13. Siebzig Silberlinge hat er für deine Schriften erhalten, und andere dreissig Silberlinge soll er erhalten, wenn er mich also den Schergen auszuliefern vermag.
14. Wahrlich, ich sage dir, mit Sicherheit wird ihm das gelingen also und zweimal tausend Jahre wirst du dafür unschuldig büssen müssen, so du zum Märtyrer wirst.

Chapter 14

The Wrongdoings of Judas Ischarioth (Iscariot)

1. It came to pass that Jmmanuel and his disciples went to Bethlehem, where he taught and instructed the people.
2. However, Judas Ischarioth had become disloyal to the teachings of Jmmanuel and lived only for his own gratification.
3. Secretly, he was collecting from Jmmanuel's audiences, accumulating gold, silver and copper in his money bag so he could live vainly.
4. And it happened that Juda Ihariot, the son of Simeon, the Pharisee, informed Jmmanuel of Judas Ischarioth's wrongdoings since he hoped to be paid off for this.
5. But Jmmanuel thanked him and did not repay him with any gifts whatever, so Juda Ihariot thought of revenge, for he was greedy for gold, silver and goods.
6. But Judas Ischarioth was led into the desert by Jmmanuel where, for three days and three nights, he taught him the concept of right and wrong, whereupon the disciple repented and forthwith followed the teachings of Jmmanuel.
7. When he returned to the city, he distributed all his possessions and collections among the poor and became a trusted disciple of Jmmanuel.
8. However, at the same time it transpired that the writings, in which Judas Ischarioth had reported on the teachings of Jmmanuel, were stolen from him. So he told Jmmanuel about it.
9. But he spoke, "Truly, truly, I say to you, Judas Ischarioth, you will have to suffer even greater evils than the mere loss of your writings about my teachings and my life.
10. "For over two thousand years you will be wrongly accused of betraying me, because Simeon the Pharisee wants it so.
11. "But his son, Juda Ihariot, is the real culprit; like his father, Simeon Ihariot, he is a Pharisee who seeks my life.
12. "It is he who stole the writings from you and brought them to the scribes and Pharisees, so they could thereby judge me and put me to death.
13. "He received seventy pieces of silver for your writings and will receive another thirty when he makes it possible to hand me over to the executors.
14. "Truly, I say to you, he will certainly succeed in this, and for two times a thousand years you will innocently have to pay the penalty for it; consequently you will become a martyr.

15. Schreibe aber meine Lehre und um mein Leben ein andermal, so die Zeit kommen wird, da deine Schriften offenbar werden, so also in zweimal tausend Jahren.
16. Bis dahin aber wird meine Lehre verfälscht und zu einem bösen Kult werden, wodurch viel Menschenblut fliessen wird:
17. Denn noch sind die Menschen nicht bereit, meine Lehre zu erfassen und die Wahrheit zu erkennen.
18. Und erst in zweimal tausend Jahren wird ein unscheinbarer Mann kommen, der meine Lehre als Wahrheit erkennen und sie mit grossem Mut verbreiten wird.
19. Er wird von den entstandenen Kulten und den Verfechtern der irrigen Lehren über mich verflucht werden und als Lügner gelten.
20. Du aber, Judas Ischarioth, wirst bis dahin unschuldig als Verräter an mir beschimpft sein, und also verdammt werden, denn so will es die Falschheit der Hohenpriester und der Unverstand der Menschen.
21. Achte dessen aber nicht, denn die Lehre der Wahrheit fordert Opfer, die also dargebracht werden müssen.
22. Die Menschen sind in ihrem Geist, Bewusstsein und Wissen noch nicht sehr gross, so sie also erst viel Schuld und Fehler auf sich laden müssen, ehe sie dadurch lernen, Wissen und Weisheit sammeln, so sie dann die Wahrheit erkennen.
23. So also aber alles geschehe und das Wissen der Wahrheit in den Menschen reiche Ernte halte, schreibe meine Lehre und mein Leben ein andermal, so sie überliefert bleiben und der Wahrheit Früchte tragen.
24. Bleibe künftighin bei mir, folge mir nach und übe treu deine Pflicht als Schreiber meiner Lehre, die also die Lehre der Naturgesetze ist, die die Urgesetze der Schöpfung sind.
25. Kein Wille wird je grösser sein denn der Wille der Schöpfung, der sich in den Gesetzen offenbart.
26. Die Gesetze der Schöpfung aber haben Gültigkeit für das Gestern und Heute, so aber also für das Morgen und Übermorgen und für alle Zeit.
27. So sind die Gesetze auch eine Bestimmung und so also eine Vorbestimmung für Dinge der Zukunft, die geschehen müssen.»

15. "But write down my teachings and my life story another time, for the time will come, in two times a thousand years, when your writings will be revealed.
16. "Until then my teachings will be falsified and will turn into an evil cult, which will cause much human blood to flow,
17. "because the people are still not prepared to comprehend my teachings and to recognize the truth.
18. "Not until two times a thousand years will an unassuming man come who will recognize my teachings as truth and disseminate them with great courage.
19. "He will be vilified by the established cult religions and advocates of the erroneous teachings about me, and be considered a liar.
20. "But you, Judas Ischarioth, will until then be innocently reviled as my betrayer and thus be condemned, as a result of the deceitfulness of the chief priests and the ignorance of the people.
21. "But pay no attention to this, for the teaching of the truth demands sacrifices that must be made.
22. "The people are still not very great in their spirit, consciousness and knowledge. Therefore, they must first take upon themselves much guilt and error before they learn thereby to accumulate knowledge and wisdom, so as to recognize the truth.
23. "For all of this to take place, however, and for the knowledge of the truth to bring forth a rich harvest within people, write down my teachings and my life story once again. In this way, my teachings will be available for later generations and bear fruit to the truth.
24. "Remain with me from now on, follow me and faithfully carry out your duty as the transcriber of my teachings, namely the teachings of the laws of nature, which are the original laws of Creation.
25. "Never will there be a will greater than the will of Creation, which reveals itself through these laws.
26. "But the laws of Creation have been valid for yesterday and today, and therefore for tomorrow, the day after tomorrow, and for all time.
27. "Thus the laws are also a determination and hence a predetermination for things of the future that must happen."

Das 15. Kapitel

Sinn der Gleichnisse

1. An demselben Tage ging Jmmanuel hinaus und wanderte zum Meer, wo er sich setzte.
2. Und viel Volks versammelte sich um ihn, so, dass er in ein Schiff trat und sich setzte, und alles Volk stand am Ufer.
3. Und er redete zu ihnen mancherlei in Gleichnissen und sprach: «Sehet, es ging ein Sämann aus zu säen.
4. Indem er säte, fiel etliches an den Weg; da kamen die Vögel und frassen es auf.
5. Etliches fiel auf das Felsige, wo es nicht viel Erde hatte.
6. Und als die Sonne hochstieg, verwelkte es, und weil es nicht Wurzeln hatte, ward es dürre.
7. Etliches fiel unter die Dornen; und die Dornen wuchsen auf und erstickten es.
8. Etliches fiel auf gutes Land und trug Frucht, etliches hundertfältig, etliches sechzigfältig, etliches dreissigfältig.
9. Wer Ohren hat, der höre.»
10. Und die Jünger traten zu ihm und sprachen: «Warum redest du zu ihnen in Gleichnissen, so sie deine Lehre doch nicht verstehen?»
11. Er antwortete und sprach: «Euch ist es gegeben, dass ihr die Geheimnisse des Geistes versteht, diesen aber ist es nicht gegeben.
12. Sie horchen wohl meinen Worten, doch leben und denken sie aber nach den irren Lehren ihrer Schriftgelehrten und Pharisäer.
13. Ihr Bewusstsein ist unwissend und leer, so sie also erst leben und denken lernen müssen.
14. Was wäre besser, sie lebend und denkend zu machen, wenn nicht durch das Sprechen in Gleichnissen!
15. Wahrlich, ich sage euch: Das Leben und das Wissen der Wahrheit sind nur dann wertvoll und gut, wenn sie durch eigenes Denken erlangt werden, so also durch das Lösen von Geheimnissen, die in Gleichnissen genannt werden.
16. Noch ist der Mensch kleinwissend und ohne Erkenntnis, und die Gesetze der Schöpfung und die Kraft des Bewusstseins sind ihm noch nicht bewusst.
17. Erst muss der Mensch lernen, die Wahrheit zu erkennen und also auch nach den Gesetzen der Schöpfung zu leben, so er dann wissend wird und mächtig im Bewusstsein.
18. Denn also: Wer da hat, dem wird gegeben, dass er die Fülle habe; wer aber nicht hat, von dem wird auch genommen, was er hat.
19. Darum rede ich zu ihnen in Gleichnissen: Denn mit sehenden Augen sehen sie nicht, und mit hörenden Ohren hören sie nicht; und sie verstehen es auch nicht.

Chapter 15

The Meaning of the Parables

1. That same day Jmmanuel went out and walked to the sea, where he sat down.
2. Many people gathered around him, so that he stepped into a boat and sat down, and all the people stood on the shore.
3. He talked to them in parables about various things, saying, "Behold, a sower went out to sow.
4. "While he sowed, some seeds fell on the pathway; then the birds came and ate them up.
5. "And some fell on the rocks, where there was not much soil.
6. "And as the sun rose high, they withered, and because they had no roots, they dried out.
7. "Some fell among the thorns; and the thorns grew up and smothered them.
8. "Some fell on good ground and bore fruit, some hundred-fold, some sixty-fold, some thirty-fold.
9. "Those who have ears, let them hear."
10. The disciples stepped up to him and said, "Why do you speak in parables, when they do not understand your teachings?"
11. He answered, saying, "It has been given to you to understand the secrets of the spirit, but it has not been given to them.
12. "They certainly hear my words, but they still live and think according to the erroneous teachings of their scribes and Pharisees.
13. "Their consciousness is unknowing and empty, therefore they must first learn to live and think.
14. "What would be better to make them come alive and think, if not through speaking in parables!
15. "Truly, I say to you, life and the knowledge of truth are only valuable and good when they are achieved through one's own thinking or through the resolving of mysteries that are recounted in parables.
16. "As yet human beings have little knowledge and no cognitions, and they are not yet conscious of the laws of Creation and the power of the consciousness.
17. "First, human beings must learn to recognize the truth and thus to live according to the laws of Creation, so they may become knowledgeable and strong in consciousness.
18. "For to those who have, more will be given so they may have in abundance; but from those who have not, from them will be taken what they have.
19. "Therefore, I speak to them in parables, because with seeing eyes they do not see, and with hearing ears they do not hear; nor do they understand.

20. Und an ihnen wird die Weissagung Jesajas erfüllt, die da sagt: ‹Mit den Ohren werdet ihr hören und werdet es nicht verstehen; und mit sehenden Augen werdet ihr schauen und werdet es nicht erkennen›.
21. Denn dieses Volk ist verstockt in seinem Sinnen und Trachten, und die Ohren dieser Menschen hören übel, und ihre Augen schlummern, auf dass sie nicht etwa mit den Augen sehen und mit den Ohren hören und mit dem Verstand verstehen und sich der Wahrheit und den gegebenen Gesetzen der Schöpfung verstehend machen, so sie dadurch Hilfe und Wissen erlangen würden.
22. Denn das Volk Israel ist von den Schöpfungsgesetzen abtrünnig und verflucht, und niemals soll es Ruhe finden.
23. Sein Blut soll vergossen werden, denn es frevelt ohne Unterlass an den Gesetzen der Schöpfung.
24. Es wähnt sich über allen Menschengeschlechtern als ausersehenes Volk und also als eigene Rasse.
25. Welch böser Irrtum jedoch und welch böse Anmassung, denn so Israel nie ein Volk war und nie eine Rasse war, so also war es nie ein auserkorenes Menschengeschlecht.
26. Abtrünnig von allen Gesetzen der Schöpfung ist Israel eine Masse Volkes mit unrühmlicher Vergangenheit, mit Mord und Brand gezeichnet.
27. Nur wenige Väter in der Masse dieser Abtrünnigen haben eine ehrenvolle Vergangenheit und einen nachweisbaren Stammbaum.
28. Diese jedoch gehören nicht zu dem Schlangen- und Otterngezücht, die sich dem irrigen jüdischen Glauben verschrieben haben.
29. Dem irrigen Glauben und den irren Lehren, die sie von Mose übernommen haben und der sie wiederum von den Ägyptern geraubt hat.
30. Diese wenigen Väter sind Wissende der Wahrheit und des wahrlichen Wissens, und sie anerkennen nur die Gesetze der Schöpfung.
31. Sie sind jedoch rar geworden in diesem Land, also sie zählbar sind an einer einzigen Hand eines Mannes.
32. Ihrer sind nur wenige, und niemandes Augen mögen sie erkennen, und niemandes Ohren mögen sie hören.
33. Aber selig sind eure Augen, dass sie sehen, und eure Ohren, dass sie hören.
34. Wahrlich, ich sage euch: Viele Propheten und Gerechte haben begehrt zu sehen, was ihr sehet, und haben's nicht gesehen; und zu hören, was ihr höret, und haben's nicht gehört.
35. So höret nun das Geheimnis von diesem Gleichnis über den Sämann:
36. Wenn jemand das Wort der Wahrheit des Geistes und der Gesetze hört und nicht versteht, so kommt der Arge und reisst hinweg, was da gesät ist in seinen Verstand; das ist der, bei dem an den Weg gesät ist.
37. Bei dem aber, bei dem auf das Felsige gesät ist, das ist der, der das Wort hört und es alsbald aufnimmt mit Freuden.
38. Er aber hat nicht Wurzeln in sich, so das Gehörte festwachsen könnte, sondern er ist wetterwendisch; wenn sich Trübsal und Verfolgung erhebt um der Wahrheit willen, so nimmt er Ärgernis.
39. Bei dem aber unter die Dornen gesät ist, das ist der, der das Wort hört, doch die Sorge der Welt und der Betrug des materiellen Reichtums ersticken die Wahrheit und das Wissen, und also bringt er keine Frucht.

20. "And in them the prophecy of Isaiah is fulfilled that says, 'With your ears you will hear and not understand; and with open eyes you will see and not recognize.'
21. "For these people are stubborn in their minds and endeavours. The ears of these human beings hear poorly and their eyes slumber, so they neither see with their eyes nor hear with their ears, nor understand with their intelligence. Nor do they try to comprehend the truth and the acknowledged laws of Creation, although they would thereby attain help and knowledge.
22. "For the people of Israel are unfaithful to the laws of Creation and are accursed, and never will they find peace.
23. "Their blood will be shed, for they constantly transgress against the laws of Creation.
24. "They presume themselves above all human species as a chosen people and thus as a separate race.
25. "What an evil error and what an evil presumption, for inasmuch as Israel was never one people or one race, so it was never a chosen people (human species).
26. "Unfaithful to the laws of Creation, Israel is a mass of people with an inglorious past, characterized by murder and arson.
27. "Only a few fathers in the masses of these unfaithful have an honourable past and a traceable family tree.
28. "These, however, are not part of the brood of snakes and adders who have pledged themselves to the erroneous Judaic faith,
29. "to the false beliefs and erroneous teachings they adopted from Moses who, in turn, had stolen them from the Egyptians.
30. "These few fathers are knowers of the truth and of true knowledge, and they recognize only the laws of Creation.
31. "They became rare in this land, however, and so can be counted on just one man's hand.
32. "They are only a few, and no one's eyes may recognize them, and no one's ears may hear them.
33. "But blessed are your eyes, for they see, and your ears, for they hear.
34. "Truly, I say to you, many prophets and righteous men have wanted to see what you see but did not see it, and to hear what you hear but did not hear it.
35. "So listen now to the hidden meaning of this parable about the sower:
36. "If someone hears the word of truth about the spirit and the laws, and does not understand it, then the evil one comes and snatches away what is sown in their mind. That is for whom it is sown on the pathway.
37. "But for whom it is sown on the rocks, that is the one who hears the word and promptly accepts it with joy.
38. "But this person has no roots within, so that which is heard cannot take hold and grow. Rather, this one is fickle and becomes annoyed when misery and persecution arise because of the truth.
39. "But for whom it is sown among the thorns, that is the one who hears the word, but the woes of the world and the deception of material riches smother the truth and the knowledge; thus this one brings forth no fruit.

40. Bei dem aber in das gute Land gesät ist, das ist der, der das Wort aufnimmt und die Wahrheit sucht und findet, so er nach den Gesetzen der Wahrheit leben kann; so er die Frucht wachsen und reifen lässt und reiche Ernte bringt; und der eine trägt hundertfältig, der andere sechzigfältig, der andere dreissigfältig.
41. So gehet der Sinn der Gleichnisse, deren Geheimnisse enträtselt werden müssen von den Menschen, so sie denken lernen und Erkenntnisse finden.
42. Doch der Weg zur Weisheit und Wahrheitsfindung ist weit, und also die Befolgung der Gesetze der Schöpfung, die doch aber so offenkundig sind.»

Das Unkraut unter der guten Frucht

43. Er legte ihnen aber ein anderes Gleichnis vor und sprach: «Das bewusstseinsmässige Reich ist gleich einem Menschen, der guten Samen auf seinen Acker säte.
44. Da er aber schlief, kam sein Feind und säte Unkraut zwischen die gute Sämerei und ging davon.
45. Da nun die Saat wuchs und Frucht brachte, da fand sich auch das Unkraut.
46. Da traten die Knechte zu dem Sämann und sprachen: ‹Herr, hast du nicht guten Samen auf deinen Acker gesät, woher hat er dann das Unkraut?›
47. Er sprach zu ihnen: ‹Das hat ein Feind getan›, da sprachen die Knechte: ‹Willst du denn, dass wir hingehen und es ausjäten?›
48. Er aber sprach: ‹Nein, auf dass ihr nicht zugleich die gute Frucht mit ausreisset, wenn ihr das Unkraut ausjätet.
49. Lasset beides miteinander wachsen bis zur Ernte; und um der Ernte Zeit will ich zu den Schnittern sagen: Sammelt zuvor das Unkraut und bindet es in Bündel, dass man es verbrenne und die Asche über das Feld streue, so es dem Erdreich Nahrung sei; die gute Frucht aber sammelt und stapelt sie mir in meiner Scheune.›»
50. «Denn sehet», sprach Jmmanuel, «beide wachsen miteinander, das Unkraut und die gute Frucht.
51. Das Unkraut hindert die gute Frucht am Wachstum, doch aber wird das Unkraut später zu Dünger und nährt den Boden.
52. Wäre nicht das Unkraut, aus dem Nahrung für das Erdreich gemacht wird, so könnte die gute Frucht nicht wachsen, die doch also der Nahrung bedarf.»

Das Senfkorn

53. Ein anderes Gleichnis legte er dem Volke vor und sprach: «Das bewusstseinsmässige Reich ist gleich einem Senfkorn, das ein Mensch nahm und säte es auf seinen Acker.
54. Welches das kleinste ist unter den Samen; wenn es aber gewachsen ist, so ist es grösser als alle Sträucher und wird ein Baum, dass die Vögel unter dem Himmel kommen und wohnen in seinen Zweigen.»

Der Sauerteig

55. Ein anderes Gleichnis redete er zum Volke: «Das bewusstseinsmässige Reich ist einem Sauerteig gleich, den ein Weib nahm und vermengte ihn unter drei Scheffel Mehl, bis dass er ganz durchsäuert ward.»

40. "But for whom it is sown on good ground, this is the one who accepts the word and seeks and finds the truth, so as to be able to live according to the laws of truth; thus the fruit is allowed to grow and ripen, bringing in a rich harvest. One person bears a hundredfold, another sixty-fold and another thirty-fold.
41. "These are the meanings of the parables, whose secrets must be deciphered by the people, in order that they learn to think and develop cognitions.
42. "Nevertheless, the path to wisdom and finding the truth is long, as is compliance with the laws of Creation, even though these are so obvious."

The Weeds Among the Good Fruit

43. But he put before them another parable and said, "The consciousness-related world is like a man who planted good seeds in his field.
44. "But while he slept, his enemy came and sowed weeds among the good seeds and went away.
45. "As the plantings grew and bore fruit, the weeds also appeared.
46. "Then the servants came to the sower and said, 'Master, did you not sow good seed in your field? Where have the weeds come from?'
47. "He spoke to them, 'An enemy has done this.' Then the servants said, 'Do you want us to go out and pull up the weeds?'
48. "He replied, 'No, lest you uproot the good fruit when you pull up the weeds.
49. "'Let both grow together until the harvest, and near harvest time I will tell the reapers: First gather the weeds and bind them in bundles, that they may be burned and the ashes strewn over the field so that the soil will be nourished; but gather the good fruit and stack it for me in my barn.'
50. "For behold," said Jmmanuel, "both grow side by side, the weeds and the good fruit.
51. "The weeds hinder the good fruit from growing, yet later the weeds will become fertilizer and nourish the ground.
52. "Were it not for the weeds being made into nourishment for the soil, the good fruit could not grow, since it needs nourishment."

The Mustard Seed

53. He presented the people with another parable, saying, "The consciousness-related world is like a mustard seed that a man took and sowed in his field.
54. "It is the smallest among the seeds, but when it is grown, it is bigger than all the shrubs and becomes a tree, so that the birds of the sky come and dwell in its branches."

The Leaven

55. He told the people another parable, "The consciousness-related world is like leaven, which a woman took and mixed into three bushels of flour until it was thoroughly leavened."

56. Solches alles redete Jmmanuel zu dem Volke in Gleichnissen, und ohne Gleichnisse redete er nichts zu ihnen.
57. Dies darum, auf dass erfüllet würde, was gesagt ist durch den Propheten, der da spricht: «Er wird seinen Mund auftun in Gleichnissen und wird aussprechen, was verborgen war von Anfang der Welt»; so das Volk daraus lernen möge und die Wahrheit finde und also die Gesetze erkenne und befolge.

Der Schatz im Acker und die kostbare Perle

58. «Wer Ohren hat, der höre: Das bewusstseinsmässige Reich ist gleich einem verborgenen Schatz im Acker, welchen ein Mensch findet und verbirgt ihn; und in seiner Freude darüber geht er hin und verkauft alles, was er hat, und kauft den Acker.
59. Abermals ist das bewusstseinsmässige Reich aber gleich einem Kaufmann, der gute Perlen suchte, und da er eine köstliche Perle fand, ging er hin und verkaufte alles, was er hatte, und kaufte sie.

Das Fischernetz

60. Abermals ist das bewusstseinsmässige Reich gleich einem Netze, das ins Meer geworfen ward und allerlei Gattung fing.
61. Als es aber voll war, zogen sie es heraus an das Ufer, sassen und lasen die Guten in Gefässe zusammen, aber die Unnützen warfen sie weg.
62. So also ist das bewusstseinsmässige Reich, das im Menschen herrscht, und dessen König der Mensch selbst ist.
63. Achtet daher der Gleichnisse und lernet ihre Geheimnisse zu lösen, so ihr denken lernet und die Gesetze der Schöpfung erkennet und befolgt.
64. Habt ihr das alles verstanden?», und sie sprachen: «Ja.»
65. Da sprach er: «Darum: Ein jeglicher Schriftgelehrter, der ein Jünger des geistigen Wissens und des bewusstseinsmässigen Reiches geworden ist, gleicht einem Hausvater, der aus seinem Schatz Neues und Altes hervorholt.»

In Nazareth

66. Und es begab sich, da Jmmanuel diese Gleichnisse beendet hatte, dass er von dannen ging.
67. So kam er in seine Vaterstadt Nazareth, und lehrte in der Synagoge, so sich das Volk entsetzte, und die Menschen sprachen: «Woher kommen diesem solche Weisheit und Taten?
68. Ist er nicht des Zimmermann Josephs Sohn, dessen Frau geschwängert war durch einen Wächterengel?
69. Heisst nicht seine Mutter Maria?
70. Sind nicht seine Brüder Judas und Joseph und Simeon und Jakobus?
71. Und seine Schwestern, sind sie nicht alle bei uns?
72. Woher kommen ihm denn alle diese Weisheit und die Macht für seine Taten?»
73. So nahmen sie Ärgernis an ihm und drohten, ihn den Gerichten zu überantworten.

56. Jmmanuel told the people all of this in parables, and he did not speak to them without using parables,
57. so that what is said through the prophet would be fulfilled, who states, "He will open his mouth in parables and will proclaim what has been hidden since the beginning of the world." This was so that people might learn from it, find the truth, and recognize and follow the laws.

The Treasure in the Field and the Priceless Pearl

58. "Those who have ears, let them hear: The consciousness-related world is like a hidden treasure in the field, which a person finds and conceals; and in his joy over the discovery he goes out and sells everything he has and buys the field.
59. "Once more, the consciousness-related world is like a merchant who was searching for fine pearls. When he found a precious pearl, he went and sold everything he had and bought it.

The Fish Net

60. "Again, the consciousness-related world is like a net that was thrown into the sea and caught all manner of fish.
61. "When it was full, the fishermen pulled it ashore, sat down and sorted the good fish into containers, but threw the useless ones away.
62. "Such is the consciousness-related world, which rules within human beings and whose king is the human being itself.
63. "Pay heed to the parables accordingly, and learn to solve their secrets, so that you learn to think and to recognize and follow the laws of Creation.
64. "Have you understood all this?" And they said, "Yes."
65. Then he said, "Therefore, every scribe who has become a disciple of the spiritual knowledge and the consciousness-related world is like the father of a household who retrieves from his treasure the new and the old."

In Nazareth

66. It happened that after Jmmanuel had finished these parables, he went away from there.
67. Arriving in his hometown of Nazareth, he taught in the synagogue. The people were appalled and they said, "How did he come by such wisdom and deeds?
68. "Is he not the son of Joseph, the carpenter, whose wife became pregnant by a guardian angel?
69. "Is not his mother named Maria?
70. "Are not his brothers Judas, Joseph, Simeon and Jakobus?
71. "And his sisters, are they not all with us?
72. "From where does he get all this wisdom and the power for his deeds?"
73. So they took offence at him and threatened to turn him over to the courts.

74. Jmmanuel aber sprach: «Ein Prophet gilt nirgends weniger als in seinem eigenen Vaterlande und im eigenen Hause, was sich also bewahrheiten wird in alle Zukunft und solange der Mensch kleinwissend ist und den irren Lehren der Schriftgelehrten und Schriftenverdreher frönt.
75. So wird es sich bewahrheiten also in zweimal tausend Jahren, wenn der Mensch wissend und denkend geworden ist und meine wirkliche Lehre unverfälscht neu offenbart wird.
76. Der neue Prophet jener fernen Zukunft wird nicht soviel Kraft und Macht besitzen über das Übel und die Krankheiten.
77. Sein Wissen aber wird das meine überhaben und seine Offenbarungen über meine wirkliche Lehre werden das Gefüge der ganzen Erde erschüttern, denn zu seiner Zeit wird die Welt durch meine, durch die Schriftenverdreher verfälschte Lehre überschwemmt sein und in irren todbringenden Kulten leben.
78. Es wird die Zeit sein, da Kriege aus dem Weltenraum zu drohen beginnen und viele neue Götter die Herrschaft über die Erde suchen werden.
79. Wahrlich, wahrlich, ich sage euch: Der neue Prophet wird nicht nur von einem falschen Volk verfolgt werden, so wie mir geschehen wird, denn er wird von der ganzen Welt verfolgt sein und von vielen irrigen Kulten, die viele falsche Propheten erstellen.
80. Noch ehe die zweimal tausend Jahre voll sind, wird der neue Prophet meine Lehre unverfälscht in kleinen Gruppen offenbaren, wie ich also in kleiner Gruppe meinen Vertrauten und Jüngern die Weisheit und das Wissen und die Gesetze des Geistes und der Schöpfung lehre.
81. Sein Weg wird jedoch sehr schwer sein und voller Hindernisse, denn er wird seine Mission in einem Lande des Friedens im Norden beginnen, da aber ein strenger falscher Kult aus meiner, von den Schriftenverdrehern verfälschten Lehre herrschen wird.
82. So weissage ich, und so wird es sein.»
83. Und er tat daselbst nicht grosse Zeichen seiner Kraft, und tat nicht kund sein grosses Wissen, um ihrer Wahrheits-Verschmähung willen.

74. But Jmmanuel spoke, "Nowhere is a prophet valued less than in his own fatherland and in his own house. This will prove true for all time, as long as humanity has little knowledge and is enslaved by the delusionary teachings of the scribes and distorters of scripture.
75. "So it will come true in two times a thousand years, when human beings have become knowledgeable and thinking, and when my actual unfalsified teachings will be revealed anew.
76. "The new prophet of that distant future will not possess as much strength and power over evil and sickness.
77. "But his knowledge will surpass mine, and his revelations about my real teachings will shake the foundations of the entire Earth, for in his time the world will be inundated by my teachings, as falsified by the distorters of the scriptures, and it will be living in false religious cults that bring death.
78. "It will be a time when wars from space begin to threaten, and many new gods will seek to rule over the Earth.
79. "Truly, truly, I say to you, the new prophet will be persecuted not only by a wrong-minded people, as will happen to me, but also by the whole world and by many deluded religious cults, which will bring forth many false prophets.
80. "Yet, before the end of two times a thousand years the new prophet will reveal my unfalsified teachings to small groups, just as I teach the wisdom, the knowledge and the laws of the spirit and of Creation to small groups of trusted friends and disciples.
81. "Nevertheless, his path will be very difficult and full of obstacles, because he will begin his mission in a peace-loving country in the North which will be dominated, however, by a strict and false religious cult based upon scriptural distortions of my teachings.
82. "Thus I prophesy, and thus it shall be."
83. And he did not there show great signs of his power, nor did he impart his great wisdom because of their insulting of the truth.

Das 16. Kapitel

Herodes und der Täufer

1. Zu der Zeit, als Jmmanuel in Nazareth weilte, drang die Kunde über ihn vor zu Herodes.
2. Und er sprach zu seinen Leuten: «Das ist sicher Johannes der Täufer; der ist von den Toten auferstanden, deshalb wirken in ihm solche Kräfte.»
3. Denn Herodes hatte Johannes gegriffen, gebunden und in das Gefängnis gelegt wegen der Herodias, der Frau seines Bruders Philippus, und hatte ihm den Kopf abschlagen lassen.
4. Es begab sich zuvor aber so, dass Johannes ihn rügte und sprach: «Es ist nicht gut, dass du dir Herodias zu eigen machst, denn du hast mit ihr, mit deines Bruders Weib, Ehebruch begangen, so ihr also bestraft werden müsst nach dem Gesetze.»
5. Deshalb hätte er den Täufer gerne getötet, fürchtete sich aber vor dem Volk; denn sie hielten diesen für einen Propheten.
6. Da aber Herodes seinen Geburtstag beging, da tanzte die Tochter Herodias' vor ihnen, was Herodes sehr wohl gefiel.
7. Darum verhiess er ihr mit einem gesetzwidrigen Eide, er wolle ihr geben was sie von ihm fordern würde.
8. Und wie sie danach von ihrer Mutter angestiftet war, sprach sie: «Bring mir dar auf einer silbernen Schüssel das Haupt des Johannes des Täufers.»
9. Die Tochter Herodias' aber weinte dabei, denn sie war für Johannes den Täufer in Liebe entfacht, nicht nur, weil sie auch seiner Lehre anhängig war.
10. Und der König war froh, dass Herodias ihre Tochter überredet hatte, das Haupt des Täufers zu fordern, denn so traf ihn vor dem Volk keine Schuld, da er ja den Eid geleistet hatte.
11. Herodias' Tochter aber wusste nicht, dass Herodes und ihre Mutter schon vor dem Tanze eins waren, durch sie das Haupt des Täufers zu fordern.
12. Und so schickte Herodes hin und liess Johannes im Gefängnis enthaupten.
13. Und sein Haupt war hergetragen auf einer silbernen Schüssel und dem Mädchen gegeben.
14. Also küsste es dann die Stirn des abgeschlagenen Hauptes, weinte bitterlich und sprach:
15. «Ich wusste nicht, dass die Liebe so bitter schmeckt.»
16. Alsdann brachte sie das Haupt des Täufers ihrer Mutter.
17. Dann aber kamen seine Jünger und nahmen seinen Leichnam und begruben ihn, so also sie dann kamen zu Jmmanuel und verkündeten ihm das Geschehen.
18. Und da Jmmanuel das hörte, überkam ihn Furcht und er wich von dannen auf einem Schiff in eine einsame Gegend, doch so das Volk das hörte, folgte es ihm nach zu Fuss aus den Städten.

Chapter 16

Herodes and the Baptist

1. At the time when Jmmanuel was staying in Nazareth, news about him reached Herodes.
2. And he spoke to his people, "Surely this is Johannes the Baptist, who has arisen from the dead and who therefore possesses such mighty powers."
3. For Herodes had seized Johannes, bound him and put him into prison because of Herodias, the wife of his brother Philippus, and had him beheaded.
4. However it had come to pass previously that Johannes reprimanded Herodes, saying, "It is not good that you have taken Herodias, because you have committed adultery with your brother's wife and therefore you must be punished according to the law."
5. For this he wanted to kill the Baptist but was afraid of the people, because they considered this man to be a prophet.
6. However, as Herodes was celebrating his birthday, the daughter of Herodias danced before them, and Herodes was greatly pleased.
7. He therefore promised her, with an unlawful oath, that he would give her whatever she would demand of him.
8. And as she had been induced accordingly by her mother, she said, "Give me the head of Johannes the Baptist on a silver platter."
9. But the daughter of Herodias wept while saying this, not just because she was inspired with love for Johannes the Baptist, but also because she was devoted to his teachings.
10. The king was pleased that Herodias had persuaded her daughter to demand the head of Johannes the Baptist, because this way he was not guilty in the eyes of the people, inasmuch as he had taken an oath.
11. But Herodias' daughter did not know that Herodes and her mother had agreed, even before the dance, to demand the head of Johannes the Baptist through her.
12. Thus Herodes sent someone and had Johannes beheaded in prison.
13. His head was carried in on a silver platter and given to the girl.
14. She kissed the brow of the decapitated head, wept bitterly and said,
15. "I did not know that love tastes so bitter."
16. Then she brought the head of the Baptist to her mother.
17. His disciples then came, took the body and buried it. Then they went to Jmmanuel and told him of the event.
18. When Jmmanuel heard this, he was overcome with fear and retreated by boat to a deserted area. However, when the people heard that, they followed him on foot from the towns.

19. Und Jmmanuel sah vom Wasser aus die grosse Menge; und es jammerte ihn derselben, so er an Land ging und ihre Kranken heilte.

Speisung der Fünftausend

20. Am Abend aber traten seine Jünger zu ihm und sprachen: «Die Gegend ist öde und die Nacht fällt über das Land; lasse das Volk von dir gehen, so sie mögen kaufen Speis und Trank in den Dörfern.»
21. Aber Jmmanuel sprach: «Es ist nicht Not, dass sie hingehen; gebet ihnen zu essen und zu trinken.»
22. Sie aber sprachen: «Wir haben hier nichts als fünf Brote und drei Fische.»
23. Und er sprach: «So bringt sie mir her.»
24. Und er hiess das Volk sich lagern und nahm die fünf Brote und die drei Fische, sprach geheimnisvolle Worte und brach die Brote und die Fische und gab sie den Jüngern, und die Jünger gaben sie dem Volk.
25. Und sie assen alle und wurden satt und hoben auf, was übrigblieb von Brocken, zwölf Körbe voll.
26. Die aber gegessen hatten, waren bei fünftausend Menschen.

Wandeln auf dem Meer

27. Und alsbald forderte Jmmanuel seine Jünger, dass sie in das Schiff traten und vor ihm hinüberfuhren in die Stadt, bis dass er das Volk von sich entlasse.
28. Und da er das Volk von sich gelassen hatte, stieg er allein auf einen kleinen Berg, dass er sich erhole und seine erschöpfte Kraft neu sammle, und also war er am Abend allein daselbst.
29. Und das Schiff der Jünger war zu der Zeit mitten auf dem Meer und litt Not von den Wellen; denn der Wind war ihnen entgegen, und der Sturm war über ihnen.
30. Aber in der vierten Nachtwache kam Jmmanuel zu ihnen und ging auf dem Wasser des Meeres.
31. Und da ihn seine Jünger sahen auf dem Wasser gehen, erschraken sie sehr und sprachen: «Er ist ein Gespenst,» und sie schrien vor Furcht.
32. Aber alsbald kam Jmmanuel näher und redete mit ihnen und sprach: «Seid getrost, ich bin es; fürchtet euch nicht.»
33. «Meister, bist du es?» fragte Petrus aber.
34. Jmmanuel aber sprach: «Wahrlich, ich bin es.»
35. Petrus aber antwortete ihm und sprach: «Meister, bist du es, so lasse mich zu dir kommen auf dem Wasser.»
36. Und Jmmanuel sprach: «Komm her zu mir und fürchte dich nicht.
37. Erfasse und wisse, dass die Wasser dich tragen, und sie werden dich tragen.
38. Zweifle nicht an deinem Wissen und Können, so dir also die Wasser fester Grund sein werden.»
39. Und Petrus trat aus dem Schiff und ging auf den Wassern und ging auf Jmmanuel zu.

19. Jmmanuel saw the large crowd from the water, and feeling sorry for them, he went ashore and healed their sick.

The Feeding of the Five Thousand

20. In the evening his disciples came to him and said, "This area is deserted and night is falling over the land. Tell the people to go away so that they can buy food and drink in the villages."
21. But Jmmanuel said, "It is not necessary that they go away. Give them food and drink."
22. They replied, "We have nothing here but five loaves of bread and three fish."
23. And he said, "Bring them to me."
24. And telling the people to stay put, he took the five loaves of bread and the three fish, spoke secret words, broke the loaves of bread, cut up the fish and gave them to his disciples; and the disciples gave them to the people.
25. They all ate and were filled, and they saved what was left over, twelve baskets full of pieces.
26. And there were about five thousand who had eaten.

Walking On the Sea

27. Soon afterward Jmmanuel directed his disciples to enter the boat and to cross over to the city in advance of him while he would dismiss the people.
28. After he had sent the people away, he climbed up a small mountain alone in order to rest and regain his depleted strength. And so he was there alone in the evening.
29. The disciples' boat was at that time in the middle of the sea and being imperilled by the waves, for the wind was against them and the storm was over them.
30. However, on the fourth watch during the night, Jmmanuel approached them, walking on the water of the sea.
31. When his disciples saw him walking on the water, they were terrified and said, "He is a ghost!" And they screamed in fear.
32. But soon Jmmanuel came closer, spoke to them and said, "Be comforted, it is I, do not be afraid."
33. "Master, is it you?" Petrus asked.
34. "Truly, it is I," said Jmmanuel.
35. But Petrus answered him and said, "Master, if it is you, then let me come to you on the water."
36. And Jmmanuel said, "Come here to me and don't be afraid.
37. "Understand and know that the water is carrying you, and it will carry you.
38. "Do not doubt your knowledge and ability, and the water will be a firm foundation."
39. And Petrus stepped out of the boat, walked on the water and approached Jmmanuel.

40. Als aber ein lauter Donner das Heulen des Sturmes zerriss, erschrak er und hub an zu sinken, schrie und sprach: «Jmmanuel, hilf mir!»
41. Jmmanuel aber eilte zu ihm und reckte alsbald die Hand aus und ergriff ihn und sprach: «Oh du Kleinwissender, warum erschrickst du, und warum zweifelst du im Schreck?
42. Die Kraft deines Wissens gibt dir das Können, so du eben gesehen hast.
43. Meinen Worten hast du vertraut ehe der Donner kam, dann aber bist du erschrocken und hast gezweifelt, so dich also die Kraft des Wissens verliess und dein Können dahinschwand.
44. Zweifle nie an der Kraft deines Bewusstseins, der doch ein Teil der Schöpfung selbst ist und daher keine Grenzen der Macht kennt.
45. Siehe, da war ein Vöglein, das in grossen Höhen kreiste und pfeifend sich des Lebens freute, da kam ein Windstoss und brachte es ins Wanken, und also zweifelte es plötzlich an der Kraft seiner Flugkunst und stürzte ab und war tot.
46. Zweifle daher nie an der Kraft deines Bewusstseins und zweifle nie an deinem Wissen und Können, wenn dir die Logik das Gesetz der Schöpfung in Wahrheit und Richtigkeit beweist.»
47. Und sie traten in das Schiff und Jmmanuel gebot dem Sturme, so der sich legte und die Winde verliefen.
48. Die aber in dem Schiffe waren, wunderten sich und sprachen: «Du bist wahrlich ein Meister des Bewusstseins und ein Wissender der Schöpfungsgesetze.
49. Deinesgleichen war uns noch nie geboren und also kein uns bekannter Prophet hatte diese Macht.»
50. Jmmanuel aber antwortete: «Ich sage euch: Es gibt grössere Meister der bewusstseinsmässigen Kraft denn mich, und es sind sie, dies unsere Ur-Ur-Ur-Urväter des Petale.
51. Und gross sind auch die, die aus dem Weltenraum kamen, und der grösste unter ihnen ist Gott, und er ist der bewusstseinsmässige Herrscher der drei Menschengeschlechten.
52. Über ihm jedoch steht die Schöpfung, deren Gesetze er treulich befolgt und achtet, also er auch nicht allmächtig ist, wie es nur die Schöpfung selbst sein kann.
53. So sind auch Grenzen gesetzt für ihn, der sich Gott nennen lässt und über Kaisern und Königen steht, wie es das Wort besagt.
54. Der Mensch aber ist unwissend und unreif, so er also Gott als die Schöpfung glaubt und einer irrigen Lehre frönt, wie sie die Schriftenverdreher verfälscht haben.
55. So der Mensch also an Gott glaubt, weiss er also nicht um die Wahrheit der Schöpfung, denn Gott ist Mensch also wie wir.
56. Es ist der Unterschied aber, dass er in seinem Bewusstsein und Wissen und in der Weisheit, Logik und Liebe tausendfach grösser ist denn ihr, und grösser als alle Menschen der Erde.
57. Er ist aber nicht die Schöpfung, die unendlich ist und keine Form hat.
58. So also ist Gott auch eine Kreatur der Schöpfung, die nach unlogischem Menschenerachten keinen Anfang und kein Ende hat.»
59. Und sie fuhren hinüber und kamen ans Land nach Genezareth.

40. But when strong thunder ripped through the howling storm, he was startled and began to sink, screaming, "Jmmanuel, help me!"
41. Jmmanuel quickly went to him, stretched out his hand and grabbed him, saying, "O you of little knowledge, why are you frightened and why do you become doubtful in your fright?
42. "The power of your knowledge gives you the ability, as you have just witnessed.
43. "You trusted in my words before the thunder came, but then you were frightened and began to doubt, and so the power of knowledge left you and your ability disappeared.
44. "Never doubt the power of your consciousness, which is a part of Creation itself and therefore knows no limits of power.
45. "Behold, there was a little bird that circled at great heights and sang, rejoicing about life, when a strong gust of wind came and made it waver. It then suddenly doubted its power to fly, plummeted down and was killed.
46. "Therefore, never doubt the power of your consciousness and never doubt your knowledge and ability when logic proves to you the law of Creation in truth and correctness."
47. They stepped into the boat, and Jmmanuel commanded the storm to stop. It abated and the winds ceased.
48. Those who were in the boat marvelled and said, "You are indeed a master of the consciousness and someone who knows the laws of Creation.
49. "No one like you has ever been born among us, nor has any prophet known to us had such power."
50. But Jmmanuel answered, "I tell you there are greater masters of consciousness-related power than I, and they are our distant forefathers of Petale.
51. "And great are they also, who came from the depths of space, and the greatest among them is god, and he is the consciousness-related ruler of three human species.
52. "However above him stands Creation, whose laws he faithfully follows and respects; therefore he is not omnipotent, as only Creation itself can be.
53. "Thus there are also limits set for him who allows himself to be called god, and who is above emperors and kings, as the word says.
54. "But human beings are ignorant and immature, thus they believe god to be Creation and serve an erroneous doctrine, as was falsified by the distorters of the scriptures.
55. "Thus since people believe in god, they do not know about the reality of Creation, but god is human as we are.
56. "But the difference is that in his consciousness and knowledge, and in wisdom, logic and love, he is a thousand times greater than you and greater than all people of Earth.
57. "But he is not Creation, which is infinite and without form.
58. "Thus god is also one of Creation's creatures, which, according to illogical human opinion, has no beginning and no end."
59. And they went across the sea and came ashore at Gennesaret.

60. Und da die Leute an diesem Ort seiner gewahr wurden, schickten sie aus in das ganze Land umher und brachten alle Kranken zu ihm.
61. Dann baten sie ihn, dass sie nur seines Kleides Saum berühren dürften, so sie geheilt würden.
62. Und also geschah es; die seines Kleides Saum anrührten, wurden gesund.

60. And as the people in that region became aware of him, they sent word throughout the land and brought to him all who were sick.
61. Then they asked him if they might just touch the hem of his garment, so they would be healed.
62. And thus it came to pass; those who touched the hem of his garment became well.

Das 17. Kapitel

Menschengebote und Schöpfungsgesetze

1. Da kamen zu Jmmanuel Pharisäer und Schriftgelehrte von Jerusalem und sprachen:
2. «Warum missachten deine Jünger die Satzungen der Ältesten?»
3. Er antwortete und sprach zu ihnen: «Warum übertretet denn ihr die Gesetze der Schöpfung um eurer Satzungen willen?
4. Mose hat nach den Gesetzen der Menschen gesagt: ‹Du musst Vater und Mutter ehren; wer aber Vater und Mutter zu Unrecht unehrt, der soll des Todes sterben.›
5. Die Lehre der Schöpfungsgesetze ist also die: Du sollst Vater und Mutter ehren; wer aber Vater und Mutter nicht ehrt, der soll ausgestossen sein aus der Familie und aus der Gesellschaft der Rechtschaffenen.
6. Ihr aber lehret: Wer zu Vater oder Mutter spricht: ‹Ich opfere dem Kult das, was ihm für euch soll von mir zukommen, so ich also frei bin gegen euch.›
7. Also, so lehret ihr irre, denn braucht einer seinen Vater oder seine Mutter nicht mehr zu ehren, dann habt ihr die Gesetze der Schöpfung aufgehoben, um eurer Satzungen und eurer Machtgier willen.
8. Ihr Heuchler, gar fein hat Jesaja von euch geweissagt und gesprochen:
9. ‹Das Volk Israel ehrt die Schöpfung mit seinen Lippen, aber sein Herz und sein Wissen sind ferne von ihr.
10. Vergeblich dienen sie ihrem Kult, weil sie lehren solche verfälschten und verlogenen Lehren, die nichts als Menschengebote sind.›»
11. Und Jmmanuel rief das Volk zu sich und sprach: «Höret zu und fasset es!
12. Die Lehren der Schriftgelehrten und Pharisäer sind falsch und verlogen, denn sie predigen euch Menschensatzungen, die keine Gesetze der Schöpfung sind.»
13. Da traten seine Jünger zu ihm und sprachen: «Weisst du auch, dass die Schriftgelehrten und Pharisäer an deinem Wort Ärgernis nahmen, als sie es hörten?
14. Sie sind hingegangen, wider dich zu zeugen und dich deiner Lehre wegen töten zu lassen.»
15. Aber er antwortete und sprach: «Alle Pflanzen, die nicht nach den Gesetzen der Schöpfung leben, werden verdorren und verfaulen.
16. Lasset sie, sie sind blinde Blindenleiter; wenn aber ein Blinder einen andern Blinden leitet, so fallen sie beide in die Grube.
17. Doch wollen wir aber von dannen gehn, so also die Schergen ohne Beute bleiben.»

Chapter 17

Human Commandments and the Laws of Creation

1. Pharisees and scribes from Jerusalem came to Jmmanuel and said,
2. "Why do your disciples disregard the guiding rules of the elders?"
3. He answered, saying to them, "Why do you violate the laws of Creation by following your guiding rules?
4. "Moses said, according to the laws of mankind, 'You must honour your father and mother, but those who unjustly dishonour their father and mother shall die.'
5. "The teaching of the laws of Creation is this: You shall honour your father and mother, but whosoever does not honour their father and mother shall be expelled from the family and from the society of the righteous.
6. "But you teach, 'Say to one's father or mother: I donate to the religious cult what I owe on your behalf, thus I am no longer indebted to you.'
7. "Therefore you wrongly teach that people no longer need to honour their father or mother. Thus you have traded the laws of Creation for your own statutes and lust for power.
8. "You hypocrites, Jesaja has prophesied quite accurately about you, when he said,
9. "'The people of Israel give lip service to Creation, but their hearts and their knowledge are far from it.
10. "'They serve their cult in vain, because they teach such falsified and untruthful teachings, which are no more than man-made laws.'"
11. And Jmmanuel called the people to him and said, "Listen and understand!
12. "The teachings of the scribes and Pharisees are false and untruthful, for they preach to you only man-made guiding rules, which are not the laws of Creation."
13. Thereupon, his disciples came to him and said, "Are you aware that the scribes and Pharisees were offended by your words when they heard them?
14. "They went out to bear witness against you and to have you killed because of your teachings."
15. But he answered and spoke, "All plants that do not live according to the laws of Creation, will dry up and rot.
16. "Leave them be, they are blind leaders of the blind; but when a blind man leads another blind man, both will fall into the pit.
17. "But let us go away, so that the henchmen remain without booty."

18. Da antwortete Petrus und sprach zu ihm: «Deute uns deine Rede von den Pflanzen und von den Blinden.»
19. Da aber rügte Jmmanuel seine Jünger und sprach: «Seid denn auch ihr noch immer unverständig und so auch unwissend und zweifelnd im Erkennen, Erfassen und Verstehen?
20. Lange Zeit seid ihr nun mit mir zusammen, doch es fehlt euch noch immer am Vermögen des Denkens und an der Erkennung der Wahrheit.
21. Wahrlich, ich sage euch: Ihr selbst werdet viel dazutun, meine Lehre in der Zukunft zu verfälschen.
22. Mit eurem Wissen nämlich gereicht ihr nur wenig über das der anderen Menschen hinaus.
23. Merket ihr denn noch nicht, dass alle Gleichnisse und Reden einen bewusstseinsmässigen Sinn haben, und sie also das bewusstseinsmässige Leben des Menschen besprechen?
24. Oh, ihr Kleinwissenden, reicht euer Verstand noch nicht über die Dummheit des Volkes hinaus?
25. Hütet euch, so ihr sonst mich in falschem Lichte seht und mich einer Herkunft bezichtigt, der ich nicht entstammen kann.»

18. Then Petrus answered him saying, "Please interpret your speech about the plants and the blind men for us."
19. But Jmmanuel reprimanded his disciples and said, "Are you, too, still without wisdom and therefore also ignorant and doubting in recognition, comprehension and understanding?
20. "You have been with me for a long time now, but you still lack the ability to think and recognize the truth.
21. "Truly, I say to you, you yourselves will do much toward falsifying my teachings in the future.
22. "In your knowledge you barely exceed the other people.
23. "Haven't you realized yet that all the parables and speeches have a consciousness-related meaning and are therefore about the consciousness-related life of human beings?
24. "Oh, you of little knowledge, does your understanding still not extend beyond the stupidity of the people?
25. "Beware, lest you see me in a false light and accuse me of an origin from which I could not have descended."

Das 18. Kapitel

Zeichenforderung der Pharisäer

1. Jmmanuel aber ging von dannen und entwich in die Gegend von Sidon und Tyrus.
2. Und siehe, da traten die Sadduzäer und Pharisäer zu ihm und forderten, dass er sie ein Zeichen der bewusstseinsmässigen Kraft sehen liesse.
3. Er aber antwortete und sprach: «Am Abend sprecht ihr: ‹Es wird ein schöner Tag werden, denn der Himmel ist rot›.
4. Und des Morgens sprecht ihr: ‹Es wird heute Ungewitter sein, denn der Himmel ist rot und trübe›, so also ihr über des Himmels Aussehen beurteilen könnt; vermöget ihr dann nicht auch über die Zeichen der Zeit zu beurteilen?
5. Dieses böse und abtrünnige Geschlecht sucht ein Zeichen; und es soll ihm aber kein Zeichen gegeben werden, denn das Zeichen des Jonas, der lebend im Bauche des Fisches verschwand und lebend in seinem Bauche weilte und dann lebend wieder ans Licht kam.»
6. Und er liess sie und ging davon.

Der Sauerteig der Pharisäer

7. So sie über das Meer schifften und ans andere Ufer kamen, hatten sie vergessen, Brot mit sich zu nehmen.
8. Jmmanuel aber sprach zu ihnen: «Sehet zu und hütet euch vor dem Sauerteig der Pharisäer und Sadduzäer.»
9. Da redeten sie untereinander und sprachen: «Das wird es sein, dass wir nicht haben mitgenommen Brot und sonstiges zu essen.»
10. Da das aber Jmmanuel hörte, war er unwillig und sprach: «Ihr Kleinwissenden, was bekümmert ihr euch doch, dass ihr nicht Brot habt?
11. Verstehet ihr denn noch nicht, und könnt ihr keine Gedanken finden, meine Reden zu verstehen?
12. Seid ihr denn so kleinwissend und ohne Verstand, dass ihr den Sinn nicht erkennen könnt?
13. Verstehet ihr noch nicht, und wollt ihr für alle Zeiten nicht verstehen?
14. Denket ihr nicht an die fünf Brote und die drei Fische unter die Fünftausend und wieviel Körbe ihr da aufhobet?
15. Wie verstehet ihr denn nicht, dass ich nicht vom Brote zu euch rede, das ihr täglich esset? denn ich sage euch das, dass ihr euch hütet vor dem Sauerteig der Pharisäer und Sadduzäer.»
16. Da endlich verstanden sie, dass er nicht gesagt hatte, dass sie sich hüten sollten vor dem Sauerteig des Brotes, sondern vor den irren und verfälschten Lehren der Schriftgelehrten und Pharisäer.

Chapter 18

The Pharisees Demand a Sign

1. Jmmanuel departed and escaped to the region of Sidon and Tyre.
2. And behold, the Sadducees and Pharisees approached him and demanded that he let them see a sign of his consciousness-related power.
3. But he answered, saying, "In the evening you say, 'Tomorrow will be a fair day, because the sky is red.'
4. "And in the morning you say, 'Today will be foul weather, because the sky is red and cloudy.' So you can judge by the appearance of the sky, why then can you not also judge by the signs of the time?
5. "This wicked and unfaithful generation is seeking a sign; no sign shall be given to it except for the sign of Jonas (Jonah), who disappeared alive into the belly of the fish, dwelled alive in its belly and emerged alive again into the light."
6. And he left them and went away.

The Leaven of the Pharisees

7. When they sailed across the sea and arrived at the other shore, they had forgotten to take along some bread.
8. But Jmmanuel said to them, "Take care and beware of the leaven of the Pharisees and the Sadducees."
9. They spoke to each other and said, "This must refer to our not having brought along bread or anything else to eat."
10. When Jmmanuel heard this he was angry and said, "O you of little knowledge, why does it worry you that you have no bread?
11. "Don't you yet understand, and can't you imagine the meaning of my words?
12. "Are you then of such little knowledge and without understanding that you can't recognize the meaning?
13. "Do you still not understand, and do you intend not to understand for all times?
14. "Don't you remember the five loaves of bread and the three fish divided among the five thousand and how many basketfuls you then saved?
15. "How is it you don't understand that I am not speaking to you about the bread you eat every day? But I tell you this: Beware of the leaven of the Pharisees and the Sadducees."
16. Then they finally understood that he had not said for them to beware of the leaven of the bread, but of the erroneous and adulterated teachings of the scribes and Pharisees.

Petrus' Glaube

17. Jmmanuel kam in die Gegend von Cäsarea Philippi und fragte seine Jünger und sprach: «Wer, sagen die Leute, dass ich sei?»
18. Sie sprachen: «Etliche sagen, du seist Johannes der Täufer; andere, du seist Elia; wieder andere, du seist Jeremia oder sonst einer der alten Propheten.»
19. Er aber sprach zu ihnen: «Wer aber saget denn ihr, dass ich sei?»
20. Da antwortete Simon Petrus und sprach: «Du bist der prophezeite Messias und ein Sohn des lebendigen Gottes, des bewusstseinsmässigen Herrschers der drei Menschengeschlechter.»
21. Da ward Jmmanuel zornig und antwortete und sprach zu ihm: «Oh du Unglücklicher, meine Lehre hat dir das nicht offenbart, denn ich unterrichtete dich in der Wahrheit.
22. Und ich sage dir auch: Du bist wohl ein treuer Jünger, doch dein Verstand muss mit dem eines Kindes gemessen werden.
23. Du bist Petrus, und auf deinen Felsen kann ich meine Lehre nicht bauen, und du wirst die Pforten des Unverstandes öffnen, so die Menschen überwältigt von deiner irren Auslegung meiner Lehre darin eingehen werden und einer verfälschten Lehre leben.
24. Nicht kann ich dir den Schlüssel des bewusstseinsmässigen Reiches geben, sonst du damit irrige Schlösser und falsche Pforten öffnen würdest.
25. Nicht der Sohn eines bewusstseinsmässigen Herrschers dreier Menschengeschlechter bin ich, und so also nicht der Sohn Gottes; und also ist bewusstseinsmässig herrschend allein nur die Schöpfung, niemals aber ein Mensch; enthebe dich also dieser irren Lehre und lerne die Wahrheit.
26. Meine Mutter ist die Maria, die mich wahrlich zeugend empfangen hat durch einen Wächterengel, einen Nachfahren unserer weit aus dem Weltenraum hergereisten Urväter, und mein irdischer Vater ist Joseph, der nur Vaterschaft an mir vertritt.»
27. Da bedrohte er seine Jünger, dass sie solches niemals sagen oder fälschlich annehmen sollten, und dass sie nicht verbreiten dürften die irre Lehre des Petrus.

Leidensankündigung

28. Seit der Zeit fing Jmmanuel an und zeigte seinen Jüngern, wie er müsste hin nach Jerusalem gehen und viel leiden von den Ältesten und Schriftgelehrten und Hohenpriestern, da er nicht umhin komme, ihnen seine Lehre zu bringen.
29. Und Petrus nahm ihn zu sich, fuhr ihn an und sprach: «Das verhüte Gott oder die Schöpfung!
30. Das widerfahre dir nur nicht, denn sie werden dich fangen und foltern und töten.»
31. Er aber wandte sich um zu Petrus und ward böse und sprach: «Hebe dich von meiner Seite, Satan, denn du bist mir ein Ärgernis, denn du meinst nicht, was geistig, sondern was menschlich ist.

Petrus' Faith

17. Jmmanuel came into the area of Caesarea Philippi and asked his disciples, "Who do the people say that I am?"
18. They said, "Some say that you are Johannes the Baptist, others that you are Elia (Elijah) and still others that you are Jeremia (Jeremiah) or one of the old prophets."
19. And he said to them, "But who do you say that I am?"
20. Simon Petrus answered, saying, "You are the prophesied Messiah and a son of the living god who is the consciousness-related ruler of the three human species."
21. Jmmanuel became angry and answered, saying to him, "O you unfortunate one, my teachings have not revealed this to you, for I instructed you in the truth.
22. "And I also tell you, you certainly are a faithful disciple, but your understanding must be compared to that of a child.
23. "You are Petrus, and I cannot build my teachings on your rock. You will open the portals of misunderstanding, so that the people will be overcome by your mistaken interpretation of my teachings and will follow them and live according to falsified teachings.
24. "I cannot give you the key to the consciousness-related world, otherwise you would open false locks and wrong portals with it.
25. "I am not the son of a consciousness-related ruler of three human species and therefore not the son of god; furthermore, the sole consciousness-related power is Creation and never a human being; therefore free yourself from these erroneous teachings and learn the truth.
26. "My mother is Maria, who truly conceived me through a guardian angel, a descendant of our ancestors, who travelled here from the far reaches of the universe; and my earthly father is Joseph, who only acts as my paternal guardian."
27. Then he warned his disciples never to tell or wrongly assume such things, and that they were not allowed to spread Petrus' confused teachings.

Proclamation of the Passion

28. From that time onward, Jmmanuel began to tell his disciples that he would have to go to Jerusalem and suffer much from the elders, scribes and chief priests, because he could not help but bring his teachings to them.
29. And Petrus took him aside and spoke to him angrily, "May god or Creation prevent that!
30. "This must not happen to you, because they will catch and torture and kill you."
31. But he turned to Petrus, became angry and said, "Get away from me, Satan, for you are an annoyance, because you are thinking not in spiritual but in human terms.

32. Simeon Petrus, zum wiederholten Male schaffst du Ärgernis und legst also dein unverständiges Denken dar.
33. Wahrlich, ich sage dir: Um deines Unverstandes willen wird die Welt viel Blut vergiessen, weil du also meine Lehre verfälschen und sie irrig unter das Volk bringen wirst.
34. Schuldig wirst du sein am Tode vieler Menschen, so also an der Entstehung eines falschen Namens für mich und der bösen Beschimpfung, dass ich Gottes Sohn wäre und dass Gott also die Schöpfung selbst sei.
35. Noch aber stehst du unter der Gnade meiner Langmut, so du also deine Unvernunft noch um einige Spannen belehren kannst.»
36. Da sprach Jmmanuel zu seinen Jüngern: «Will jemand meine Lehre befolgen, der nehme die Last der Wahrheitssuche und der Erkennung und des Verstehens auf sich.
37. Denn wer sein Leben in Wahrheit und Wissen lebt, der wird siegen; wer aber sein Leben in Unwahrheit und Unwissen lebt, der wird verlieren.
38. Was hülfe es dem Menschen, wenn er die ganze Welt gewönne und nähme doch Schaden an seinem Bewusstsein?
39. Oder was kann der Mensch helfen seinem Bewusstsein, wenn er des Denkens nicht mächtig ist?
40. Wahrlich, ich sage euch: Es stehen etliche hier, die nicht schmecken werden die Kraft des Geisteswissens in diesem Leben, dass sie lernen werden im nächsten Leben.
41. Des Menschen Geist/Bewusstsein aber ist unwissend solange, also er durch das Denken und Forschen wissend gemacht wird.
42. Und also ist der Geist des Menschen nicht ein Machwerk des Menschen, sondern ein ihm gegebener Teil der Schöpfung, der wissend gemacht werden muss und vollkommen.
43. So er dann dahingeht, um eins zu sein mit der Schöpfung, da auch die Schöpfung dem stetigen Wachstum lebt.
44. Zeitlos ist die Schöpfung und also zeitlos ist des Menschen Geist.
45. Die Lehre des Wissens ist weit und nicht leicht, aber also ist sie der Weg zum Leben, das vielfältig ist in seiner Art.
46. Des Menschen Leben liegt in der Bestimmung der Vollkommenheit des Geistes, so er also sein Leben lebt in der Erfüllung dessen.
47. Wenn der Mensch Fehl auf sich ladet, so handelt er nach einem Schöpfungsgesetz, weil er daraus lernet und Erkennung und Wissen sammelt, wodurch er sein Bewusstsein bildet und durch seine Kraft zu handeln vermag.
48. Ohne Fehl zu begehen ist es also unmöglich, Logik, Erkenntnis, Wissen, Liebe und Weisheit zu sammeln, so das Bewusstsein gebildet würde.
49. Wahrlich, ich sage euch: Irrig und falsch sind die Lehren der Hohenpriester und Pharisäer und Schriftgelehrten, wenn sie euch sagen, ein Fehl werde durch Gott oder durch die Schöpfung bestraft, wenn das Fehl der Erkennung und dem Wissen und also dem Fortschritt des Geistes/Bewusstseins dient.
50. So also es kein strafbares Fehl gibt, wenn es der Erkennung und dem Wissen und dem Fortschritt des Geistes/Bewusstseins dient, so also gibt es auch kein erbbares Fehl und keine Bestrafung in dieser Welt oder einer andern Welt.

32. "Simon Petrus, again you make me angry and show your ignorant thinking.
33. "Truly, I say to you, owing to your lack of understanding, the world will shed much blood because you will falsify my teachings and spread them erroneously among the people.
34. "You will be to blame for the deaths of many people, as well as for the origin of a false name for me and for the evil insult of calling me the son of god, and calling god Creation itself.
35. "But you are still under the grace of my long-suffering patience, so you can still measurably improve upon your irrationality."
36. Then Jmmanuel said to his disciples, "Those who desire to follow my teachings should take upon themselves the burden of the search for truth, recognition and understanding,
37. "because those who live their lives in truth and knowledge will be victorious, but those who live their lives in untruth and ignorance will lose.
38. "What would it profit them if they should gain the whole world, yet still damage their consciousness?
39. "Or, how can one help one's consciousness if unable to think?
40. "Truly, I say to you, there are several here who will not taste the power of consciousness-related knowledge in this life, and so they will learn in the next life.
41. "The human spirit/consciousness is ignorant until it has gained knowledge through thinking and inquiry.
42. "The spirit of a person is not a human product but is a part of Creation given to human beings. It must be made knowledgeable and perfected,
43. "so that it proceeds to become one with Creation, since Creation, too, lives in constant growth.
44. "Creation is timeless, and so is the human spirit.
45. "The teaching of this knowledge is extensive and not simple, but it is the way to life that is diverse in its nature.
46. "The human life is destined for perfection of the spirit, in order that life be lived in fulfilment thereof.
47. "Even when human beings burden themselves with mistakes, they act according to a law of Creation, because they learn from them and gather cognition and knowledge, whereby they develop their consciousnesses, and through their consciousness' strength they are able to act.
48. "Without making mistakes it is impossible, therefore, to gather the logic, cognition, knowledge, love and wisdom necessary to develop the consciousness.
49. "Truly, I say to you, the teachings of the chief priests, Pharisees and scribes are erroneous and false when they tell you that a mistake would be punished by god or Creation when, in fact, the mistake serves the recognition and knowledge, and hence the progress, of the spirit/consciousness.
50. "Therefore there is no punishable mistake, if it serves the recognition, knowledge and progress of the spirit/consciousness; likewise, there is no inheritable mistake or punishment in this world or another world.

51. Eine Bestrafung eines solchen Fehls würde widersprechen allen Gesetzen der Natur und also allen Gesetzen der Schöpfung.
52. Weder in diesem Leben noch in einem Wiederleben folgt Bestrafung also, wenn ein Fehl gemacht wurde, das gut war für die Erkennung und das Wissen und den Fortschritt des Geistes/Bewusstseins.
53. So der Mensch also lebet in Berufung der Vervollkommnung seines Geistes/Bewusstseins, und er also durch Fehl zu Erkennung und Wissen kommt, so er also ein Leben führet, das in seiner Bestimmung liegt.
54. Weil der Mensch aber nicht lernet folgemässig und nach der Grösse seines Bewusstseins, der durch die Gesetze der Schöpfung geleitet wird und in Dinge geführt wird, die also folgemässig sein müssen, da sie bestimmt sind, so missleitet er sein Bewusstsein, sein Denken, Fühlen und Handeln, ladet Schuld auf sich und öffnet sein Inneres für Angriffe fremder Kräfte.
55. So also wirken dann die Bewusstseinskräfte anderer Menschen auf das Leben des einzelnen Menschen; gut oder böse also.
56. Da der Mensch in dieser Zeit nun aber zu denken und zu erkennen beginnt, hat er die Lehre notwendig; also die Propheten hergesandt werden von den Himmelssöhnen, um zu lehren den Menschengeschlechtern die wahren Gesetze der Schöpfung und das Wissen um das Leben.
57. Also aber ist das Volk noch unverständig und den falschen Gesetzen der Hohenpriester und Schriftenverdreher frönend, darum es die neue Lehre nicht in Wahrheit erkennt.
58. Unverständig, fluchen sie der Wahrheit, die aber also kommen muss; sie fluchen die Propheten und steinigen und töten und kreuzigen sie.
59. Weil aber die Lehre der Wahrheit unter das Volk gebracht werden muss, müssen die Propheten grosse Lasten und Leiden tragen unter dem Fluch des Volkes.
60. Also viele Propheten verfolgt wurden, so trachten sie auch nach meinem Leben.
61. Die Vorsehung der folgemässigen Bestimmung sagt, dass dem so sei an mir soweit, dass ich als Unschuldiger schuldig gesprochen werde.
62. Nicht sei jedoch, dass ich getötet werde, sondern dass ich im Halbtode drei Tage und drei Nächte als tot gelte und also in die Felsen gelegt werde, so das Zeichen Jonas erfüllet werde.
63. Mir ferne Verbündete aus Indienland, bewandert gut in Heilkunde, seien meine Pfleger und Helfer bis zur Flucht am dritten Tage aus der Grabhöhle also, so ich dann meine Mission beim Indien-Volke beende.
64. Dem geschehe so, also ich eine bestimmte Erkenntnis erlange und mein Wissen mehre und eine neue Kraft im Geiste und Bewusstsein zeuge.»

51. "Punishment of such a mistake would contradict all the laws of nature and thus all the laws of Creation.
52. "When one makes a mistake that serves the recognition, knowledge, and progress of the spirit/consciousness, there is no punishment, neither in this life nor in any subsequent life.
53. "Thus human beings live with the mission of perfecting their spirits/consciousnesses and obtaining recognition and knowledge through mistakes, so that they may lead the lives for which they were destined.
54. "Human beings, however, neither learn consistently nor in accordance with the greatness of their spirit, which is guided by the laws of Creation and introduced to situations that must sequentially ensue, for they are destined. Thus human beings mislead their consciousness, their thinking, feeling and actions; they burden themselves with guilt and expose their inner selves to attacks from outside forces.
55. "In this manner the power of consciousness of others affects the life of the individual, for better or worse.
56. "Because human beings at this time are beginning to think and recognize, they are in need of the teachings. Thus the prophets have been sent by the celestial sons to teach the human species about the true laws of Creation and the knowledge regarding life.
57. "But the people are still ignorant and addicted to the false laws of the chief priests and distorters of the scriptures. Consequently, they do not recognize the new teachings as truth.
58. "Lacking understanding, the people curse the truth which yet must come; they curse, stone, kill and crucify the prophets.
59. "But since the teachings of the truth must be brought to the people, the prophets have to bear great burdens and suffering under the curse of the people.
60. "Just as they persecuted many prophets, they are now after my life.
61. "The prophecy of the inexorable destiny says that it shall come true for me, insofar that I, an innocent man, will be declared guilty.
62. "However, it will not come to pass that I am killed, but while in a state of apparent death, I will be considered dead for three days and three nights. I will be placed in a rock tomb, so that the sign of Jonas will be fulfilled.
63. "My friends from the land of India, who are well versed in the art of healing, will be my caretakers and will help me flee from the tomb on the third day, so that I then may finish my mission among the people of India.
64. "It shall come to pass that I will attain a certain cognition, increase my knowledge and generate a new strength in spirit and consciousness."

Das 19. Kapitel

Der Kindersinn

1. Es begab sich, dass die Jünger zu Jmmanuel traten und sprachen: «Wer ist der Grösste im Bewusstsein?»
2. Jmmanuel rief ein Kind zu sich und stellte es mitten unter sie.
3. Und er sprach: «Wahrlich, ich sage euch: Wenn ihr nicht umkehret und werdet wie die Kinder, so werdet ihr im Bewusstsein nicht gross sein.
4. Wer forschet und suchet, und wer Erkenntnisse häuft und nach dem Wissen dürstet wie dieses Kind, der wird im Bewusstsein gross sein.
5. Und wer forschet und suchet und findet wie ein solches Kind, der wird in sich selbst immer der Grösste sein.
6. Wer aber dieser Wahrheit nicht achtet und irren Lehren frönt und weder suchet noch findet, dem wäre besser, dass ein Mühlestein an seinen Hals gehängt und er ersäufet würde im Meer, wo es am tiefsten ist.
7. Wahrlich, denn nicht ergibt das Leben einen Sinn und nicht wird ein Sinn erfüllet, so also nicht geforschet und nicht gesuchet und nicht gefunden wird.
8. Es sei besser, dass Unverständige aus der Geselligkeit der wahrlich Suchenden und der nach dem wahrlichen Leben trachtenden Menschen verstossen werden, so sie also die Willigen in der Wahrheitssuche nicht hindern.
9. Im Weiterleben des Ausgestossenseins aber sind die Unvernünftigen dann sicher willens, den Gesetzen der Schöpfung ihre Achtung zu geben.
10. Wehe der Welt der Ärgernisse halber, denn es muss ja durch Ärgerniserreger Ärgernis kommen; doch wehe jenen Menschen, durch welche Ärgernisse kommen.
11. Wenn aber deine Hand oder dein Fuss dir Ärgernis schafft und dir verloren geht, so achte dessen nicht, denn es ist dir besser, dass du ein Glied verlierest und aber im Bewusstsein gross werdest, als dass du zwei Hände und zwei Füsse habest und aber im Bewusstsein klein bleibest oder gar verkümmerst.
12. Und wenn dir ein Auge Ärgernis schafft und der Blindheit verfällt, so achte dessen nicht, denn es ist dir besser, dass du die Gesetze der Schöpfung in der Kraft deines Geistes und Bewusstseins sehest, als dass du zwei Augen habest und doch im Bewusstsein blind bist.
13. Sehet zu, dass ihr nicht zu denen gehöret, die am Leibe gesund sind, die aber im Bewusstsein krank und mangelnd sind.
14. Forschet den Sinn und die Wahrheit meiner Lehre, denn so ich Mensch bin wie ihr, musste auch ich forschen und erkennen.
15. So ich aber Mensch bin wie ihr und mein Wissen sammelte, also seid ihr fähig zu lernen und zu forschen und zu erkennen und zu wissen, so ihr dadurch die Gesetze der Schöpfung erfassen und befolgen könnt.

Chapter 19

The Nature of a Child's Thinking

1. It came to pass that the disciples stepped up to Jmmanuel and asked, "Who is the greatest in consciousness?"
2. Jmmanuel called a child to him and placed the youth in their midst.
3. And he said, "Truly, I say to you, unless you change and become like the children, you will not be great in consciousness.
4. "Those who search, seek and gather cogntions and thirst for knowledge like this child will be great in consciousness.
5. "Those who search, seek and find like such a child will always reach their fullest potential within themselves.
6. "But whosoever does not heed this truth and embraces erroneous teachings, and neither searches nor finds, would be better off with a millstone hung around the neck and drowned in the deepest part of the sea.
7. "Truly, there is no sense in life and no fulfilment of its meaning without searching, seeking and finding.
8. "It would be better to expel those who lack understanding from the company of the true seekers and of those who search for true life, so that they do not hinder those willing to seek the truth.
9. "The unreasonable ones will surely be willing to heed the laws of Creation in their lives after their expulsion.
10. "Woe to the world for troubles, because trouble must come through troublemakers; but woe to those who cause troubles.
11. "Don't be concerned if your hand or foot troubles you and falls off. It is better to lose a limb and grow great in consciousness than to have two hands and two feet and a consciousness that remains small, or even wastes away.
12. "Don't be concerned if an eye troubles you and becomes blind. It is better for you to see the laws of Creation in the power of your spirit and consciousness than to have two eyes and yet be blind in consciousness.
13. "See to it that you are not one of those who is sound in body but sick and lacking in consciousness.
14. "Search for the meaning and truth in my teachings. Since I am human like you, I, too, have had to search and recognize.
15. "Since I am human like you and have gathered my knowledge, you are also capable of learning, searching, recognizing and knowing; in so doing you may grasp and observe the laws of Creation.

Irren des Nächsten

16. Irret aber dein Nächster und frönt er einer verfälschten Lehre, so gehe hin und halte es ihm vor, zwischen ihm und dir allein.
17. Hört er dich, so hast du deinen Nächsten gewonnen.
18. Hört er dich nicht und frönt weiter seinem Unverstande, so lasse von ihm, denn er ist deiner Lehre nicht wert, wenn du dein Möglichstes gegeben hast.
19. Es ist besser einen Unvernünftigen auf dem Wege des Elends wandeln zu lassen, denn sein eigenes Bewusstsein in Verwirrung zu bringen.
20. Wahrlich, ich sage euch: Eher werden die Himmel einstürzen, als sich ein Unvernünftiger der Vernunft belehren lässt, so ihr euch hüten sollt vor ihnen.
21. Säet die Samen der Weisheit dort, wo sie auf fruchtbaren Boden fallen und Keime treiben.
22. Nur keimende Saat mag sich zur Frucht entfalten.»

The Errors of your Neighbour

16. "If your neighbour errs and embraces a falsified teaching, go and reveal their error in private.
17. "If they listen to you, you have won your neighbour.
18. "If your neighbour does not listen and continues to be enslaved by a lack of understanding, leave that person be, for he is not worthy of your teaching, once you have done everything possible.
19. "It is better to let an unreasonable person walk on the path of misery than to bring confusion to one's own consciousness.
20. "Truly, I say to you, the skies will collapse before an unreasonable person can be taught reason; therefore, beware of such persons.
21. "Sow the seeds of wisdom on fertile soil where they can germinate,
22. "because only the germinated seed will bring forth fruit."

Das 20. Kapitel

Ehe, Ehescheidung und Ehelosigkeit

1. Und es begab sich, da Jmmanuel diese Reden vollendet hatte, machte er sich auf aus Galiläa und kam in das jüdische Land jenseits des Jordans.
2. Es folgte ihm viel Volks nach, und er heilte die Kranken daselbst.
3. Da traten zu ihm die Pharisäer und versuchten ihn und sprachen: «Ist es auch recht, dass sich ein Mann scheide von seiner Frau um irgend einer Ursache willen?»
4. Er aber antwortete und sprach: «Wahrlich, ich sage euch: Eher werden die Sterne vom Himmel fallen, als eine Scheidung erlaubt sei.
5. Wahrlich, denn um der Ehe willen wird ein Mensch Vater und Mutter verlassen und an seinem Ehegespan hangen, so sie beide werden ein Fleisch und ein Blut sein.
6. So sind sie nun nicht mehr zwei, sondern ein Fleisch und ein Blut, und das ist ihr eigen.
7. Aus einem Fleisch und einem Blut zeugen sie Nachkommen, die abermals ein Fleisch und ein Blut sind von Vater und Mutter.
8. Was so zusammengefügt ist, das soll der Mensch nicht scheiden, denn es ist wider die Gesetze der Natur.»
9. Da sprachen sie: «Warum hat denn Mose geboten, einen Scheidebrief zu geben, wenn man sich scheidet?»
10. Er aber sprach zu ihnen: «Mose hat euch erlaubt euch zu scheiden, um eurer Herzen Härtigkeit willen und um die Herrschaft über euch; von Anbeginn der Menschengeschlechter ist es aber nicht so gewesen, denn hierin hat Mose ein Gesetz gebrochen.
11. Ich aber sage euch: Wer sich scheidet, es sei denn um der Hurerei willen oder der anderen festgelegten Fehl willen, und freit anderweitig, der bricht die Ehe.»
12. Da sprachen die Jünger zu ihm: «Steht die Sache mit einem Menschen und seinem Ehegespan so, ist es nicht gut, ehelich zu werden.»
13. Er aber sprach zu ihnen: «Dies Wort fasset nicht jedermann, sondern nur jene denen es gegeben ist.
14. Etliche enthalten sich der Ehe, weil sie von Geburt an zur Ehe unfähig sind; etliche enthalten sich der Ehe, weil sie von den Menschen dazu untauglich gemacht sind; und etliche enthalten sich, weil sie um der bewusstseinsmässigen Kraft willen auf die Ehe verzichten.
15. Wer es fassen kann, der fasse es.»

Chapter 20

Marriage, Divorce, and Celibacy

1. It happened that after Jmmanuel had concluded these talks, he departed from Galilee and entered the land of Judea beyond the Jordan.
2. Many people followed him, and he healed the sick there.
3. The Pharisees approached him and tempted him by asking, "Is it right for a man to divorce his wife on any grounds?"
4. He answered, saying, "Truly, I say to you, stars would sooner fall from the sky than for divorce to be permissible.
5. "Truly, a person will leave father and mother for the sake of marriage and will cling to their spouse, so as to become one flesh and blood.
6. "So they are now no longer two, but one flesh and blood, which is uniquely theirs.
7. "From one flesh and blood they bring forth offspring, who again are of the same flesh and blood as their father and mother.
8. "What has been joined together in this way, man shall not part, because it is against the laws of nature."
9. Then they asked, "Why did Moses command that a decree of annulment be issued in case of divorce?"
10. He spoke to them, "Moses gave you permission to divorce because of the hardness of your hearts and his dominion over you. But such has not been the case from the beginning of human species, for Moses has broken a law in this instance.
11. "But I say to you, whosoever divorces, except for fornication or the other stipulated transgressions, and marries someone else, commits adultery."
12. And the disciples said to him, "If this is the way it is between a man and his spouse, then it is not good to marry."
13. But he spoke to them, "Not everyone understands this message, except those to whom it is given.
14. "Some do not enter into marriage because from the time of their birth they are incapable of it; some do not enter marriage because other people have made them unsuited for it; and still others do not enter marriage because they renounce it for the sake of consciousness-related strength.
15. "Those who can grasp this, let them grasp it."

Kindersegnung

16. Da wurden die Kinder zu ihm gebracht, dass er die Hände auf sie legte und sie segnete, aber die Jünger fuhren sie an.
17. Jmmanuel aber sprach: «Lasset die Kinder und wehret ihnen nicht zu mir zu kommen; denn sie sind meine aufmerksamsten Zuhörer, und solcher ist das Reich der Weisheit.»
18. Und er legte die Hände auf sie und sprach: «Lernet das Wissen und die Weisheit, so ihr werdet bewusstseinsmässig vollkommen und treue Befolger der Gesetze.
19. Wahrlich, ich sage euch: So man mich nennt Jmmanuel, das da heisst ‹der mit göttlichem Wissen›, werdet auch ihr diesen Namen tragen, also ihr erfasset die Weisheit des Wissens.»
20. Und zu seinen Jüngern sprach er: «Wahrlich, wahrlich, ich sage euch: Suchet das Wissen und erkennet die Wahrheit, so ihr weise werdet.
21. So ich ‹der mit göttlichem Wissen› genannt bin, bedeutet es, dass ich bewusstseinsmässig über Königen und Kaisern stehe, also es sagt, dass die Weisheit unter uns ist.
22. Also so ich bin Weisheitskönig unter den Menschengeschlechtern, so aber also ist Gott der Weisheitskönig unter den Himmelssöhnen, die da sind zusammen mit Gott die Zeuger der drei Menschengeschlechter.
23. Also ich aber geboren bin von einem irdischen Weibe und seine Sprache rede, werde ich genannt Jmmanuel, wie also Gott in seiner Sprache genannt wird Gott, was also heisst Weisheitskönig, und er oft ein Herrscher ist über ein Menschengeschlecht, und Herrscher über ein Volk.
24. Suchet und verstehet meiner Rede Sinn, so ihr euch nicht erdreistet, mich als Gottes Sohn zu nennen oder mir Schöpfungssohnschaft oder Schöpfungskraft anzureden, oder mich als Herr über Gut und Böse zu beschimpfen.
25. Sehet die Kinderlein, sie sind nicht wie ihr; sie trauen der Wahrheit und der Weisheit meiner Rede, also ihrer die Weisheit sein wird; was wehret ihr daher ihrer?»
26. Und er legte die Hände auf sie und zog von dannen.
27. So sie aber dahingingen, hob Petrus an und sprach zu ihm: «Siehe, wir haben alles verlassen und sind dir nachgefolgt; was wird uns dafür?»
28. Jmmanuel aber sprach zu ihnen: «Wahrlich, ich sage euch: Ihr, die ihr mir seid nachgefolgt, etliche unter euch werden die Weisheit meiner Lehre aufnehmen, so ihr bewusstseinsmässig gross sein werdet in den kommenden Wiederleben; etliche aber unter euch werden die Weisheit meiner Lehren nicht erkennen und irrige Lehren über mich verbreiten; sie aber werden in den kommenden Wiederleben Mühe haben, die Wahrheit zu finden.
29. Allso wird es sein unter allen Menschengeschlechtern von Ost bis West und Nord bis Süd.
30. Vielen wird meine gute Lehre gebracht, doch sie werden diese nicht erkennen.

"Segnung" (Blessing) of the Children

16. Then children were brought to him, so that he would lay his hands on them and "segne" (bless) them, but the disciples rebuked them.
17. However, Jmmanuel spoke, "Let the children be and do not hinder them from coming to me, because they are my most attentive listeners, and theirs is the realm of wisdom."
18. And he laid his hands upon them and said, "Learn knowledge and wisdom to become perfect in consciousness, and true followers of the law.
19. "Truly, I say to you, inasmuch as I am called Jmmanuel, which means 'the one with godly knowledge,' you, too, shall bear this name when you grasp the wisdom of knowledge."
20. And to his disciples he said, "Truly, truly, I say to you, seek knowledge and recognize the truth, so that you will become wise.
21. "Being named 'the one with godly knowledge' indicates that, consciousness-related, I stand above kings and emperors; therefore it says that wisdom is among us.
22. "Thus I am the king of wisdom among human species, as god is the king of wisdom among the sons of the sky, who, together with god, are the creators of the three human species.
23. "As I was born of an Earth woman and speak her language, I am called Jmmanuel, as god in his language is called god, which also means king of wisdom, and he is often a ruler over a human species and master over a people.
24. "Seek and understand the meaning of my speech, lest you may be so bold as to call me the son of god or the son of Creation, or assign to me the power of Creation, or insult me by calling me the master over good and evil.
25. "Behold the little children, they are not like you; they trust in the truth and wisdom of my speech, and therefore wisdom shall be theirs. So why do you push them away?"
26. And he laid his hands upon them and departed from there.
27. As they were walking, Petrus said to him, "Behold, we have forsaken everything to follow you; what will we get in return?"
28. But Jmmanuel replied to them, "Truly, I say to you, some of you who have followed me will embrace the wisdom of my teachings, so in reincarnations to come, you will be great in consciousness. But some of you will not recognize the wisdom of my teachings and will disseminate erroneous teachings about me. Those ones will have difficulty finding the truth in future incarnations.
29. "So it will be among all human species everywhere from east to west, and from north to south.
30. "My beneficial teachings will be brought to many, but they will not recognize them.

31. Viele werden einer irrigen Lehre über mich nachfolgen und so die Wahrheit nicht finden, weil sie mich für Gott oder dessen Sohn und gar für einen Sohn der Schöpfung halten.
32. Sie werden grosse Worte reden und also behaupten, dass sie allein die Wahrheit kennen würden, da sie einem bösen Irrtum verfallen sind und also einer bösen und verfälschten Lehre folgen.
33. Viele werden so vor den Menschengeschlechtern die Ersten sein, weil sie menschlich denken in ihren irren Lehren, aber also werden sie die Letzten sein im geistigen Wissen und klein in ihrer Weisheit.
34. Weisheit wird nur dort sein, wo das Wissen über die Wahrheit Früchte trägt und die Gesetze der Schöpfung befolgt und geachtet werden.»

31. "Many will follow erroneous teachings about me and therefore not find the truth, because they mistake me for god or his son, or perhaps even the son of Creation.
32. "They will speak big words and insist that they alone know the truth, because they will have fallen prey to an evil error and thus will follow evil and falsified teachings.
33. "Many will be first among the human species because they will think as human beings in their deluded teachings, but they will be last in spiritual knowledge and small in their wisdom.
34. "Wisdom will only exist where the knowledge about the truth bears fruit, and where the laws of Creation are followed and respected."

Das 21. Kapitel

Zwei Blinde

1. Und da sie nach Jericho auszogen, folgte ihm viel Volks nach.
2. Und siehe, zwei Blinde sassen am Wege; und da sie hörten, dass Jmmanuel vorüberging, schrien sie und sprachen: «Ach Herr, du Sohn eines Himmelssohnes, erbarme dich unser!»
3. Aber das Volk bedrohte sie, dass sie schweigen sollten, doch sie schrien noch viel mehr und sprachen: «Ach Herr, du Sohn eines Himmelssohnes, erbarme dich unser!»
4. Jmmanuel aber stand still und rief sie und sprach: «Was wollt ihr, dass ich euch tun soll?»
5. Sie sprachen zu ihm: «Herr, dass unsere Augen aufgetan werden und wir die Pracht der Welt blicken mögen.»
6. Und es jammerte ihn und er sprach: «Was nehmet ihr an, wessen die Kraft ist, die euch sehend machen kann?»
7. Sie aber sprachen: «Die Kraft der Schöpfung, die in den Gesetzen liegt.»
8. Und Jmmanuel wunderte sich und sprach: «Wahrlich, solches Vertrauen und solches Wissen habe ich bis anhin unter diesem Volke noch nicht gefunden; euch geschehe, wie ihr annehmet.»
9. Und er berührte ihre Augen; und alsbald waren sie sehend und folgten ihm nach.
10. So sie aber zogen des Weges, lehrte Jmmanuel das Volk im offenen Wort und er sprach:
11. «Wahrlich, wahrlich, ich sage euch: Wenn ihr wissend seid und verstehend und der Weisheit huldigt, und wenn ihr in Wahrheit Liebe übt und nicht zweifelt, so werdet ihr nicht nur solches mit blinden Augen tun, sondern, wenn ihr sagt zum Feigenbaum er solle verdorren, dann wird er verdorren, oder wenn ihr werdet sagen zu einem Berge: Hebe dich auf und wirf dich ins Meer, so wird's geschehen.
12. Denn seid wissend in Wahrheit und Weisheit, so euer Geist und euer Bewusstsein mächtig werden.
13. Und so ihr wissend seid und in Wahrheit der Weisheit lebt, so also sind euer Geist und euer Bewusstsein mit unendlicher Kraft erfüllt.
14. Alles, was ihr dann befehlet oder bittet im Gebet, wenn ihr darauf vertraut, werdet ihr's empfangen.
15. Wähnet jedoch nicht, dass das Gebet von Not sei, denn also werdet ihr auch ohne Gebet empfangen, wenn euer Geist und euer Bewusstsein durch die Weisheit geschult sind.
16. Irret euch nicht und achtet nicht der verfälschten Lehren, dass der Mensch einen gegebenen Willen hätte, denn dieser Glaube ist irrig.

Chapter 21

Two Blind Persons

1. When they set out on their way to Jericho, many people followed him.
2. And behold, two blind persons sat by the wayside; and when they heard Jmmanuel going by, they cried out, saying, "O lord, son of a celestial son, have mercy on us!"
3. The people threatened them to be quiet, but they screamed even louder, saying, "O lord, son of a celestial son, have mercy on us!"
4. And Jmmanuel stood still and called out to them, asking, "What do you want me to do for you?"
5. They said to him, "Lord, open our eyes so we can glimpse the splendour of the world."
6. And he had pity on them and asked, "Whose power, do you suppose, is it that can make you see?"
7. They replied, "The power of Creation, which is in the laws."
8. Jmmanuel was astonished and said, "Truly, so far I have never found such faith and knowledge among these people. Be it done to you as you expect."
9. And he touched their eyes and immediately they could see; and they followed him.
10. As they went on their way, Jmmanuel taught the people with sincerity, and he spoke,
11. "Truly, truly, I say to you, if you are knowledgeable and comprehending and embrace wisdom, and if you practice love truthfully and do not doubt, not only will you do such things with blind eyes, but when you say to the fig tree: 'Dry up' it will dry up. Or when you say to a mountain: 'Lift yourself up and throw yourself into the sea,' it will come to pass.
12. "Be knowledgeable in truth and wisdom, so that your spirit and your consciousness will become powerful.
13. "And when you are knowledgeable and live in the truth of wisdom, your spirit and your consciousness will be filled with infinite power.
14. "Then everything you command or ask for in prayer, you will receive if you trust in it.
15. "Do not suppose, however, that prayer is necessary, because you will also receive without prayer if your spirit and your consciousness are trained through wisdom.
16. "Do not delude yourself by heeding the falsified teachings that a person has a predetermined will, because this belief is wrong.

17. Wisset: Was der Mensch auch unternehmen möge, immer ist er angehalten, sich erst einen Willen zu schaffen für dies oder das, denn das ist das Gesetz der Natur.
18. So bestimmt der Mensch über den Lauf seines Lebens, was da ist genannt das Schicksal.
19. Also ist es aber so, dass er sich das Wissen aneigne und die Wahrheit lerne, also er sich daraus einen Willen zeuge, der den Gesetzen trächtig ist.
20. Wähnet euch als Menschen, die leben, um zu lernen und das Bewusstsein zu vervollkommnen.
21. Ihr seid geboren um der Pflicht willen, im Bewusstsein vollkommen zu werden.
22. Achtet euch also der Zukunft nicht, wenn die irrige Lehre verbreitet wird, der Mensch müsse sich ein andermal vervollkommnen im Bewusstsein, weil er von der Schöpfung abgefallen sei.
23. Hütet euch vor dieser irren Lehre, denn sie ist falsch bis zum letzten I-Tüpfelchen.
24. Wahrlich, wahrlich, ich sage euch: Nie war der Mensch im Bewusstsein vollkommen, so er auch nie von der Schöpfung abgefallen ist.
25. Jedes Bewusstsein in jedem Menschen ist eigens geschaffen in der Aufgabe dessen, dass er sich vervollkomme und die Weisheit erarbeite.
26. Dies, um eins zu werden mit der Schöpfung nach der Bestimmung der Gesetze, wodurch die Schöpfung selbst wachse und sich in sich erweitere und sich vervollkomme also.
27. So aber der Geist im Menschen eine Einheit ist, so also ist die Schöpfung in sich selbst eine Einheit, und sie hat keine anderen Kräfte neben sich.
28. In sich selbst ist die Schöpfung reiner Geist, und also unendliche Kraft, denn sie ist eins mit sich selbst, und nichts ist ausser ihr.
29. Hütet euch daher der irren und verfälschten Lehren der Zukunft, die mich als Sohn der Schöpfung beschimpfen werden und als Sohn Gottes.
30. Aus diesen irren Lehren nämlich werden Lügen gewickelt, und durch sie wird die Welt viel Not und Elend leiden.
31. Achtet nicht der irren Lehren der Zukunft, die den Geist und die Schöpfung und mich in eins zu vereinen suchen werden und eine Dreifachheit daraus machen, die also aber wieder eine Einheit sein soll.
32. Hütet euch vor dieser irren und verfälschten Lehre der Zukunft, denn eine Dreieinheit ist unmöglich in den logischen Gesetzen der Schöpfung.
33. Wahrlich, ich sage euch: Die Fürsten halten ihre Völker nieder und die Mächtigen tun ihnen Gewalt; wie sie aber Gewalt anwenden, so werden auch die neuen Kulte Gewalt anwenden, wenn sie meine Lehre verfälschen und weiterverbreiten.
34. Hütet euch aber vor ihnen und traget nicht durch Zwang das Joch der irren Lehren.
35. So soll es nicht sein unter euch, sondern ihr sollt gross sein und die Wahrheit lernen und lehren.
36. Gleich wie ich gekommen bin zu lehren die Wahrheit und das Wissen unter dem Volke, also ihr weiterlehren sollt, so die Wahrheit doch durchdringe.»

17. "Know this: Whatever a person may wish to accomplish, they must always first create the will to do so, because this is the law of nature.
18. "Thus a person determines the course of their life, known as fate.
19. "But it is a fact that one must acquire knowledge and learn the truth in order to engender a will that is imbued with the laws.
20. "Consider yourselves as people who live in order to learn and perfect the consciousness,
21. "because you were born with the task of becoming perfect in consciousness.
22. "Do not concern yourselves with the future, when the erroneous teaching will be spread that human beings must once again perfect themselves in consciousness because they have fallen away from Creation.
23. "Beware of this erroneous teaching, because it is wrong down to the final dot on the 'i.'
24. "Truly, truly, I say to you, human beings were never perfect in consciousness and thus they have never fallen away from Creation.
25. "The consciousness of each person is created specifically for the task of perfecting itself and gaining wisdom.
26. "This is so as to become one with Creation as destined by the laws, whereby Creation grows and expands within, and thus perfects itself.
27. "And as the spirit within a person is a unity, so is Creation a unity within itself, and no other powers exist besides it.
28. "Within itself, Creation is pure spirit and therefore infinite power, because it is one within itself, and nothing exists outside of it.
29. "Therefore, beware of the erroneous and adulterated future teachings that will insult me when they call me the Son of Creation and the Son of God.
30. "From these erroneous teachings, lies will be spun, and because of them the world will suffer much deprivation and misery.
31. "Do not concern yourselves with the erroneous future teachings, which will endeavour to combine the spirit, Creation and me into one, creating from them a trinity, which in turn will be claimed to be a unity.
32. "Beware of these erroneous and adulterated teachings of the future, because a trinity is impossible according to the logical laws of Creation.
33. "Truly, I say to you, the princes suppress their peoples, and the mighty use violence against them; similarly, the forthcoming religious sects will use violence, when they adulterate my teachings and disseminate them.
34. "So beware of them and do not permit yourselves to be forced into carrying the yoke of these erroneous teachings.
35. "But this does not have to happen to you; instead, you should be great and learn and teach the truth.
36. "As I have come to teach truth and knowledge among the people, so you should keep on teaching, in order that the truth may indeed prevail."

Das 22. Kapitel

Einzug in Jerusalem

1. Und da sie nun nahe an Jerusalem kamen, nach Bethphage an den Ölberg, sandte Jmmanuel zwei seiner Jünger aus und sprach zu ihnen:
2. «Gehet hin in den Ort, der vor euch liegt, und alsbald werdet ihr eine Eselin finden angebunden und ein Füllen bei ihr; bindet sie los und führet sie zu mir, denn sie ist mir geschenkt und lagert nur zu Stalle dort.
3. Und wenn euch jemand etwas wird fragen, sprecht: ‹Jmmanuel, der Nazarener, bedarf ihrer›, und alsbald wird er sie euch lassen.»
4. Die Jünger aber gingen hin und taten, wie ihnen Jmmanuel geboten hatte.
5. Sie brachten die Eselin und das Füllen und legten ihre Kleider auf das Alttier, und er setzte sich darauf.
6. Als aber das Volk hörte, Jmmanuel der Weisheitskönig käme, breitete es die Kleider auf den Weg; andere hieben Zweige von den Bäumen und streuten sie auf den Weg.
7. Das Volk aber, das ihm voranging und nachfolgte, schrie und sprach: «Heil dem Nachfahren Davids – gelobt sei, der da kommt und neu die Lehre der Wahrheit kündet.»
8. Und als sie zu Jerusalem einzogen, erregte sich die ganze Stadt und sprach: «Wer ist's, der da kommt?»
9. Das Volk aber sprach: «Das ist Jmmanuel, der Prophet aus Nazareth in Galiläa, der da bringt neu die Lehre der Wahrheit.»

Tempelreinigung

10. Und Jmmanuel ging in den Tempel hinein in Jerusalem, und ward zornig als er sah, dass sich die Händler und Verkäufer und Taubenkrämer und Wechsler daselbst niedergelassen hatten.
11. Jmmanuel erregte sich und sprach zu ihnen: «Es stehet geschrieben: ‹Der Tempel soll ein Ort der Lehre sein und ein Ort der Nachdacht›, ihr aber macht eine Räuberhöhle daraus.»
12. Im Zorn stiess er um der Wechsler Tische und der Taubenkrämer Stühle; und er trieb sie alle hinaus mit der Peitsche eines Eseltreibers.
13. Und es gingen zu ihm Blinde und Lahme im Tempel, und er heilte sie alle.
14. Da aber die Hohenpriester und Schriftgelehrten sahen die grossen Taten, die er tat, und das Volk, das im Tempel schrie und sagte: «Heil dem Nachfahren Davids!», da wurden sie entrüstet.
15. Alsdann sprachen sie zu ihm: «Hörst du auch, was diese Leute sagen?», da aber sprach Jmmanuel zu ihnen: «Fürchtet ihr die Wahrheit, da ihr euch darüber so erregt?»

Chapter 22

Entry into Jerusalem

1. As they approached Jerusalem at Bethphage near the Mount of Olives, Jmmanuel sent forth two of his disciples and said to them,
2. "Go into the village that lies ahead, and forthwith you will find a female donkey tied to a post and a foal with her; untie her and bring her to me, because she is a present to me and is only temporarily being kept there at the stable.
3. "And if anyone questions you, say, 'Jmmanuel of Nazareth needs her'; and right away he will let you have her."
4. The disciples went there and did as Jmmanuel had told them.
5. They brought the female donkey and the foal, and they laid their clothes on the old animal, and he mounted it.
6. When the people heard that Jmmanuel, the king of wisdom, was coming, they spread their clothes on the path. Others cut branches from the trees and scattered them on the path.
7. And the people who walked ahead of him and those who followed him shouted and said, "Hail to the descendant of David. Praise be to him who comes to proclaim anew the teachings of truth."
8. And when they entered Jerusalem, the whole city became excited and asked, "Who is it that's coming?"
9. The people replied, "It is Jmmanuel, the prophet from Nazareth in Galilee, who brings anew the teachings of truth."

Purging of the Temple

10. Jmmanuel went into the temple in Jerusalem and became furious when he saw that traders, vendors, dove merchants and money changers had established themselves there.
11. Jmmanuel was very upset and said to them, "It is written: 'The temple is to be a place of teaching and a place of contemplation.' But you make it into a den of thieves."
12. In his anger he overturned the tables of the money changers and the chairs of the dove merchants, and he drove them all out with a donkey driver's whip.
13. And the blind and lame came to him in the temple and he healed them all.
14. But when the chief priests and scribes saw the great deeds he was performing, and the people as they shouted in the temple, saying, "Hail to the descendant of David!" they became indignant.
15. When they asked him, "Do you hear what these people are saying?" Jmmanuel said to them, "Are you so afraid of the truth that it angers you?"

16. Und er liess sie da und ging zur Stadt hinaus nach Bethanien und blieb daselbst über Nacht.

Wieder in Jerusalem

17. Und als Jmmanuel abermals in den Tempel kam und lehrte, traten zu ihm die Hohenpriester und Schriftgelehrten und die Ältesten im Volk und sprachen: «Aus welcher Vollmacht tust du das, und wer hat dir die Vollmacht gegeben?»
18. Jmmanuel aber antwortete und sprach zu ihnen: «Ich will auch euch ein Wort fragen; wenn ihr mir das beantwortet, will ich euch auch sagen, aus welcher Vollmacht ich alles tue:
19. Woher war die Taufe des Johannes, war sie von der Schöpfung oder von dem Menschen?»
20. Da bedachten sie's bei sich selbst und sprachen: «Sagen wir, sie sei von der Schöpfung gewesen, so wird er zu uns sagen: ‹Warum vertraut ihr denn nicht in sie, und warum befolget ihr ihre Gesetze nicht?›
21. Sagen wir aber, sie sei von Menschen gewesen, so müssen wir uns vor dem Volke fürchten, denn dieses haltet Johannes für einen Propheten.»
22. Und sie antworteten Jmmanuel und sprachen: «Wir wissen's nicht.»
23. Da sprach er zu ihnen: «Ihr Schlangen- und Otterngezücht; so sage ich euch auch nicht, aus welcher Vollmacht ich das tue.
24. Was dünkt euch aber?: Ein Mann hatte zwei Söhne und ging zum ersten und sprach: ‹Mein Sohn, gehe hin und arbeite heute im Weinberge.›
25. Er aber antwortete und sprach: ‹Ja, Vater, ich gehe hin›; und er ging doch nicht hin.
26. Also ging er zum anderen und sprach: ‹Mein Sohn, gehe hin und arbeite heute im Weinberge›.
27. Der aber antwortete und sprach: ‹Ich will's nicht tun und so gehe ich nicht hin›, doch bald aber reute es ihn und er ging hin.
28. So frage ich euch: Welcher unter den zweien hat des Vaters Willen getan?» und sie sprachen: «Selbstredend der Letzte.»
29. Jmmanuel aber sprach zu ihnen: «Wahrlich, wahrlich, ich sage euch: Die Zöllner und Huren mögen wohl eher die Weisheit des Wissens erkennen als ihr.
30. Johannes und die Propheten kamen zu euch und lehrten euch den rechten Weg und ihr vertrautet ihnen nicht; aber die Zöllner und Huren vertrauten ihnen; und obwohl ihr's sahet, tatet ihr dennoch nicht Busse und habt nicht geändert euren Sinn, dass ihr ihnen danach auch vertraut hättet.
31. Ihr wisset die Wahrheit und doch leugnet ihr sie, so ihr daraus Nutzen zieht in Gold und Silber und Gütern; und ihr bereichert euch dadurch an den armen Irregeleiteten, führt sie in die Irre und beutet sie aus im Namen des Glaubens.
32. Höret aber ein anderes Gleichnis vom Weinberge, so ihr vielleicht verstehen werdet, wenn euer Verstand nicht gebrochen ist:
33. Es war ein Herr über viel Gut, der pflanzte einen Weinberg und führte einen Zaun darum und grub einen Keller darin und baute einen Turm und gab ihn an Weingärtner in Leihe und zog ausser Lande.
34. Da nun aber herbeikam die Zeit der Ernte der Früchte und damit die Ausrichtung der Leihe, da sandte er seine Knechte zu den Weingärtnern, dass sie seine Leihe empfingen.

16. And he left them there and departed from the city for Bethany, where he stayed overnight.

Back in Jerusalem

17. And when Jmmanuel returned again to the temple and taught, the chief priests, scribes, and the elders of the people came to him and asked, "By what authority are you doing these things, and who gave you the authority?"
18. But Jmmanuel answered, saying to them, "I, too, want to ask you a question, and if you answer it, I will tell you by whose authority I am doing everything.
19. "Whence came the "Segnung" (blessing) of Johannes? From Creation or from men?"
20. They pondered the question and spoke among themselves, "If we say it was through Creation, then he will reply, 'Why don't you trust in it, and why aren't you following its laws?'
21. "But if we say it was through men, then we must fear the people because they consider Johannes a prophet."
22. And so they answered Jmmanuel, saying, "We don't know."
23. Thereupon he replied to them, "You brood of snakes and adders; neither will I tell you by whose authority I act.
24. "But what do you think? A man had two sons and went to the first one and said, 'My son, go and work today in the vineyard.'
25. "He answered, saying, 'Yes father, I will go.' Yet he did not go.
26. "So he went to the other son and said, 'My son, go and work today in the vineyard.'
27. "But he answered and said, 'I don't want to do it and therefore I will not go.' However, he soon felt remorse and went.
28. "Now I ask you, which of the two did the will of the father?" And they said, "The latter, of course."
29. But Jmmanuel spoke to them, "Truly, truly, I say to you, the publicans and prostitutes will recognize the wisdom of knowledge before you do.
30. "Johannes and the prophets came to you and taught you the right way, and you did not trust them; but the publicans and prostitutes did trust them. And although you recognized it, you nevertheless did not do penance and change your mind, so that you would trust them from that time on.
31. "You know the truth, and yet you deny it in order to profit in gold, silver and goods and enrich yourselves at the expense of the poor, misguided people. You mislead and exploit them in the name of the faith.
32. "But listen to another parable about a vineyard, and perhaps you will understand, if you have not lost your minds.
33. "There was a lord of a large property who planted a vineyard, built a fence around it and dug a cellar therein; he built a tower, leased the vineyard to vine-dressers and left the country.
34. "When the time for the grape harvest arrived, and with it the payment of the lease, he sent his servants to the vine-dressers so that they would collect the lease payment due him.

35. Da nahmen die Weingärtner seine Knechte; einen schlugen sie, den anderen folterten sie, und den dritten steinigten sie zu Tode.
36. Abermals sandte der Herr andere Knechte aus, mehr als das erste Mal; doch die Weingärtner taten ihnen Gleiches an, wie also den Knechten zuvor.
37. Zuletzt sandte er den Sohn seines Verwalters zu ihnen und sprach: ‹Sie werden sich vor des Verwalters Sohn scheuen.›
38. Da aber die Weingärtner des Verwalters Sohn sahen, sprachen sie untereinander: ‹Das ist der Erbe; kommt lasst uns ihn töten und sein Erbgut an uns bringen.›
39. Und sie nahmen ihn und stiessen ihn zum Weinberge hinaus und töteten ihn, so dachten sie; und sie wähnten ihn tot und legten ihn in eine Höhle, da er drei Tage und drei Nächte im Halbtode lag und dann flüchtete; und dann zurückging zu dem Herrn des Weinberges und diesem berichtete.
40. Als nun aber der Herr des Weinberges erfuhr das Geschehen, das dem Sohne des Verwalters widerfahren war, was hat er da wohl getan?»
41. Sie sprachen zu ihm: «Er wird die Bösewichte wohl übel bestrafen und verbannen haben lassen und seinen Weinberg an andere Weingärtner vergeben haben, die ihm die Leihe zur rechten Zeit gaben, und sicher hat er das Erbe frühzeitig an des Verwalters Sohn gegeben.»
42. Jmmanuel sprach zu ihnen: «Ihr habt's erkannt, und so habt ihr's auch gelesen in der Schrift, da geschrieben steht: ‹Der Stein, den die Bauleute verworfen haben, der ist zum Eckstein geworden.›
43. Darum sage ich euch: So wie der Sohn des Weinbergverwalters bin ich, und so wie die Weinbergpächter seid ihr.
44. Meine Lehre ist euch wahrlich nicht fremd und sehr wohlbekannt, denn schon von den Propheten ist sie euch gegeben, überliefert und kundig.
45. So ihr sie aber missachtet und verfälschet und zu euren Gunsten ausleget, also ihr auch mich der Lüge straft, und also ihr Gott der Lüge straft, auf dessen Ratschluss ich durch seinesgleichen gezeuget wurde und als Prophet vor euch stehe.
46. Darum sage ich euch: Der Friede und das Glück sollen von euch genommen werden und also von eurem Volke in alle Zukunft, und alles soll einem Volke gegeben werden, das seine Früchte bringen wird.
47. So ihr missachtet und stosset mit den Füssen alle Gebote Gottes, der doch ist der Herrscher über dieses und die zwei anderen Menschengeschlechter im Norden und im Osten, so sollt ihr missachtet und gestossen werden mit den Füssen für alle Zeit.
48. Die Last des israelitischen Volkes wird sein wie ein schwerer Stein der sieben grossen Zeitalter, und wer auf diesen Stein fällt, der wird zerschellen; auf wen aber er fällt, den wird er zermalmen.»
49. Und da die Hohenpriester und Pharisäer seine Reden hörten, verstanden sie, dass er ihnen und dem Volke Israel für alle Zukunft fluchte.
50. Und sie trachteten danach, wie sie ihn griffen; aber sie fürchteten sich vor dem Volke, denn es glaubte an ihn als einen Propheten.

35. "The vine-dressers seized his servants, beat one, tortured the other and stoned to death the third one.
36. "Again the lord sent out other servants, more this time than the first; however the vine-dressers treated them the same way as they did the servants before.
37. "Finally he sent the son of his administrator to them and said, 'They will be afraid of the administrator's son.'
38. "But when the vine-dressers saw the son of the administrator they spoke among themselves, 'This is the heir, come let's kill him and take over his inheritance.'
39. "They seized him, pushed him out of the vineyard and killed him, so they thought. While presuming him dead, they put him in a tomb where he remained in a state of apparent death (unconscious) for three days and three nights, and then he fled. Thereupon he returned to the lord of the vineyard and reported to him.
40. "Now when the lord of the vineyard heard what had happened to the son of the administrator, what do you think he did?"
41. They replied to him, "He probably had the villains punished and banished and turned his vineyard over to other vine-dressers who paid his lease at the proper time and, surely, he turned over the inheritance to the administrator's son in advance."
42. Jmmanuel spoke to them, "You have recognized the meaning, and you have also read it in the scriptures: 'The stone that the builders threw away became the cornerstone.'
43. "Therefore I tell you, I am like the son of the administrator of the vineyard, and you are like the vine-dressers that leased the vineyard.
44. "My teachings truly are not foreign to you and you are well acquainted with them, for they have already been given, handed down, and made known to you by the prophets.
45. "But if you disregard, falsify and interpret them to your advantage, you are also calling me a liar; thereby you also call god a liar, upon whose resolve I was begotten by one of his kind and stand before you as a prophet.
46. "Therefore I say to you, peace and joy shall be taken from you and your people for all eternity, and all shall be given to a people who bring forth their fruits.
47. "If you disregard and trample on all the commandments of god, who is the ruler over this and the two other human species in the North and the East, you shall be disregarded and trampled upon for all time.
48. "The burden of the Israelite people will be like a heavy stone of the seven Great Ages. Whosoever falls upon this stone will be smashed to pieces, and whosoever it falls upon will be crushed."
49. When the chief priests and Pharisees heard what he had said, they understood he cursed them and the Israelite people for all future time.
50. And they conspired on how they could seize him, but they were afraid of the people, who believed him to be a prophet.

Das 23. Kapitel

Steuergroschen

1. Als die Pharisäer Rat hielten, wie sie Jmmanuel fingen in seiner Rede, sandten sie zu ihm ihre Jünger samt des Herodes Leuten.
2. Die sprachen dann: «Meister, wir wissen, dass du wahrhaftig bist und lehrest den Weg der Gesetze recht und fragst nach niemand, denn dadurch achtest du nicht das Ansehen der Menschen, sondern allein die Gebote Gottes und in Wahrheit die Gesetze der Schöpfung.
3. Darum sage uns, was meinst du: Ist's recht, dass man dem Kaiser Steuer zahle, oder nicht?»
4. Jmmanuel aber merkte ihre Bosheit und sprach: «Ihr Betrüger, Heuchler und Schwindler, wie niedrig seid ihr im Verstande und in der Vernunft, so ihr mich auf solch kranke und dumme Weise versuchen wollt?
5. Weiset mir aber eine Steuermünze, so ich euch eure kranke Dummheit heile»; und also reichten sie ihm einen Groschen dar.
6. Und er sprach zu ihnen: «Wessen ist das Bild und wessen ist die Aufschrift auf dem Groschen?»
7. Und sie sprachen zu ihm: «Sie sind des Kaisers.»
8. Da sprach er zu ihnen: «So gebet dem Kaiser, was des Kaisers ist, und gebet Gott, was Gottes ist, und gebet der Schöpfung, was der Schöpfung ist.
9. Achtet aber dessen, dass Gott und der Kaiser Menschen sind und über ihnen die Allmacht der Schöpfung steht, der ihr die höchste Lobpreisung zu geben habt.
10. So Gott und der Kaiser wohl Herrscher über Menschengeschlechter und Völker sind, steht über ihnen die Schöpfung als höchste Macht, der sie anhängig sind im Gesetz wie jeder Mensch und jedes Leben.»
11. Als sie das hörten, verwunderten sie sich und liessen ihn und gingen davon.

Wiedergeburt

12. An demselben Tage traten zu ihm die Sadduzäer, die dafürhalten, es gebe keine Wiedergeburt.
13. Sie fragten ihn und sprachen: «Meister, Mose hat gesagt: ‹Wenn einer stirbt und hat nicht Kinder, so soll sein Bruder die Frau zum Weibe nehmen und seinem Bruder Nachkommen zeugen.›
14. Nun sind bei uns gewesen sieben Brüder; der erste freite und starb; und weil er nicht Nachkommen hatte, liess er seine Frau seinem Bruder.
15. Desgleichen der zweite und der dritte bis an den siebenten.

Chapter 23

Tax Money

1. When the Pharisees held counsel on how they could snare Jmmanuel in his speech, they sent their followers to him, including some of Herodes' people.
2. They then said, "Master, we know that you are honest and teach the way of the laws rightly, and don't inquire about anyone, since you do not care about people's reputations, but only about the laws of god and, in fact, the laws of Creation.
3. "Therefore, tell us your opinion. Is it right to pay tax to the emperor or not?"
4. But Jmmanuel sensed their malice and said, "You deceivers, hypocrites and swindlers, how low in intelligence and understanding are you that you want to tempt me in such a sick and foolish manner?
5. "Show me a tax coin so that I can heal you from your sick folly." And so they gave him a denarius.
6. And he said to them, "Whose image and whose inscription are on this coin?"
7. They replied, "They are the emperor's."
8. He then said to them, "Give therefore to the emperor what is the emperor's, and give to god what is god's, and give to Creation what is Creation's.
9. "Yet beware and know that god and the emperor are men above whom is the almightiness of Creation to which you must give the highest praise,
10. "for although god is indeed ruler over human species and the emperor is indeed ruler over peoples, above them stands Creation as the highest authority, to which they are subordinate in the law, as is every human being and all life."
11. When they heard this they were astonished, left him alone and went away.

Rebirth

12. On the same day the Sadducees, who hold the opinion there is no reincarnation, came to him.
13. They asked him, "Master, Moses has said, 'When a man dies and has no children his brother shall take the widow as his wife and beget descendants for his brother.'
14. "Once there were seven brothers among us. The first one was married and died, and because he had no descendants he left his wife to his brother;
15. "and so did the second and the third, until the seventh.

16. Zuletzt nach allen starb die Frau.
17. So du lehrest, es gebe ein Wiederleben, wessen Frau wird sie denn sein unter den sieben im Wiederleben?, denn sie haben sie ja alle gehabt.»
18. Jmmanuel aber antwortete und sprach: «Ihr irret und kennet nicht die unverfälschten Schriften der Alten, noch kennet ihr die Gesetze der Schöpfung.
19. Wahrlich, ich sage euch: Nie hat Mose gegeben dieses Gebot, so aber das Gebot, dass ein Bruder seines Bruders Weib zu sich nehme in Ehre, so der eine gestorben ist, also er für die Witwe seines Bruders sorge.
20. Wie käme es aber, dass ein Bruder seinem Bruder Nachkommen zeugen könnte, da doch der Same eines jeden mit Unterschied ist!
21. Im Wiederleben werden sie sich alle fremd sein, so sie einander nicht kennen, also auch kein Gesetz besagt, das Weib gehöre nun dem oder dem.
22. In jedem Wiederleben bestimmet der Mensch selbst, wen er freien will, so er freien kann, wer nicht vorbestimmt ist.
23. Achtet der Gesetze der Schöpfung, die da lehren, dass der Mensch in einem Wiederleben keine Erinnerung hat an das frühere Leben, so eure Frage dahinfällt also.
24. Noch sind es nur die Propheten, die Erinnerung an frühere Leben haben, da sie die Gesetze der Schöpfung befolgen und also in Weisheit leben.
25. So ihr und das israelitische Volk aber über lange Zeit werdet in gellender Finsternis leben, soll euch lange verschlossen bleiben die Erkenntnis und die Weisheit des Geistes und des Bewusstseins.
26. Andere Völker werden über euch treten, und also sich geistig und bewusstseinsmässig hoch entwickeln und die Gesetze der Schöpfung befolgen.
27. Also werden andere Völker euch im Geiste und im Bewusstsein überlegen sein und grosse Weisheit schöpfen, so viele unter ihnen bald sein werden wie die Propheten und Erinnerungen an frühere Leben haben.
28. Ihr aber und das Volk Israel sollt lange im Bewusstsein arm bleiben und also in gellender Finsternis treiben.
29. So nämlich einer Strafe auf sich ladet, soll er sie auch tragen.»
30. Und da solches das Volk hörte, entsetzte es sich und fürchtete sich.

Das grösste Gebot

31. Da aber die Pharisäer hörten, dass Jmmanuel den Sadduzäern das Maul gestopft hatte, versammelten sie sich und hielten einen Rat.
32. Und einer unter ihnen, ein Schriftgelehrter, versuchte ihn und fragte: «Jmmanuel, welches ist denn das vornehmste Gebot im Gesetz?»
33. Er aber sprach und fragte: «An wessen Gesetz denkst du, an das des Kaisers, oder denkst du an das Gesetz Gottes, oder denkst du an das Gesetz der Schöpfung?»
34. Der Schriftgelehrte aber sprach: «Ich denke an die Gesetze der drei.»

16. "At last the woman also died.
17. "Now you teach there is a renewed life. Whose wife will she be among the seven in the new life, for she was the wife to all of them."
18. Jmmanuel, however, answered, saying, "You are mistaken and do not know the unadulterated scriptures of the elders, nor do you know the laws of Creation.
19. "Truly, I say to you, Moses never gave this commandment; but he gave the commandment that a brother should take his brother's wife to himself in honour, so if one died the other would take care of the widow of his brother.
20. "How is it possible for a brother to beget descendants for his brother, since everyone's seed is different!
21. "In the next incarnation they all will be strangers because they will not recognize each other; therefore, no law says the wife then belongs to this one or that one.
22. "In each new life the person determines for himself whom he wishes to marry; thus he can marry whoever is not spoken for.
23. "Take heed of the laws of Creation, which teach that in a new life people do not remember their former lives. Thus your question is superfluous.
24. "At this point it is only the prophets who remember former lives, since they follow the laws of Creation and therefore live in wisdom.
25. "But since you and the Israelite people will continue to live in roaring darkness for an extended period, cogition and wisdom of the spirit and of the consciousness will remain hidden from you for a long time.
26. "Other peoples will advance beyond you and will evolve greatly in spirit and consciousness, and will follow the laws of Creation.
27. "Therefore, other peoples will be superior to you in spirit and in consciousness and gather great wisdom, so that many among them will soon be like the prophets and have recollections about their former lives.
28. "But you and the Israelite people shall remain poor in consciousness, and thus drift in roaring darkness.
29. "To wit: whoever incurs punishment shall also endure it."
30. When the people heard that, they were aghast and afraid.

The Greatest Commandment

31. But when the Pharisees heard that Jmmanuel had silenced the Sadducees, they gathered and deliberated.
32. And one among them, a scribe, tested him by asking, "Jmmanuel, which is the foremost commandment in the law?"
33. Jmmanuel asked in return, "Whose law are you thinking of, the law of the emperor, or are you thinking of the law of god, or are you thinking of the law of Creation?"
34. The scribe said, "I am thinking of the laws of all three."

35. Jmmanuel aber sprach: «Das höchste Gebot im Gesetz der Schöpfung ist das: Erringe die Weisheit des Wissens, so du weise die Gesetze der Schöpfung befolgen mögest.
36. Das höchste Gebot des Gesetzes Gottes aber ist das: Du sollst Gott als den Herrscher der drei Menschengeschlechter achten und seine Gesetze befolgen, denn er ist der Weisheitskönig der drei Menschengeschlechter und ein guter und gerechter Ratgeber.
37. Das höchste Gebot des Kaisers Gesetzes aber ist das: Du sollst dem Kaiser gehorsam sein und seine Gesetze befolgen und ihm den Zehnten geben, denn er ist der Herrscher über das Volk und dessen Hüter und Beschützer.
38. Dies sind die vornehmsten und grössten Gebote der Gesetze der drei, bestimmet nach ihrer Art.
39. Das andere aber ist das und dem ersten gleich: Du sollst als Allmacht nur die Schöpfung nennen, denn sie allein ist beständig in allen Dingen und darin also zeitlos.
40. Gott und der Kaiser sind vergänglich, die Schöpfung aber ist unvergänglich.
41. In diesen zwei Geboten hängt das ganze Gesetz und die Propheten.
42. Die Gesetze Gottes und des Kaisers sind menschliche Gesetze, so sie unter den Menschen Ordnung und Recht halten sollen.
43. Die Gesetze der Schöpfung aber sind die Gesetze des Lebens und des Geistes; also sind sie unvergänglich und beständig.
44. Aber unvergänglich ist also der Geist des Menschen, der ein winziges Teilstück Schöpfungsgeist ist, und wie also könnte die Schöpfung selbst vergehen?
45. So der Mensch also tot sein wird, lebet der Geist weiter und verlasset das Diesseits zu dem Jenseits, da er auch weiterhin die Weisheit des Wissens sammelt.
46. Je grösser die Weisheit des Geistes durch das Lernen des Bewusstseins errungen ist, bestimmt er selbst über seine Zukunft, so er seine Wiederkehr bestimmt und sein späteres Wirken.
47. Also auch ich ein Prophet bin und die Zukunft kenne, sage ich, dass ich wiederkehren werde als Stellvertreter Gottes, so ich dann belehrend Gericht halten werde über alle jene, die irren Lehren nachleben und die Weisheit des Bewusstseins erniedrigen.
48. Hart und ohne Erbarmen also werden die Worte der Wahrheit sein, und gar mancher wird ihrethalben in Zorn erwallen.
49. Die harten Worte der Wahrheit selbst werden belehrendes Gericht und Strafe sein für alle, die irren Lehren nachleben und die Weisheit des Bewusstseins erniedrigen.»
50. Da nun die Pharisäer beieinander waren, fragte sie Jmmanuel und sprach: «Was denkt ihr von mir, wessen Sohn ich sei?»
51. Sie sprachen: «Davids Sohn.»

35. But Jmmanuel said, "The highest directive in the law of Creation is this: Achieve the wisdom of knowledge, so that you may wisely follow the laws of Creation.
36. "But the highest commandment of the law of god is this: You shall honour god as the ruler of the three human species and obey his laws, for he is the king of wisdom of the three himan species and a good and just counsellor.
37. "And the highest command of the laws of the emperor is this: You shall be obedient to the emperor, follow his laws and give to him the tithe, because he is the ruler over the people and their guardian and protector.
38. "These are the foremost and greatest commandments in the laws of the three, as applied to their categories.
39. "But the other directive, equal to the first, is this: You shall consider only Creation as almighty, for it alone is constant in all things and therein is timeless.
40. "The emperor and god are transitory, but Creation is eternal.
41. "Upon these two laws and commandments depend the entire law and the prophets.
42. "The laws of god and those of the emperor are human laws and are intended to maintain law and order among the people.
43. "But the laws of Creation are the laws of life and the spirit and, therefore, they are eternal and constant.
44. "Likewise eternal is a person's spirit, which is a tiny fragment of Creation spirit, for how could Creation itself ever cease to be?
45. "Hence, when a person dies, their spirit lives on and leaves this side of existence for the other side, where it continues to gather the wisdom of knowledge.
46. "The greater the spiritual wisdom gained through the learning of the consciousness, the more the spirit itself determines its future, its return, and its subsequent activities.
47. "Since I am also a prophet and know the future, I tell you that I shall return as representative of god for the purpose of instructively rendering judgment over all those who live according to erroneous teachings and who degrade the wisdom of the consciousness.
48. "Therefore the words of truth will be harsh and without mercy, and many a person will seethe in rage because of them.
49. "The harsh words of truth themselves will be the instructive judgment and penalty for all those who live according to erroneous teachings and degrade the wisdom of the consciousness."
50. Since the Pharisees were together, Jmmanuel asked them, "What do you think about me, whose son am I?"
51. They said, "The son of David."

52. Er aber sprach zu ihnen: «Wie kann ich Davids Sohn sein, wenn er schon lange Zeit tot ist und ich gezeuget bin vom Wächterengel Gabriel?
53. Und habt ihr denn nicht gelesen, dass mich David einen Herrn nannte, als er sagte:
54. ‹Der Herr hat gesagt zu meinem Herrn: 'Setze dich zu meiner Rechten, bis dass ich lege deine Feinde unter deine Füsse, denn du bist mein Ziehsohn und mein Nachfolger'›.
55. So nun David mich seinen Herrn nennt, wie bin ich denn sein Sohn?»
56. Und niemand konnte ihm ein Wort antworten, so sie heimlich aber sprachen: «Er lästert Gott und die Propheten; trachten wir, ihn zu fangen und zu töten, denn er bringt auch unsern Stand in Gefahr, so wir vor dem Volk nichts mehr gelten werden.»

52. But he spoke to them, "How can I be the son of David, when he has been dead for a long time and I was begotten by Gabriel, the guardian angel?
53. "And haven't you read that David called me lord when he said,
54. " 'The Lord said to my lord, sit down at my right side, until I can place your enemies beneath your feet, because you are my foster son and my successor.'
55. "Since David calls me lord, how can I be his son?"
56. And no one could give him an answer, but secretly they said, "He blasphemes God and the prophets. Let's try to catch and kill him, because he endangers our position in that we will no longer be respected by the people."

Das 24. Kapitel

Wider die Schriftgelehrten und Pharisäer

1. Und Jmmanuel redete zu dem Volke und den Jüngern und sprach: «Auf der Propheten Stühle sitzen die Schriftgelehrten und Pharisäer.
2. Alles nun, was sie euch sagen, das tuet und haltet nicht, aber auch nach ihren Werken sollt ihr nicht tun.
3. Sie lehren euch irre Lehren, die sie und ihre Vorfahren verfälschet haben, so sie daraus die Geniesser seien.
4. Sie binden schwere Bürden und legen sie den Menschen um den Hals; aber sie selbst wollen sie nicht mit einem Finger anrühren.
5. Alle ihre Werke tun sie, damit sie von den Leuten gesehen werden und vor dem Volke scheinen.
6. Sie machen ihre Gebetsriemen breit und die Quasten an ihren Kleidern gross.
7. Sie sitzen gerne obenan bei Tisch und in den Synagogen.
8. Und sie haben es gerne, dass sie gegrüsst werden auf dem Markt und dass sie von den Menschen Meister genannt werden.
9. Aber ihr sollt euch nicht Meister nennen lassen, ehe ihr nicht die Weisheit des Wissens erkennet habt.
10. Und ihr sollt euch nicht Lehrer nennen lassen, ehe ihr nicht die Gesetze der Schöpfung befolgt.
11. Denn wer sich Meister und Lehrer nennen lässt und besitzet die Weisheit des Wissens nicht, der wird der Lüge angeklagt werden.
12. Denn wer sich selbst zu unrecht erhöht, der wird erniedrigt; und wer sich selbst zu unrecht erniedrigt, der wird missachtet.
13. Wer im Bewusstsein gross ist, der nenne sich gross; und wer im Bewusstsein klein ist, der nenne sich klein; und wer im Bewusstsein mittendurch ist, der nenne sich mittendurch.
14. Es ist vom Menschen unklug und dumm, sich grösser oder kleiner nennen zu lassen, so er wahrheitlich ist.
15. Wehe euch, Schriftgelehrte und Pharisäer, ihr Betrüger, Heuchler und Schwindler, die ihr den Menschen den geistigen und bewusstseinsmässigen Fortschritt verschliesset mit euren Lügen und Falschlehren.
16. Ihr werdet den Fortschritt so leicht nicht erringen, und die ihn erringen wollen, haltet ihr durch eure irren Lehren davon ab.
17. Wehe euch, Schriftgelehrte und Pharisäer, ihr Betrüger, Heuchler und Schwindler, die ihr der Witwen Häuser fresset und verrichtet zum Schein lange Gebete, ihr werdet dafür desto länger in gellender Finsternis leben.

Chapter 24

Against the Scribes and Pharisees

1. And Jmmanuel spoke to the people and the disciples, saying, "The scribes and Pharisees sit on the chairs of the prophets.
2. "Refrain, however, from doing and accepting anything they tell you, and also don't act in accordance with their works.
3. "They teach you erroneous teachings, which they and their forefathers have falsified for their own selfish interests.
4. "They contrive heavy burdens and place them upon the shoulders of the people, yet they themselves do not want to lift a finger.
5. "They do all their works in order to be seen by the people and impress them.
6. "They make their prayer belts wide and the tassels on their clothing long.
7. "They like to sit at the heads of tables and in the best places in the synagogues.
8. "And they like to be greeted in the marketplace and to be called master by the people.
9. "But don't let anyone call you master until you have become cognizant of the wisdom of knowledge.
10. "And don't let anyone call you teacher until you follow the laws of Creation yourselves,
11. "because those who allow themselves to be called master and teacher but do not possess the wisdom of knowledge will be denounced as liars.
12. "For those who unjustly exalt themselves will be abased, and those who unjustly abase themselves will be disdained.
13. "Let those who are great in consciousness consider themselves great, and those who are small in consciousness consider themselves small and those who are in between in consciousness consider themselves in between.
14. "It is unwise and foolish for people to let others consider them greater or smaller than they really are.
15. "Woe to you, scribes and Pharisees, you deceivers, hypocrites and swindlers who block the development of people's spirits and consciousness with your lies and erroneous teachings.
16. "You will not achieve advancement easily, and through your erroneous teachings you deprive those who wish to advance from doing so.
17. "Woe to you, scribes and Pharisees, you deceivers, hypocrites and swindlers, who devour the homes of widows and engage in long prayers for the sake of appearance; therefore, you shall live in roaring darkness all the longer.

18. Wehe euch, Schriftgelehrte und Pharisäer, ihr Heuchler, die ihr Land und Meer durchziehet, damit ihr einen Glaubensgenossen gewinnet; und wenn er's geworden ist, machet ihr aus ihm ein Kind der Unvernunft und des Unverstandes, das euren irren Lehren frönt, zwiefältig mehr, als ihr es tuet.
19. Wehe euch, ihr blinden Führer irrer Lehren, die ihr sagt: ‹Wenn einer schwört bei dem Tempel, das gilt nicht; wenn aber einer schwört bei dem Gold am Tempel, das bindet.›
20. Ihr Narren und Blinden, die ihr seid eine Ausgeburt des Bösen; was lasset ihr schwören, wenn ihr doch wisset, dass ein Schwur keine Bindung hat und wertloses Tun ist!
21. Oder ihr sagt: ‹Wenn einer schwört bei dem Altar, das gilt nicht; wenn aber einer schwört bei dem Opfer, das bindet.›
22. Ihr blinden und irren Lehrer: Wessen ist euer Recht, einen Schwur zu fordern oder einen Schwur zu leisten, so die Gesetze der Schöpfung doch sagen, dass kein Schwur getan werden soll.
23. Immer sei die Rede nur ja, ja, oder nein, nein.
24. Darum: Wer da schwört bei irgend etwas auf der Erde oder dem Universum, der schwört bei etwas Vergänglichem, das keinen Bestand hat.
25. Also hat auch ein Schwur keinen Bestand.
26. Wer aber schwört bei der Schöpfung oder deren Gesetzen, der schwört bei etwas, über das er keine Macht hat, und so hat ein Schwur keinen Bestand also.
27. Darum: Wer da schwört bei irgend etwas, der frevelt an der Wahrheit seines Wortes und bringt es in Zweifel.
28. Wehe euch, Schriftgelehrte und Pharisäer, ihr Heuchler, die ihr verzehntet Minze, Meramie, Dill und Kümmel und lasset dahinten das Wichtigste im Gesetz, nämlich das Recht, die Freiheit des Wissens und die Wahrheit der Schöpfung; und das Gesetz der Liebe und das Gesetz der Logik und der Gerechtigkeit lasset ihr unbeachtet also.
29. Wehe euch, ihr blinden Führer einer Horde Blinder, die ihr da saget: ‹Dies sollte man tun und jenes nicht lassen.›
30. Ihr doch nur eine irre Lehre verbreitet und die Gesetze der Schöpfung missachtet.
31. Ihr blinden Führer, die ihr Mücken seid und Kamele verschluckt, die ihr nicht verdauen möget.
32. Wehe euch, Schriftgelehrte und Pharisäer, ihr Heuchler, die ihr Becher und Schüsseln auswendig rein haltet, inwendig sind sie aber voll Raub und Gier.
33. Ihr Blinden, ihr Schriftgelehrten und Pharisäer, ihr Heuchler und Verdreher der Wahrheit, reinigt zuerst, was inwendig im Becher ist, auf dass auch das Auswendige rein werde und in seinem Glanze erstrahle.
34. Wehe euch, Schriftgelehrte und Pharisäer, ihr Heuchler, die ihr seid gleich wie die übertünchten Gräber, welche auswendig schön scheinen, aber inwendig sind sie voller Gestank und Totengebeine und Unrat.
35. So auch ihr: Von aussen scheinet ihr vor den Menschen fromm und gut, aber inwendig seid ihr voller Heuchelei und Falschheit und Übertretung.
36. Wehe euch, Schriftgelehrte und Pharisäer, ihr Heuchler, die ihr den Propheten Grabmäler bauet und schmücket der Gerechten Gräber und sprechet:

18. "Woe to you, scribes and Pharisees, you hypocrites who travel across land and sea in order to win a fellow believer; and once he becomes one, you turn him into an unreasonable and irrational child who indulges in twice as many erroneous teachings as you.
19. "Woe to you, you blind proponents of erroneous teachings who say, 'If a person swears by the temple, the oath is not valid, but if he swears by the gold on the temple, the oath is binding.'
20. "You fools and blind people, you are the monstrosity of evil; why do you let people swear, knowing that an oath is not binding and is a worthless act!
21. "Or you say, 'If one swears by the altar it is not valid; but if a person swears by the sacrificial offering it is binding.'
22. "You blind and mistaken teachers, who gave you the right to demand or take an oath since the laws of Creation state that oaths should not be taken?
23. "Your words should always be only 'yes, yes' or 'no, no.'
24. "Therefore, those who swear by anything on Earth or in the universe swear by something fleeting, which is without permanence.
25. "Hence, an oath is also without permanence.
26. "And those who swear by Creation or its laws swear by something over which they have no power. Therefore, such an oath is also without permanence.
27. "Whoever swears by anything therefore commits an offence against the truthfulness of their word and makes it untrustworthy.
28. "Woe to you, scribes and Pharisees, you hypocrites who tithe mint, meramie, dill and caraway seeds but neglect the most important things in the law, namely, justice, freedom of knowledge, and the truth of Creation. Thus you ignore the law of love and the laws of logic and justice.
29. "Woe to you, you blind leaders of a horde of blind, who say, 'This should be done and that should not be left undone.'
30. "You only spread a confused teaching and ignore the laws of Creation.
31. "You blind leaders, you are gnats and swallow camels, which you cannot digest.
32. "Woe to you, scribes and Pharisees, you hypocrites who keep cups and bowls outwardly clean, yet inside they are full of rapaciousness and greed.
33. "You blind ones, you scribes and Pharisees, you hypocrites and distorters of the truth, first clean what is inside the cup, so that the outside may become pure and light up with its brilliance.
34. "Woe to you, scribes and Pharisees, you hypocrites who are like whitewashed tombs that appear beautiful on the outside, but inside they are full of stench, bones and filth.
35. "So, on the outside you also appear pious and good before the people, while inside you are full of hypocrisy, deceit and transgression.
36. "Woe to you, scribes and Pharisees, you hypocrites who build monuments to the prophets and decorate the graves of the righteous and say,

37. ‹Wären wir zu unserer Vorväter und Väter Zeiten gewesen, so wären wir nicht mit ihnen schuldig geworden an der Propheten Blut.›
38. Wehe euch, Schriftgelehrte und Pharisäer, ihr Betrüger, Heuchler und Schwindler, die ihr heimlich die Toten rufet aus dem hohen und aus dem gemeinen Volk, so ihr euch selbst betrüget und irrig glaubet mit ihnen zu reden und euerem eigenen Wahn glaubet.
39. Ihr könnet mit Toten nicht reden, und könntet ihr es doch, dann vermöchten also die Gestorbenen euch nur die Meinung zu sagen von dem, was sie schon im Leben falsch gedacht haben.
40. Nicht seid ihr gross genug also, dass ihr Tote rufen könnet, die Weisheit haben und die die Wahrheit sagen können.
41. So gebet ihr euch selbst Zeugnis, dass ihr Kinder seid derer, die die Propheten getötet haben und die ihre Lehre verfälschten.
42. Wohlan, erfüllet auch ihr das Mass eurer Vorväter und Väter, so ihr mit Unverstand sollt beenden euer Leben, und Mühe haben zu lernen, bis in ferne Zukunft.
43. Ihr Schlangen- und Otterngezücht, wie wollt ihr denn gross sein im Geiste und im Bewusstsein, wenn ihr doch keinen Verstand besitzt?
44. All das gerechte Blut aber kommet auf euch, das vergossen ist durch euch auf Erden vom ersten Propheten an, den eure Väter und Urväter mordeten, bis auf das Blut des Zacharias, des Sohnes Barachjas, welchen ihr getötet habt zwischen Tempel und Altar, und also all das Blut der Zukunft, das in eurer Schuld vergossen wird.
45. Verstossen werdet ihr sein unter den Menschengeschlechtern, und also werdet ihr wechselweise euer geraubtes Land verlieren, wieder gewinnen und wieder verlieren und so also bis in fernste Zukunft.
46. Wahrlich, ich sage euch: Euer Dasein wird sein steter Kampf und Krieg, und also werden euch schlagen die Menschengeschlechter mit feindlicher Gesinnung und Unfrieden.
47. Nicht werdet ihr Ruhe noch Frieden finden in dem von euren Urvätern durch Lug und Trug und Brand geraubten Land, denn also wird euch eure vererbte Mordlast verfolgen, mit der eure Vorväter die alten Bewohner dieses Erdenteils meuchelten und ihres Lebens und Hab und Gutes beraubten.
48. Also kommet all das gerechte Blut auf euch, das vergossen wurde durch eure Vorväter und durch euch, und das also noch vergossen wird durch euch und eure nahen und fernen Nachkommen bis in ferne Zukunft.
49. Es wird Hass sein wider euch auf dieser Welt, und also wird euch selbst die Neuzeit weder Ruhe noch Frieden bringen, ehe ihr nicht weichet von dem von euch geraubten Land, oder ehe ihr nicht versöhnlichen Frieden schliesset und bruderhaftes Vertrauen und Einheit schaffet mit euren Feinden, wenn ihr euren falschen und gestohlenen Rechten abschwört.

37. "'Had we lived at the time of our forefathers and fathers, we would not have become guilty with them in the shedding of the prophets' blood.'
38. "Woe to you, scribes and Pharisees, you deceivers, hypocrites and swindlers. You secretly call upon the dead people of high and of common standing, and you deceive yourselves by misbelieving you were speaking with them and believing in your own delusion.
39. "You cannot talk with the dead, and even if you could, the departed could tell you only the erroneous thoughts they previously held during their lifetime.
40. "You are not great enough to call upon those dead who have wisdom and can tell the truth.
41. "Thus you bear witness against yourselves that you are the children of those who killed the prophets and falsified their teachings.
42. "Well then, fill up the measure of your forefathers and fathers; thus you will end your lives without understanding and will have difficulty learning until the distant future.
43. "You brood of snakes and adders, how can you aspire to be great in spirit and in consciousness when you don't possess any understanding yet?
44. "All the righteous blood that was shed by your doing on Earth will befall you, beginning with the first prophet your fathers and forefathers murdered, to the blood of Zacharias, the son of Barachias, whom you killed between the temple and the altar, as well as all the blood that will be shed in the future because of your guilt.
45. "You will be outcast among human species, and then you will alternately lose the land you took by force, regain it and lose it again well into the most distant future.
46. "Truly, I say to you, your existence will be a continual struggle and war, and so the human species will smite you with their hostile thinking and enmity.
47. "You will find neither rest nor peace in the country stolen by your ancestors by way of falsehood, deceit and fire, because you will be haunted by the inherited burden of these murders through which your forefathers assassinated the ancient inhabitants of this part of the Earth and deprived them of life and material goods.
48. "Hence all of this righteous blood will fall upon you—this blood which was shed by your forefathers and through you, and which will still be shed by you and your close and distant descendants into the faraway future.
49. "There will be hatred against you in this world. Even the new age will bring you neither rest nor peace until you retreat from the land you took by force, or until you make a conciliatory peace, create brotherly trust and unity with your enemies, and renounce your wrongful and stolen rights.

50. Ihr Schlangen- und Otterngezücht, also werden die Geschehen sein bis in ferne Zukunft für euch, doch nicht von ungefähr werdet ihr zur Neuzeit eine Glückssache haben, wenn meine Lehre der Schöpfungsrechte und der Schöpfungsgesetze neuerlich verbreitet wird, so ihr dann die Gelegenheit greifen möget, also ihr den Hass der Welt wider euch durch einen ehrlichen Frieden beenden und besiegeln könnt.
51. Also achtet zur Neuzeit meiner Lehre, die in Wahrheit die Lehre der Gesetze und Gebote der Schöpfung ist; achtet darauf, wenn sie neuerlich gelehret wird, denn diese wird sein das Zeichen der Zeit, zu der sich gar vieles wandelt und die Herrschaft der Mächtigen und der Tyrannen bricht, so die Volkschaften aller Menschengeschlechter frei werden.
52. Also achtet in ferner kommender Neuzeit der neuerlichen Darbringung meiner allzeitlich und weltenraumweit gültigen Lehre der geistigen und schöpferischen Kräfte und Gesetze und Gebote, so ihr nach meiner Ratgebung handeln möget und es Ruhe und Frieden werde zwischen euch und allen Menschen dieser Welt.
53. Wahrlich, wahrlich, ich sage euch: Dass solches sich alles erfüllet, und also wird alles über euch kommen und über euer Geschlecht und in lange Zukunft wie ich gesagt habe.»

50. "You brood of snakes and adders, this will happen to you into the distant future. Yet not by accident will you have a fortuitous chance in the new age when my teachings on Creation's justice and laws will again be disseminated, so you may then seize the opportunity to end and settle the world's hatred against you by means of an honest peace.

51. "Therefore, in the new age, heed my teachings, which are truly the teachings of the laws and commandments of Creation. Pay heed when they will be taught anew, because this will be the sign of the time at which many things will change. The power of the mighty and tyrants will crumble, so that the peoples of all human species become free.

52. "In the coming distant new age, heed the renewed presentation of my teachings of the spiritual and Creational forces and laws and commandments, which are valid for all times and throughout the universe, so that you may act according to my counsel and that there may be tranquillity and peace among you and all human beings in this world.

53. "Truly, truly, I say to you, all this shall be fulfilled and come upon you and upon your people long into the future, as I have told you."

Das 25. Kapitel

Die Prophezeiung

1. Und Jmmanuel ging hinaus vor den Tempel, und seine Jünger traten zu ihm, dass sie ihm zeigten des Tempels Gebäude.
2. Er aber sprach zu ihnen: «Sehet ihr nicht das alles? wahrlich, ich sage euch: Es wird hier nicht ein Stein auf dem andern bleiben, der nicht zerbrochen werde.
3. Das israelitische Volk frevelt am Leben und an der Wahrheit; und es hat diese Stadt gebauet auf Menschenblut; also aber ist dieses Volk gespalten in sich in Israeliten, die sich Söhne und Töchter Zions nennen, denen ich nicht nahe stehe, und die mich töten wollen, und also in Juden, die verirrte Gläubige ihres Kultes sind, und denen ich nebst allen Menschengeschlechtern der Erde die Lehre der Wahrheit bringe.
4. Durch Raub und Mord haben die Israeliten geraubet dies Land und getötet ihre Freunde, mit denen sie Wein getrunken hatten, und also haben sie irregeführt und irregeleitet ihre Glaubensgenossen des jüdischen Kultes, die wahrlich aber keine Israeliten, sondern nur Kultgläubige sind.
5. Also haben die Israeliten verraten ihre eigenen Freunde und sie gemordet um der eigenen Gier willen, so aber auch ihnen geschehen soll durch die rechtmässigen Besitzer dieses Landes, die sie seit alters her entrechten und unterjochen.»
6. Und als er auf dem Ölberge sass, traten zu ihm seine Jünger und sprachen: «Sage uns, wann wird das geschehen, und welches wird das Zeichen sein dafür?»
7. Jmmanuel aber antwortete und sprach: «Zwei Jahrtausende werden vergehen und einige Zeit dazu, doch auch dazwischen wird Israel niemals Ruhe finden, so also weil Kriege und viele Übel drohen für die unrechtmässigen Besetzer dieses Landes, doch sehet zu, dass euch nicht jemand verführe.
8. Es werden nämlich viele Betrüger und falsche Propheten kommen in meinem Namen und sagen: ‹Ich bin Jmmanuel, und ich bin das Zeichen der Zeit›, so sie werden viele verführen.
9. Die Menschen werden hören von Kriegen und Kriegsgeschrei, so sie sehen sollen und nicht erschrecken, denn das muss so geschehen; aber es ist noch nicht das Ende.
10. Denn es wird sich erheben gar manches Volk wider seine Obrigkeit und ein Volk sich wider das andere und ein Königreich sich wider das andere, und es werden sein teure Zeiten und Erdbeben und grosse Unwetter und Wasser hin und her.
11. Das alles ist dann der Anfang der Wehen.
12. Alsbald werden überantwortet die wissenden Menschen in Trübsal und werden getötet.

Chapter 25

The Prophecy

1. And Jmmanuel walked out of the temple, and his disciples came up to him because they wanted to show him the temple's structure.
2. He, however, spoke to them, "Look at all this. Truly, I say to you, not one stone here will remain upon the other without being broken.
3. "The Israelite people trespass against life and the truth, and they built this city on human blood. These people are divided into Israelites, who call themselves sons and daughters of Zion, with whom I do not identify, and who want to kill me, and Jews, who are misled believers of their religious cult, and to whom I bring the teachings of truth, as I do to all terrestrial human species.
4. "The Israelites have ravaged this land through plunder and murder, they have killed their friends with whom they had drunk wine, and they have deceived and misled their fellow believers of the Jewish cult, who are truly not Israelites but merely believers in a cult.
5. "Thus the Israelites betrayed their own friends and murdered them because of their greed, but it shall likewise be done to them by the rightful owners of this land whom they have deprived of their rights and subjugated since ancient times."
6. And when he sat on the Mount of Olives his disciples came up to him and said, "Tell us, when will this take place, and what will be the sign?"
7. And Jmmanuel answered, saying, "Two thousand and more years will pass, but meanwhile Israel will never find peace because wars and many calamities will threaten the unlawful occupants of this land; but see to it that nobody leads you astray.
8. "That is, many deceivers and false prophets will come in my name and say, 'I am Jmmanuel, and I am the sign of the time,' and they will mislead many.
9. "People will hear about wars and threats of war, and they are to witness this but not be frightened because it must transpire; but it will not yet be the end.
10. "For many a nation will rise up against its government, one nation against another and one kingdom against another, and there will be times of privation, earthquakes and immense storms and floods all about.
11. "All of these events are just the beginnings of the woes.
12. "Soon the knowledgeable people will be consigned to misery and will be killed.

Die Prophezeiung

13. Sie werden gehasst werden um der Wahrheit der Lehre und der Weisheit willen.
14. Es werden sich erheben die vielfältigen Kulte gegeneinander, so Blut in grossen Mengen fliessen wird.
15. Dann werden viele der Anfechtung erliegen und werden sich untereinander verraten und werden sich untereinander hassen, weil sie im Bewusstsein doch klein geblieben sind.
16. Und weil das Unwissen wird überhandnehmen, wird die Liebe in vielen Menschen erkalten.
17. Und Hass wird über die Welt herrschen, und das Böse wird regieren.
18. Wer aber beharret in Wahrheit, der wird überstehen.
19. Und es wird gepredigt werden diese Lehre in der Neuzeit auf der ganzen Welt zum Zeugnis für alle Völker, und dann wird das Ende kommen.
20. Wenn die Menschen sehen werden die Greuel der Verwüstung stehen an der Stätte von Jerusalem, von dem es schon so gesagt ist durch die Propheten, alsdann wird das Ende kommen.
21. Wer zu jener Zeit im von den Israeliten geraubten Lande ist, der möge auf die Berge fliehen.
22. Wer auf dem Dache ist, der steige nicht hernieder, etwas aus seinem Hause zu holen.
23. Wer also auf dem Felde ist, der kehre nicht um, seinen Mantel zu holen.
24. Wehe aber den Schwangeren und Säugenden zu jener Zeit, sie werden Trübsal leiden und Tod; und ihrer werden viele sein.
25. Denn es wird alsbald eine grosse Trübsal sein, wie sie nicht gewesen ist von Anfang der Welt bisher und auch nicht wieder werden wird.
26. Und wenn diese Tage nicht würden verkürzt, so würde kein Mensch lebendig bleiben; aber um des Bewusstseins willen und um des Lebens willen werden die Tage verkürzt.
27. Dies aber auch um der Menschen willen, die der Wahrheit und den Gesetzen dienen.
28. Es wird aber sein Heulen und Zähneklappern, wenn jene Zeit hereinbricht; durch die Unvernunft des Menschen und durch seine Gier.
29. Metallene Maschinen werden sie bauen, zu Luft und zu Wasser und zu Land; und sich gegenseitig ausrotten.
30. Schwere Geschosse werden sie aus den metallenen Maschinen schleudern über das Land und auf die Städte.
31. Feuer wird aus den Geschossen hervorbrechen und die Welt verbrennen, so nicht vieles verschont bleibt.
32. Grundsteine des Lebens und tödliche Lüfte werden sie in die Geschosse legen, so sie damit tödliche Feuer entfachen und Land und Leben vernichten.
33. Kämen zu jener Zeit nicht Mächtige der Völker wie einst die Himmelssöhne, um dem enthemmten Wahn und dem tödlichen Tun der irren Zwangsherrscher Einhalt zu gebieten, wahrlich, ich sage euch: Kein Mensch würde überleben.
34. So die Menschengeschlechter zu jener Zeit weit mehr als zehnmal fünfhundert Millionen Menschen sind, werden also grosse Teile von ihnen ausgerottet und getötet.

13. "They will be hated on account of the truth of the teachings and the wisdom.
14. "Various religious cults will rise up against one another, and much blood will flow.
15. "Then many will succumb to the temptation, and they will betray and hate one another because they remained small in consciousness.
16. "Love will grow cold in many people because ignorance will gain the upper hand.
17. "Hatred will rule over the world and evil will reign,
18. "but those who persist in the truth will survive.
19. "These teachings will be preached in the new age throughout the world as a testimony for all peoples, and then the end will come.
20. "When the people see the horror of destruction in Jerusalem, of which the prophets have spoken, the end will come.
21. "Whoever is in the land seized by the Israelites should flee to the mountains at that time.
22. "Those on the roofs should not climb down to get things from inside their houses.
23. "Those who are in the fields should not go back to get their coats.
24. "Woe to the pregnant women and nursing mothers at that time, for they will suffer much grief and death, and there will be many of them.
25. "Soon thereafter there will be a greater grief than there has ever been before since the beginning of the world, and than will ever be again.
26. "If these days were not cut short, no one would survive; but the days will be cut short for the sake of the consciousness and of life.
27. "This will also be for the sake of the people who serve the truth and the laws.
28. "But there will be howling and chattering of teeth when this time is brought about by the people's lack of understanding and by their greed.
29. "They will construct machines of metal for use in the air, on the water and on land, and will bring about mutual destruction.
30. "From these machines of metal they will fling heavy projectiles across the land and upon the cities.
31. "Fire will burst from these projectiles and burn the world; and little will be spared.
32. "They will place the basic elements of life and deadly air into the projectiles to kindle the deadly fires and destroy land and life.
33. "If at that time mighty ones of the peoples were not to intervene, as once did the celestial sons, to bring a halt to the unrestrained madness and deadly conduct of demented dictators, truly, I tell you, no human being would survive.
34. "Since the human species will consist of far more than ten times five hundred million people at that time, great segments of them will be eradicated and killed.

35. Allso will es das Gesetz, weil der Mensch wider dieses verstossen hat und bis in weite Zukunft wider dieses verstossen wird.
36. Wenn alsdann zu jener Zeit jemand zu den Menschen sagen wird: ‹Siehe, hier ist Jmmanuel, der das Zeichen der Zeit ist!›, so sollen sie's nicht als wahr annehmen.
37. Denn mancher falsche Jmmanuel und viele Betrüger und falsche Propheten werden aufstehen und grosse Zeichen und Wunder tun, so, dass es möglich wird, dass nicht nur die Suchenden und Gläubigen und Irrenden, sondern auch die Gelehrten und Wissenden verführt werden.
38. Siehe, ich habe es euch zuvor gesagt, und also wird es sich erfüllen.
39. Darum, wenn die Betrüger und Irregeleiteten sagen werden: ‹Er ist in der Wüste›, so soll der Mensch nicht hinausgehen, und ‹Siehe, er ist in der Kammer›, so sollen sie es nicht als wahr annehmen.
40. Denn so ich mit Sicherheit zu jener Zeit wiederkehren werde, also werde ich mich erkennen lassen.
41. So will es das Gesetz und die Bestimmung, und so wird es sein.
42. Denn wie der Blitz ausgeht und leuchtet vom Aufgang bis zum Niedergang, so wird auch sein mein Kommen in der Zukunft, wenn ich neu die Lehre bringe und von den Heerscharen der Himmelssöhne künde, wenn ich zu der Zeit ein Wiederleben habe und in der Weite der Welt neuerlich des Betruges und der Lästerung beschimpft werde, ehe die Lehre der Wahrheit im Menschen Erkennung bringet und Wandel.
43. Der Mensch aller Zeiten achte darauf: Wo das Aas ist, da sammeln sich die Geier; also er sich vor ihnen hüte.
44. Bald aber nach der Trübsal jener fernen Zeit werden Sonne und Mond den Schein verlieren, und die Schweifsterne werden vom Himmel fallen, und die Kräfte der Himmel werden ins Wanken geraten.
45. Die Gefüge der Erdenhimmel und der Lüfte werden gestört sein, und das Land wird brennen durch das schwarze Oil der Erde, entzündet durch die Machtgier der Menschen, und der Himmel wird sich verdunkeln durch Rauch und Feuer, die allso tausend Tage wüten werden und alles über dem brennenden Land und weit darüber hinaus mit schwarzem Russ bedecken werden; und also werden die Wetter zusammenbrechen und grosse Kälte und viele Tode kommen über die Menschen, die Pflanzen und Tiere und über die Erde, durch die unvernünftig entfaltete Gewalt der Menschen, die da leben werden in der Gier nach Macht und Sucht und Laster.
46. Alsdann aber werden erscheinen Zeichen am Himmel, und es werden heulen alle Geschlechter auf Erden und werden kommen, um zu sehen die Zeichen in den Wolken des Himmels, die von grosser Kraft und strengem Gericht wider die Unvernunft zeugen.
47. So Gott der Herrscher über die drei Menschengeschlechter ist, so gelten doch in Ewigkeit die Gesetze und Gebote der Schöpfung, durch die als schöpferische Stellvertretung und durch die Unvernunft der Mensch böse über sich selbst richten wird.
48. An Gott schuldet der Mensch seine Zeugung und Gott ist der Herrscher über ihn, so er seine Gesetze befolgen muss und ihn achte als den grössten Weisheitskönig.

35. "This is what the law ordains, because people have violated it and will continue to violate it into the distant future.
36. "If at that time someone will tell the people, 'Behold, here is Jmmanuel who is the sign of the time,' they should not accept it as the truth,
37. "for many a false Jmmanuel and many deceivers and false prophets will come forth and perform great signs and miracles, so that it will become possible to lead astray not only the seekers, believers and errant ones, but also the scholars and knowledgeable people.
38. "Behold, I have told you this beforehand, and so it will fulfil itself.
39. "Thus, when the deceivers and those led astray will say, 'He is in the desert,' people should not venture there, and when they say, 'Behold, he is in a chamber,' they should not accept it as the truth.
40. "Since I will certainly return at that time, I will let them recognize me.
41. "This is as the law and destiny ordain it, and so it shall be.
42. "For as lightning flashes and illuminates from rising to setting, so will be my coming in the future, when I will bring the teachings anew and announce the legions of the celestial sons. At that time I will have a renewed life and will again be accused of deception and blasphemy across the entire world, until the teachings of truth will bring about cognition and change in the people.
43. "People of all times, beware: where the carcass is, there the vultures gather, so watch out for them.
44. "Soon after the misery of that faraway time, sun and moon will lose their lustre, comets will fall from the sky and the powers of the skies will begin to sway.
45. "The makeup of the Earth's sky and air will be disturbed, and the land will burn because of the black oil of the Earth, ignited by people's craving for power. The sky will darken because of smoke and fire, which will rage for a thousand days, and everything above the burning land and far beyond will be covered with black soot. Consequently the weather will break down, and severe cold and much death will come over the people, plants and animals, and over the Earth, as a result of the senselessly unleashed forces of the people who live in lust for power, evil passions and vices.
46. "And then signs will appear in the sky, and all Earth humans will howl and come to see the signs in the clouds of the sky that bear witness to great power and severe judgment against irrationality.
47. "So god is lord over the three human species, yet the laws and commandments of Creation are eternally valid. Through these laws and commandments, which represent Creation, the human being in his irrationality will bring cruel judgment upon himself.
48. "Human beings owe their existence to god, who is the ruler over them; so they must follow his commandments and respect him as the greatest king of wisdom.

Die Prophezeiung

49. So wird er dereinst senden seine Wächterengel mit hellen Posaunen, und diese werden dann sammeln seine ihm Getreuen von den vier Winden, von einem Ende der Erde bis zum andern.
50. An dem Feigenbaum lernet ein Gleichnis: Wenn sein Zweig jetzt treibt und die Blätter kommen, so wisst ihr, dass der Sommer nahe ist.
51. So wird es auch sein für die Menschen jener Zeit: Wenn sie das alles sehen, so mögen sie wissen, dass es nahe vor der Tür ist.
52. Wahrlich, wahrlich, ich sage euch: So wird es sein.
53. Und dies Geschlecht wird nicht vergehen, bis alles so geschehe.
54. Himmel und Erde werden dereinst vergehen und so also das Universum; aber meine Worte werden nicht vergehen, denn sie sind die Worte der Wahrheit in den Gesetzen der Schöpfung.
55. Von dem Tage und der Stunde aber, da dies alles geschehen wird, weiss niemand, auch die Wächterengel und selbst Gott nicht, und auch ich nicht, Jmmanuel, sondern allein die Vorsehung und Bestimmung durch die Gesetze und Gebote der Schöpfung, die die grösste Weisheit besitzt.
56. Sie, die Schöpfung allein stehet über allen Menschengeschlechtern, und ihr allein gebührt die Ehre und das Lob, wie auch sie Ehre und Lob zollet dem Absolutum über ihr.
57. Wenn der Mensch also Gott achtet und ehret und über ihm nur die Schöpfung als Höchstes erkennet, ehret, achtet und anerkennet, so er dann also recht tuet in Wahrheit.»

49. "In days to come, he will send forth his guardian angels who will sound their trumpets and call together his trusted followers from the four directions, from one end of the Earth to the other.
50. "Do learn a parable from the fig tree; when its branch puts forth leaves, you know that summer is nigh.
51. "So will it also be for the people of that time; when they see all this transpire they may know that these events are upon them.
52. "Truly, truly, I say to you, this is how it will be.
53. "And that generation will not pass away until all of this has happened.
54. "At some future time the skies and the Earth will pass away, and so will the universe; but my words will not pass away because they are the words of truth within the laws of Creation.
55. "No one knows the day or hour when this will all take place, not the guardian angels nor god himself nor I, Jmmanuel; but only providence and destiny know this through the laws and commandments of Creation, which possesses the greatest wisdom.
56. "Creation alone stands far above all human species, and it alone deserves honour and praise, just as it renders honour and praise to the absolute power (Absolutum) above it.
57. "If people respect and honour god, and if above him they recognize, honour, esteem and acknowledge only Creation as the supreme power, then they act rightly in accordance with the truth."

Das 26. Kapitel

Gesetze und Gebote

1. «So die Gesetze und Gebote der Schöpfung gelten und die Gesetze und Gebote Gottes, so also sollen sie auch befolgt werden und geachtet.
2. So aber die Gesetze und Gebote der Schöpfung die Gesetze und Gebote des Geistes und des Lebens sind, so also sind die Gesetze und Gebote Gottes die Gesetze und Gebote der materiellen und der menschlichen Ordnung.
3. Gott hat Gesetze und Gebote erlassen als materielle und menschliche Ordnung für das Recht und als Richtschnur des Lebens also.
4. So also gelten Gesetze und Gebote als Wege, die der Mensch gehen soll in Weisheit und Klugheit, so er gerecht sei.
5. So also die Gesetze und Gebote der Schöpfung und die Gesetze und Gebote Gottes befolgt werden, so müssen die Menschen keinerlei andere Gesetze und Gebote hervorbringen.
6. Die Gesetze und Gebote der Schöpfung und die Gesetze und Gebote Gottes sollen gelten als die wahren Gesetze und Gebote, so sie befolgt werden sollen, denn sie allein haben bestehende Gültigkeit und Richtigkeit.
7. Fallet der Mensch aber von diesen Gesetzen und Geboten ab, dann bringet er unlogische und unzulängliche menschliche Gesetze und Gebote hervor, aufgebauet auf einer irren Logik, und also äusserst fehlerhaft.
8. Wenn der Mensch im Bewusstsein kleinmütig ist, so dann auch seine von ihm hervorgebrachten Gesetze und Gebote kleinmütig sind, und also irren Lehren gleichen.
9. Masset der Mensch sich an, die Gesetze und Gebote der Schöpfung und jene Gottes zu missachten, so ist er gezwungen also, sich eigene Gesetze hervorzubringen, die aber voll von Fehl sind und alle in die Irre leiten.
10. Gesetze und Gebote nach den Menschen gemacht, zeugen Mord und alles Böse, allso das Übel sich ausbreitet und überhandnimmt und der Mensch keine Kontrolle mehr darüber hat.
11. Gebote und Gesetze tragen einen Wert nur dann, wenn sie hervorgebracht sind aus Weisheit und also in Logik.
12. Logik aber erfordert Weisheit und Erkennung.
13. Menschengesetze und Menschengebote sind ohne Kraft, wenn sie nicht beruhen in den Gesetzen und Geboten der Schöpfung, wie auch die Gesetze und Gebote Gottes in ihnen beruhen, wie er sie in seiner Weisheit hat erlassen.

Weisheitssprüche

14. Wahrlich, ich sage euch: Weisheit muss erlernet sein aus den Gesetzen der Schöpfung, die der Mensch erkennet in der Natur.
15. Wenn der Mensch aber nicht denket und nicht suchet, vermag er nicht Weisheit zu erlangen und bleibet ein Narr.

Chapter 26

Laws and Commandments

1. "Since the laws and commandments of Creation and the laws and commandments of god are in effect, they shall be observed and respected.
2. "Just as the laws and commandments of Creation are the laws and commandments for the spirit and for life, so the laws and commandments of god are the laws and commandments for material-life and human regulations.
3. "God issued the laws and commandments to serve as material-life and human regulations for that which is right, and also as a guideline for life.
4. "Thus laws and commandments serve as paths upon which human beings should walk in wisdom and intelligence so as to be righteous.
5. "Thus, as the laws and commandments of Creation and the laws and commandments of god are to be obeyed, human beings must not bring forth any other laws and commandments.
6. "The laws and commandments of Creation and the laws and commandments of god should be considered as the true laws and commandments and should be followed, since they alone have lasting validity and correctness.
7. "When human beings deviate from these laws and commandments, however, they bring forth illogical and inadequate human laws and commandments that are based on false logic and, thus, are extremely faulty.
8. "When human beings are fainthearted in consciousness, their laws and commandments are fainthearted as well, and therefore they resemble erroneous teachings.
9. "When human beings are presumptuous and disregard the laws and commandments of Creation and those of god, they are forced to bring forth their own laws which are flawed, however, and lead everyone astray.
10. "Man-made laws and commandments produce murder and all manner of evil, and as evil spreads and gains the upper hand, man no longer has control over it.
11. "Commandments and laws are valuable only when they are derived from wisdom, and hence are logical,
12. "but logic requires wisdom and understanding.
13. "Human laws and human commandments are powerless, unless they are founded upon the laws and commandments of Creation, just as god's laws and commandments are founded upon them, as he issued them in his wisdom."

Proverbs of Wisdom

14. "Truly, I say to you, wisdom must be learned from the laws of Creation, which human beings may recognize in nature.
15. "But if human beings do not think and seek, they will not be able to attain wisdom and will remain fools.

16. Nicht jammern die Weisen über verlorene Dinge, und über die Gestorbenen und über die Geschehen der Vergangenheit.
17. Narren aber weinen über Dinge, die nicht beweinenswert sind, so sie dadurch vermehren ihren Kummer und ihre Not und ihr Elend.
18. Wer Weisheit reichlich erlanget hat und nach den Gesetzen lebt, der duldet es nicht, dass den Geschöpfen ein noch so geringes Leid angetan wird, wenn ohne Fehl sie sind.
19. Ein Narr und ein Tor, der nicht besiegt seine Sinne, sieht Schaden für Vorteil und Vorteil für Schaden an und hält grosses Leid für Freude.
20. Dadurch, dass die Menschen nicht obliegen der Weisheit und nicht suchen das Wissen und nicht die Gesetze erkennen, entstehen in ihnen der Unverstand und die Laster.
21. Den Unehrenhaften, den Dummen, den Murrenden, den Gierigen, den Ruchlosen, den Groben und den Zornigen trifft der Schaden als im Bewusstsein Arme.
22. Empfanget ein Mensch täglich in gebührender Weise nur ein Weniges an Weisheit im Bewusstsein, so wächst er, wie der in der lichten Hälfte des Monats wandelnde Mond.
23. Weisheit ist das grösste Gut des Menschen, und so der gezeugte Wille, der Herr über Liebe und Glück; aber alles ist bedeutungslos ohne die Kraft des Geistes.
24. Ein Narr, welcher auf das Schicksal wartet und ohne sich zu regen ruht, der geht zuschanden wie ein ungebrannter Topf im Wasser.
25. Wer eine Milchkuh pflegt, erhält stets Milch; so erntet auch derjenige reiche Früchte, der die Weisheit pflegt und sie durch die Kraft des Bewusstseins anwendet.
26. Jegliches Gesetz der Schöpfung erkenne man, und hat man es erkannt, so erfasse man es und lebe danach, denn die Gesetze sind die grösste Weisheit.
27. Es gibt kein Auge, das der Weisheit gleich käme, keine Finsternis, die der Unwissenheit gleich käme, keine Gewalt, die der Kraft des Bewusstseins gleich käme und keinen Schrecken, der der Bewusstseinsarmut gleich käme.
28. Es gibt kein höheres Glück als die Weisheit, und keinen besseren Freund als das Wissen, und keinen anderen Retter als die Kraft des Bewusstseins.
29. Wer Verstand hat, möge meine Rede erfassen, also er weise sei und wissend.»

Irrlehre des Saulus

30. Da aber Jmmanuel solche Rede vollendet hatte, siehe, da trat zu ihm ein Mann namens Saulus und sprach:
31. «Eine neue Lehre predigst du; und sie ist mir fremd von Anbeginn; dumm scheint sie mir und auch verwirret dein Bewusstsein.»
32. Jmmanuel aber sprach: «Was sagest du mir, dass ich im Bewusstsein verwirret sei, so aber doch du im Bewusstsein verwirret bist und nicht verstehest.
33. Wahrlich, ich sage dir: So du Saulus bist und mich um meiner Lehre willen verfolgest und also meine Jünger, wirst du ändern deinen Sinn.

16. "The wise do not moan about lost things, about the dead and about events of the past.
17. "Fools, however, cry over things that are not worth crying over, and thereby they increase their grief, privation and misery.
18. "Those who have acquired sufficient wisdom and live according to the laws, permit not even the slightest harming of creatures, when they are without fault.
19. "Half-wits and fools who are not masters over their senses mistake harm for benefit, benefit for harm, and great sorrow for joy.
20. "Because people are not dedicated to wisdom and do not seek knowledge or recognize the laws, they harbour foolishness and vice.
21. "The dishonest, the stupid, grumpy, greedy, unscrupulous, uncouth and the angry will suffer harm for being poor in consciousness.
22. "When people duly receive daily just a little wisdom in their consciousness, they will grow like the waxing moon during the first half of the lunar month.
23. "Wisdom is the greatest asset of humanity and so is the created will, which is lord over love and happiness; but all of this is meaningless without the power of the spirit.
24. "A fool who idly rests and waits for fate goes to ruin like an unfired pot in water.
25. "Those who take care of a cow always receive milk; likewise, those who nurture wisdom and apply it through the power of the consciousness bring forth rich fruit.
26. "Recognize each law of Creation and once you have recognized it, adhere to it and live accordingly, because the laws are the greatest wisdom.
27. "There is no eye equal to wisdom, no darkness equal to ignorance, no power equal to the power of the consciousness, and no terror equal to the poverty of consciousness.
28. "There is no higher happiness than wisdom, no better friend than knowledge, and no other savior than the power of the consciousness.
29. "Those who have intelligence may grasp my speech so they will be wise and knowing."

The False Teachings of Saulus (Saul)

30. When Jmmanuel had finished this speech, behold, a man named Saulus (Saul) approached him and said,
31. "You preach a new teaching, and it has been strange to me from the beginning; it seems silly to me, and your consciousness appears confused."
32. But Jmmanuel said, "How can you tell me that I am confused in consciousness when it is you who are confused in consciousness and do not understand?
33. "Truly, I say to you, though you are Saulus, and you persecute me and my disciples because of my teachings, you will change your mind.

34. Fortan sollst du dann heissen Paulus und in alle Winde zieh'n und büssen dafür, dass du meine Lehre hast genannt eine irrige Lehre, und mein Bewusstsein einen verwirrten.
35. Doch grosse Schuld wirst du dadurch auf dich laden, denn in deinem Unverstand wirst du meine Lehre falsch erfassen und so predigen also.
36. Deine Rede wird irre sein; und die Welt in allen Winden wird in Knechtschaft ihr verfallen und der irren Lehre frönen.
37. So du das Land der Hellenen wirst mit deiner irren Lehre in Knechtschaft eines bösen Kultes legen, so wirst du mich in ihrer Sprache den Gesalbten nennen.
38. Es wird sein die Schuld deines Unverstandes, dass man mich nennen wird den Jesus Christus, was da heisst der Gesalbte.
39. Und es wird sein die Schuld deines Unverstandes, dass fliessen wird durch diesen Namen Menschenblut, soviel, dass es nicht mehr gefasset wird in allen Behältern.
40. Noch verfolgest du mich und meine Jünger um meiner Lehre willen, doch bald aber wird sein die Zeit, da du andern Sinnes wirst.
41. Dies, wenn du mir ein andermal gegenübertrittst und wähnest einen «Geist» vor dir zu haben.
42. Wahrlich, ich sage dir: Wie viele andere wirst du grosse Schuld haben daran, dass meine Lehre verfälschet wird und die Menschengeschlechter irrige (religiöse) Kulte erbauen.
43. Du aber wirst der Grundstein sein für die Unvernunft, dass man mich wird nennen den Jesus Christus und den Erlöser für einen irrigen (religiösen) Kult.»
44. Und Jmmanuel war zornig und griff einen Stock und jagte Saulus von dannen.
45. Saulus aber tat sich zusammen mit dem Pharisäersohn Juda Iharioth und beriet, wie sie Jmmanuel fangen könnten, so sie ihn ausliefern könnten an die Schergen, denn in ihm war aller Sinn nach Rache.

Selbsttötung

46. Da aber Saulus von dannen gewichen war, rief Jmmanuel seine Jünger zusammen und redete zu ihnen und sprach: «Ihr wisset, dass nach zwei Tagen das Passahfest sein wird und ich überantwortet werden soll den Gerichten, so ich gekreuzigt werde, wie es bestimmet ist, so ich daraus lerne.
47. Mein Verräter aber wird sein Juda Iharioth, des Pharisäers Simeon Sohn; denn sein Sinn trachtet nur nach Gold und Silber und nach Hab und Gut also.
48. Er mich also verraten wird für deren dreissig Silberlinge; weil er irregeleitet ist durch die Habgier seines Vaters.
49. Nicht aber lange wird dauern seine Freude an den Silberlingen, denn sein Sinn ist wankend und unstet, so er bald Schuld auf sich fühlet.
50. So Juda Iharioth aber ohne Mut ist und kleinwissend also, wird er sich seinen Lendenstrick um den Hals legen und sich an einem Ast erhängen.
51. Wahrlich, wahrlich, ich sage euch: So Juda Iharioths Selbsttötung als Recht erscheint, so ist sie aber Unrecht.
52. Wohl besitzt der Mensch einen freien Willen zu rechten und zu walten über sich, jedoch besitzt er nicht das Recht zu richten über sein Leben oder seinen Tod.

Laws and Commandments 156-E

34. "Hereafter you shall be named Paulus (Paul). You shall travel in every direction and make amends for having called my teachings false and my consciousness confused.
35. "You will load great guilt upon yourself, for in your ignorance you will misunderstand my teachings and will therefore preach them incorrectly.
36. "Your speech will be confused, and people throughout the world will be enslaved by it and will worship the false teaching.
37. "Just as you will bind the land of the Hellenes (Greeks) to an evil religious cult because of your erroneous teachings, so you will call me "the Anointed" in their language.
38. "It will be your fault, due to your lack of understanding, that they will call me Jesus Christ, which means 'the Anointed.'
39. "And it will be your fault, due to your lack of understanding, that human blood will be shed in this name, so much that it cannot be held in all existing containers.
40. "You are still persecuting me and my disciples because of my teachings, but soon the time will come when you will change your mind,
41. "when once more you face me and assume I am a ghost.
42. "Truly, I say to you: Like so many others, you will be greatly at fault that my teachings will be adulterated and human species will establish erroneous (religious) cults.
43. "You, however, will be the cornerstone of the folly by which I will be called 'Jesus Christ' and the 'redeemer' for a deluded (religious) cult."
44. And Jmmanuel was furious, seized a stick and chased Saulus away.
45. Saulus, his thoughts full of revenge, joined forces with Juda Ihariot, son of the Pharisee, and they discussed how to seize Jmmanuel so he could be handed over to the henchmen.

Suicide

46. Once Saulus had departed, Jmmanuel called together his disciples and said to them, "You know that Passover comes after two days, when I shall be turned over to the courts to be crucified, as it is destined, so that I will continue to learn.
47. "My betrayer will be Juda Iharioth, the son of Simeon, the Pharisee, because he is interested only in gold and silver and in goods and chattels.
48. "He will betray me for thirty pieces of silver, because he has been misled by his father's greed.
49. "But his joy over the pieces of silver will not last long because his mind is fickle and unstable, and he will soon feel the guilt.
50. "Since Juda Iharioth is without courage and has little knowledge, he will put his waistband around his neck and hang himself from a branch.
51. "Truly, truly, I say to you, although Juda Iharioth's (Ihariot's) suicide appears just, it is nonetheless unjust.
52. "Although human beings have free will to exercise authority over themselves, they do not have the right to decide over life or death.

53. Die Bestimmung der Gesetze gehet dahin, dass der Mensch sein Leben bis zur Neige lebe, so er sein Bewusstsein auf diesem Wege vervollkommne.
54. Richtet er sich aber durch eine Selbsttötung, so weicht er vom Gesetze ab und verstosset gegen den Schöpfungsplan und die Schöpfungsgesetze also.
55. Erkennet daraus, dass der Mensch nicht das Recht hat, richtend zu bestimmen über das eigene Leben und den eigenen Tod.
56. Er besitzet nur das Recht über das Rechten und Walten und die Weise seines Lebens, nicht aber besitzet er das Recht zu richten über das Leben selbst und den Tod also.
57. Es besagen die Gesetze, dass es kein Vorkommnis und keine Lage gebe, daraus sich eine Selbsttötung rechtfertige, und so also nicht eine Selbsttötung, die ausgeführet wird durch dritte Hand, was da heisset, durch bestellte Mörder und Gnadenmörder.
58. Wieviel Schuld der Mensch auch auf sich lade, und wie gross die Last und Bürde auch immer sein möge, so hat er aber doch nicht das Recht, seinen Tod selbst zu bestimmen.
59. Wenn nun also Juda Iharioth auch grosse Schuld begeht, so darf er doch nie sich das Recht aneignen, über sein Leben und seinen Tod zu bestimmen.
60. Jede Schuld und jedes Fehl sind Wege zur Erkennung, woraus sich das Bewusstsein und der Geist vervollkommnen.
61. Wird einer Schuld oder einem Fehl aber entwichen dadurch, dass der Mensch sich selbst tötet, so entflieht er der Erkenntnis und Verantwortung und muss in einem andern Leben erkennen und sich verantworten.
62. Es verzögert sich dadurch aber der Werdegang der Vervollkommnung des Bewusstseins und des Geistes, wie dies nicht im Willen der Schöpfung liegt.
63. So oder so sei eine Selbsttötung als gemeine Feigheit angeführt und als ein Treten der Gesetze und Gebote der Schöpfung mit Füssen also.»

53. "The intent of the laws is for human beings to live their lives to their final decline, so that in this way they may perfect their consciousnesses.
54. "But those who judge themselves through suicide, deviate from the law and violate the plan and the laws of Creation.
55. "Realize from this that human beings do not possess the right to sit in judgment over their own lives and deaths.
56. "They possess the right only to exercise their authority over the conduct of their lives, not to decide over life itself and, therefore, over death.
57. "The laws say that no event or situation justifies suicide, and this includes suicide carried out by another person such as a hired murderer or mercy killer.
58. "Regardless of how much guilt a person may incur, or how heavy their load or burden is, they nonetheless have no right to determine their own death.
59. "Although Juda Ihariot incurs great guilt, he has no right to take justice into his own hands and decide over his life and his death.
60. "Every guilt and every mistake is a pathway to understanding by which the consciousness and the spirit are perfected.
61. But if a person escapes from guilt or a mistake by committing suicide, he flees from cognition and responsibility and must recognize and take the responsibility in another life.
62. "Thereby the process of perfection of the consciousness and of the spirit is delayed, which is not the will of Creation.
63. "Either way, suicide is to be considered an act of deplorable cowardice and callous irreverence toward the laws and commandments of Creation."

Das 27. Kapitel

Der Jünger Erregung

1. Da aber Jmmanuel diese Reden beendet hatte, erregten sich die Jünger und sprachen: «Warum fangen wir nicht Juda Iharioth und steinigen ihn, so er dich nicht verraten kann?»
2. Jmmanuel aber war zornig darob und sprach: «Wisset ihr nicht, dass das Gesetz sagt: ‹Du sollst nicht töten in Ausartung›, und wisset ihr nicht, was ich euch geweissagt habe, dass ich gekreuziget werde, so ich eine bestimmte Erkenntnis erlange?
3. Wie erdreistet ihr euch, die Bestimmung der Gesetze missachten zu wollen, so es doch so gegeben und so bestellet ist!
4. So ich meinen Weg gehe, wird jeder Mensch seinen Weg gehen müssen!
5. Wahrlich, ich sage euch: Würde ich nicht meiner Bestimmung folgen, wie wäre ich in der Lage, meine Mission zu erfüllen, die mich nach Indienland führen wird.
6. Ihr Kleinmütigen und Kleinwissenden; wie habe ich euch doch gelehret die Wahrheit, und doch erkennet ihr sie nicht!
7. Wie kann es da noch unverständig sein, dass ihr nach meinem Weggehen meine Lehre verfälschen werdet und sie als irre Lehren und als irre Kulte in alle Winde verbreitet?
8. So werdet ihr tun, dass die Welt in allen Winden in irren Führungen und irren Lehren erhallen wird.
9. Viele unter euch werden die Schuld tragen daran, dass der Mensch die Wahrheit nicht erkennet, obwohl ich sie euch aber doch gelehret habe.
10. Grosser Widerhall wird sich finden in der Welt ob euren irren Lehren, die ihr verbreiten werdet.
11. Nicht habt ihr nämlich verstanden die Worte des Wissens und also nicht die Wahrheit meiner Lehre.
12. Mit Blindheit seid ihr geschlagen wie das durch die Israeliten in Unwissen und in Unterdrückung gehaltene rechtmässige Volk dieses Landes, so wie die Propheten es weissagten für dieses Menschengeschlecht, weil es von der Lehre der Wahrheit ebenso abtrünnig ist, wie die Israeliten, die dieses Land raubten und seither die rechtmässigen Landbesitzer beherrschen und unterdrücken.
13. So ich aber meine Mission erfüllet habe bei diesem Geschlecht und durch israelitische Schuld und Irrlehren keine Einsicht beim Volke lehren konnte, weil es durch wirre und irre Lehren wider die Vernunft denket, so gehe ich also von dannen und zu den beiden andern Menschengeschlechtern im Norden und im Osten; denn auch ihnen soll die Lehre der Wahrheit gebracht werden.

Chapter 27

The Disciples' Agitation

1. After Jmmanuel had finished speaking, the disciples became agitated and said, "Why don't we capture Juda Iharioth and stone him, so he can't betray you?"
2. But Jmmanuel was angry and said, "Don't you know that the law says: 'You shall not kill out of degeneration', and don't you know what I prophesied to you, that I shall be crucified in order to gain a special cognition?
3. "How dare you disrespect the fulfilment of the law, for thus it is given and intended!
4. "Just as I walk on my path, so each person will have to walk on their path.
5. "Truly, I say to you, if I were not to follow my destiny, how could I be in position to fulfil my mission, which will lead me to India?
6. "O you who lack courage and knowledge, I have certainly instructed you in the truth, and yet you do not recognize it!
7. "How can it still be inconceivable to you that after my departure my teachings will be adulterated by you and disseminated in all directions as erroneous teachings and erroneous religious cults?
8. "Because of what you will do, the world will resound with misguidance and erroneous teachings.
9. "Many among you will bear the blame that humanity will not recognize the truth, although I certainly have taught it to you.
10. "There will be great reverberations in the world regarding your erroneous teachings, which you will spread.
11. "Clearly, you did not understand the words of knowledge, and hence the truth of my teachings.
12. "You are struck with blindness, like the legitimate people of this land who are held in blindness and oppression by the Israelites, just as the prophets predicted for this human species, because they have forsaken the tenets of truth, like the Israelites who plundered this land and since then dominated and oppressed its legitimate owners.
13. "I have fulfilled my mission among this race. But, due to the fault of the Israelites and their erroneous teachings, I was unable to teach any reason to this population, as their thinking is irrational because of confusing and erroneous teachings. I will leave, therefore, so that the teachings of truth can also be brought to two other human species in the North and East.

14. Wie auch dieses unter gewaltsamer israelitischer Herrschaft stehende Geschlecht der rechtmässigen Besitzer dieses Landes unter der Führung Gottes steht, so stehen auch die zwei andern unter ihm, so das Geschlecht im hohen Norden, wo auf den höchsten Bergen und am Ende der Welt Kälte und Eis regieren, und so das Geschlecht in Indienland, denn er, Gott, ist der Herr über diese drei Menschengeschlechter.
15. Als Prophet bin ich aus dem Reiche Arahat Athersata zurück in die Welt gekommen und auch nach Gottes Willen hergesandt, so ich die drei Menschengeschlechter in der neuerlich gebrachten Lehre der Wahrheit unterrichten soll.
16. Also muss ich meinen Weg gehen wie durch Arahat Athersata bestimmt und von Gott erbittet ist, so ich also auch Gottes Willen und seinen Gesetzen diene, wie Gott selbst dienlich ist den Gesetzen der Schöpfung.»

In Bethanien

17. Und Jmmanuel beendete seine Rede und machte sich auf nach Bethanien zum Hause Simons, des Aussätzigen.
18. Siehe, da trat zu ihm eine Frau, die hatte ein Glas mit köstlichem Wasser und goss es auf sein Haupt, als er zu Tische sass.
19. So das aber seine Jünger sahen, wurden sie zornig und unwillig und sprachen: «Wozu soll sie gut sein, diese Vergeudung?
20. Dieses Wasser hätte können teuer verkauft werden, so der Erlös den Armen diene.»
21. Da dies aber Jmmanuel hörte, fuhr er seine Jünger unwillig an und sprach: «Was bekümmert ihr die Frau?
22. An mir hat sie getan ein gutes Werk, denn sie vertraut meiner Lehre und zeuget so ihren Dank, so ihr nichts ist zu teuer.
23. Diese Frau ist weise geworden und lebet nach den Gesetzen der Schöpfung, daher danket sie es mir mit dem köstlichen Wasser.
24. Ihr Dank aber wird von Dauer sein, und ihre Tat soll fortan genennet sein in aller Welt.
25. Wahrlich, ich sage euch: Wo meine Lehre gepredigt wird in aller Welt, ob sie verfälschet sei oder wahr, da wird man auch sagen zu ihrem Gedächtnis, was sie getan hat.
26. So aber ihr Gedächtnis erhalten bleibet lange Zeit, wird erhalten bleiben eine irre Lehre also, die einer unter euch des Verrates schimpft an mir.
27. Allso wir hier zusammen sind, schmiedet der Pharisäersohn Juda Iharioth in Jerusalem böse Ränke wider mich, so er mich den Hohenpriestern verrate.
28. Zur selbigen Zeit wir hier versammelt sind, fragt er die Hohenpriester nach dem Blutgeld, das sie für mich bieten.
29. Und dreissig Silberlinge werden ihm geboten, so sie mich durch ihn fangen werden.
30. So sie gerade dieses Komplott schmieden, hegen sie auch Ränke wider einen unter euch, so sie einen Schuldigen vor dem Volke haben.
31. Allso der Pharisäersohn Juda Iharioth mich den Schergen ausliefern wird, soll mein Jünger Judas Ischarioth als Verräter gelten.

14. "Just as the legitimate owners of the land, who are governed by the violent rule of the Israelites, exist under the guidance of god, so also are the other two peoples under him. They are the people in the high northland where cold and ice reign on the highest mountains and at the end of the Earth, and also the people in the land of India, because he, god, is the master over these three human populations.
15. "As a prophet, I have come back into the world from the realm of Arahat Athersata. I was sent here upon god's will to instruct the three human species in the newly conveyed teachings of truth.
16. "Therefore, I must walk on my path as predestined by Arahat Athersata and requested by god, since I also serve god's will and his laws, as god himself serves the laws of Creation."

In Bethany

17. And Jmmanuel finished his talk and departed for Bethany and the house of Simon, the leper.
18. Behold, a woman came up to him with a glass of precious water, which she poured on his head as he sat at the table.
19. When his disciples saw that, they became angry and indignant and said, "What is the benefit of this waste?
20. "This water could have been sold at a high price and the proceeds used for the poor."
21. But when Jmmanuel heard this, he scolded his disciples and said, "Why are you upsetting the woman?
22. "She has done me a good deed because she trusts in my teachings. In this way she shows her gratitude, and nothing is too expensive for her.
23. "This woman has become wise and lives according to the laws of Creation. Therefore she thanks me with the precious water.
24. "Her gratitude will be lasting, and from now on her deed shall be known throughout the world.
25. "Truly, I say to you, wherever my teachings will be preached in all the world, whether falsified or true, the people will remember what she has done.
26. "Just as she will be remembered for a long time, so also an erroneous teaching will be remembered that insults one among you of betraying me.
27. "While we are here together, Juda Iharioth, the son of the Pharisee in Jerusalem, is hatching an evil plot against me so he can betray me to the chief priests.
28. "At this very moment as we are gathered here, he is asking the chief priests for the blood money they are offering for my capture.
29. "Thirty pieces of silver are being offered to him if they capture me through his help.
30. "While they are forging this plan, they are also designing a plot against one among you, since they want to present a culprit to the people.
31. "As Juda Iharioth, the son of the Pharisee, will turn me over to the henchmen, my disciple Judas Ischarioth will be considered the traitor,

32. Dies darum, so es vor dem Volke heissen soll: ‹Siehe, diese Irren sind uneins unter sich selbst, daher der eine den andern verrät; wie kann da die Lehre Jmmanuels eine Wahrheit sein?›
33. Da aber der Pharisäersohn Juda Ihariothh und mein Jünger Judas Ischarioth fast gleichen Namens sind, so gelingt die Lüge den Hohenpriestern von Anfang also.»

Das Letzte Mahl

34. Es geschah aber am ersten Tage der ungesäuerten Brote, dass Jmmanuel sprach zu seinen Jüngern: «Gehet hin in die Stadt zu einem mir guten Freund namens Aaron und sprecht zu ihm: ‹Jmmanuel lässt dir sagen: Ich will bei dir ein letztes Mahl halten mit meinen Jüngern, denn siehe, das Passahfest ist nahe.›»
35. Und die Jünger taten, wie ihnen Jmmanuel befohlen hatte; und sie bereiteten das Mahl, zusammen mit Aaron und dessen Weib in deren Haus.
36. Und da sie sassen und assen, sprach er: «Sehet, die Zeit ist nahe, da ich meine schwere Last auf mich nehmen muss.
37. Ich gehe zwar dahin, wie von mir geschrieben steht von den Propheten, doch aber werde ich nur im Halbtode sein und viel Schmerz ertragen, so ihr um mich nicht fürchten und nicht ängstigen sollt also.
38. Wahrlich, ich sage euch: Ich werde von nun an nicht mehr vom Gewächs des Weinstockes trinken und nicht vom Brotkorn essen bis an den Tag, da ich's nach meiner Prüfung neu trinken und essen werde mit euch.
39. So wird es sein, wenn ich aus dem Halbtode auferstanden bin, so ich dann drei Tage und drei Nächte im Grabe gelegen habe.»
40. Da sie aber assen, nahm Jmmanuel das Brot und brach's und gab's den Jüngern und sprach: «Nehmet und esset; der Leib bedarf der Nahrung in Not und Trauer also.»
41. Und er nahm den Kelch, gab ihnen den und sprach: «Trinket alle daraus; die Kehle dürstet auch dann, so ein Tag voller Regen ist und kalt.
42. Wahrlich, ich sage euch: Nicht hungert und dürstet ein Weiser wegen irgendwelcher Dinge, die geschehen müssen.
43. Ein Narr aber hungert und dürstet durch Unvernunft und Hader wider Dinge, die geschehen müssen.
44. Und wahrlich, ich sage euch: So ihr jetzt meine Worte nicht verstehet und deswegen an mir Ärgernis nehmt, so werdet ihr in dieser Nacht an mir Ärgernis nehmen, weil euch euer Verstand noch immer nicht in Erkenntnis erleuchtet ist.
45. Wenn ich aber aus dem Halbtode und also aus dem Grabe scheinbar auferstehe, will ich vor euch hingehen nach Galiläa, so ihr erkennen möget die Wahrheit meiner Worte.
46. Wissen habe ich euch gelehrt und die Wahrheit, doch aber seid ihr in Zweifel und vertraut mir nicht.
47. Ihr Kleinmütigen und ihr Kleinvertrauenden; wie werdet ihr erschrecken und verwirret sein, so ich euch nach dem Halbtode wieder begegne.»
48. Petrus aber antwortete und sprach zu ihm: «Wenn sie auch alle Ärgernis nähmen an dir, so würde ich dies doch nie tun.»
49. Jmmanuel aber sprach zu ihm: «Wahrlich, ich sage dir: Du bist der Schlimmsten einer, denn in dieser Nacht, ehe der Hahn kräht, wirst du mich dreimal verleugnen.»

32. "so that the message to the people will be, 'Behold, these fools are divided among themselves, so that one betrays the other. How, then, can the teachings of Jmmanuel contain any truth?'
33. "But since Juda Iharioth, the son of the Pharisee, and my disciple, Judas Ischarioth, have almost identical names, the lie of the chief priests will be accepted from the beginning."

The Last Supper

34. On the first day of the Unleavened Bread, Jmmanuel spoke to his disciples, "Go forth into the city to a good friend of mine named Aaron and tell him, 'Jmmanuel says to you: I want to have a last meal with my disciples at your house, for behold, the Feast of the Passover is near.'"
35. And the disciples did as Jmmanuel had ordered them; and they prepared the meal, together with Aaron and his wife, in their house.
36. When they sat down and were eating, he said, "Behold, the time is near when I must take my heavy burden upon myself.
37. "To be sure, I am going along my destined path as it is written by the prophets; however, I will only be in apparent death and bear much pain, so you must not fear and not worry about me.
38. "Truly, I say to you, from now on I will no longer drink of the fruit of the vineyard nor eat the grain of the bread until the day I drink and eat again with you after my ordeal.
39. "So shall it be when I have risen from apparent death and so have then lain in the tomb for three days and three nights."
40. As they were eating, Jmmanuel took the bread, broke it and gave it to the disciples, saying, "Take it and eat; the body requires nourishment even in times of distress and grief."
41. And he took the cup, gave it to them and said, "Drink from this cup, all of you; the throat becomes thirsty even on a rainy and cold day."
42. "Truly, I say to you, a wise person does not hunger and thirst because of things that must happen.
43. "But a fool hungers and thirsts on account of stupidity and dissent against things that must happen.
44. "And truly, I say to you, just as you do not understand my words now and are angry with me because of them, so will you be angry with me tonight, because your minds still have not been enlightened with cognition.
45. "But after I rise from apparent death and appear to have risen from the dead out of the tomb, I shall walk in front of you to Galilee, so you may recognize the truthfulness of my words.
46. "I have taught you knowledge and truth, but yet you doubt and distrust me.
47. "O you who are fainthearted and of little confidence, how startled and confused you will be when I meet you again after my apparent death."
48. But Petrus answered him, saying, "Even if they all were angry with you, I would never be angry."
49. Jmmanuel however replied, "Truly, I say to you, you are one of the worst, because tonight before the rooster crows you will deny me three times."

50. Und Petrus widersprach: «Nie wird es so sein; und wenn ich mit dir sterben müsste, so will ich dich nie verleugnen.»
51. Und so sprachen sie alle seine Jünger, und also vertrauten sie nicht Jmmanuels Worten.

50. But Petrus contradicted him, saying, "This will never come to pass, and even if I were forced to die with you, I would never deny you."
51. And thus spoke all of his disciples, and so they failed to trust Jmmanuel's words.

Das 28. Kapitel

Im Gethsemane

1. So sie dann verliessen das Haus Aarons und dessen Weib in Jerusalem, ging Jmmanuel mit seinen Jüngern zum Hofe Gethsemane; der gehörte einem Manne namens Joshua, der Jmmanuel wohl gesinnet war.
2. Im weiten Garten des Hofes sprach er zu seinen Jüngern: «Setzet euch hierhin, bis dass ich dorthin gehe und mich meinen Gedanken hingebe.»
3. Und er nahm zu sich Petrus und die zwei Söhne des Zebedäus und fing an zu sinnen und zu zagen, denn er fürchtete und ängstigte sich ob dessen, was ihm dräute.
4. Und er sprach zu ihnen: «Sehet, wohl bin ich weise und besitze grosses Wissen, doch aber ängstige ich mich vor dem mir bekannten und doch unbekannten Kommenden, denn so ist es dem Menschen eigen, auch wenn er wissend und weise ist.
5. Mein Sinn ist betrübt bis an den Tod; daher bleibet bei mir und wachet mit mir, dass ich mich nicht so allein fühle.
6. Leichter ist ein Übel in der Zweisamkeit oder in der Dreisamkeit zu tragen, als in der Einsamkeit.
7. So die Bestimmung es wollte, würde dieser Kelch an mir vorübergehen; doch nicht wie ich will, sondern mein Wille geschehe nach der Bestimmung, denn so ist es für mich bestimmt.»
8. Da er aber so sprach, gesellte sich zu ihnen Judas Ischarioth und sprach: «Höret, was ich zu sagen habe: Drüben an der Stadtmauer tun sich Dinge im Schatten der Mauer, wo ich eben verdeckte Lichter gesehen habe.»
9. Jmmanuel aber sprach: «Wohl sind es die Schergen, die Juda Iharioth führt, denn heimlich war er uns hierher gefolgt, so er mich verrate.»
10. Und er ging hin ein wenig, fiel nieder auf sein Angesicht und sann und sprach: «Ist's möglich, so gehe dieser Kelch an mir vorüber; doch nicht wie ich will, sondern das Gesetz der Bestimmung geschehe, so ich erleuchtet werde in diesem Geheimnis, das ich ergründen muss.»
11. Und er kam zurück zu seinen Jüngern und fand sie schlafend, und also sprach er zu Petrus: «Könnet ihr denn nicht eine Stunde mit mir wachen, so ich in meiner schweren Stunde nicht alleine sei?
12. Wachet und seid gross im Geiste und im Bewusstsein, dass ihr nicht in Anfechtung fallet: Das Bewusstsein ist wohl willig, aber das Fleisch ist schwach!»
13. Zum andern Mal ging er wieder hin, fiel auf sein Angesicht und sprach: «Ist's nicht möglich, dass dieser Kelch an mir vorübergehe, so trinke ich ihn denn, so ich erleuchtet werde in diesem Geheimnis und meine Mission in fernem Lande und in alle Zukunft erfülle.»

Chapter 28

In Gethsemane

1. Upon leaving the house of Aaron and his wife in Jerusalem, Jmmanuel went with his disciples to a country estate called Gethsemane, which belonged to a man named Joshua, who thought well of Jmmanuel.
2. In the large garden of the estate he spoke to his disciples, "Sit down here while I go over there and ponder my thoughts."
3. He took with him Petrus and the two sons of Zebedäus and began to brood and be apprehensive, because he was frightened and alarmed about what would happen to him.
4. And he spoke to them, "Behold, it is true that I am wise and have great knowledge, but I am afraid of events before me, both the known and the unknown. However, this is the nature of human beings, even when they are knowing and wise.
5. "My mind is deathly grieved; remain here therefore and watch with me, so I will not feel so alone.
6. "It is easier to bear an adversity with one or two others at one's side than by oneself.
7. "If destiny wanted it, this cup would pass me by; yet not my wish but my will be done according to destiny, because this is what has been destined for me."
8. When he spoke thus, Judas Ischarioth joined them and said, "Listen to what I have to say. Over there things are taking place in the shadow of the city walls, where I have just noticed veiled lights."
9. But Jmmanuel said, "They may be the henchmen Juda Iharioth is bringing, because he has secretly followed us here in order to betray me."
10. And he went away a short distance, prostrated himself and reflected, saying, "If it is possible, may this cup pass me by; yet, not my wish be fulfilled, but rather the law of destiny be fulfilled, so that I shall be enlightened in this secret I must fathom."
11. Returning to his disciples he found them sleeping and so he said to Petrus, "Can you not watch with me for one hour, so I'm not left alone in my difficult hour?
12. "Be awake and great in spirit and in consciousness so you will not fall prey to temptation: The consciousness is willing but the flesh is weak!"
13. A second time he went away, prostrated himself and said, "If it is not possible for the cup to pass me by, then I shall drink it, so that I may be enlightened in this secret and capable of fulfilling my mission in faraway lands and throughout all future times."

14. Und er kam und fand die Jünger abermals schlafend, und nur Judas Ischarioth wachte mit ihm.
15. Und so liess er sie und ging abermals hin, und fiel auf sein Angesicht zum dritten Mal und sann in Bitternis und sprach: «Wie ängstigt und fürchtet mich doch, obwohl ich weiss, dass ich meinen Weg gehen muss, der mir bestimmet ist.
16. Wie willig ist doch das Bewusstsein, und wie schwach ist das Fleisch, so es sich vor dem Schmerz fürchtet.»
17. Und er zitterte am ganzen Leibe, und feines Schweissblut ergoss sich über ihn, da er so sehr fürchtete und ängstigte.
18. Rot im Angesicht kam er zurück zu seinen Jüngern und sprach zu ihnen: «Wollt ihr nun schlafen und ruhen, oder wollt ihr mit mir wachen, denn sehet, die Stunde ist da, dass ich in die Hände der Schergen überantwortet werde.
19. Steht auf also und lasset uns gehen, denn sehet, die Schergen kommen.»

Gefangennahme

20. Und als er noch redete, siehe, da kam Juda Iharioth, des Pharisäers Sohn, und mit ihm eine grosse Schar von Hohenpriestern und den Ältesten des Volkes, bewaffnet mit Schwertern und mit Stangen.
21. Und Juda Iharioth hatte ihnen ein Zeichen gegeben und gesagt: «Sehet, ich schmeichle ihm und führe ihn irre, als ob mich mein Leben gereuen würde.
22. Als Zeichen des falschen Schmeichelns gelte ein Kuss; und sehet, welchen ich küssen werde, der ist's; den greifet.»
23. Und alsbald trat er zu Jmmanuel und sprach: «Gegrüsset seist du, Meister, der du mich das alte Leben reuig sein lässt, so ich nunmehr deine Lehre befolgen will.»
24. Und alsdann berührte er Jmmanuel und tat den Verräterkuss.
25. Jmmanuel aber sprach zu ihm: «Mein Freund, warum bist du gekommen mir in Lüge zu reden, denn in deinem Sinne und in deinem Tun brennet der Verrat.»
26. Da traten sie hinzu, die Schergen, und legten die Hände an Jmmanuel und griffen ihn.
27. Und siehe, einer aus der Schar der Schergen besann sich, war schnell andern Sinnes und war mit Jmmanuel, so ihn gereute.
28. Seine Hand reckte er aus, zog sein Schwert und schlug nach eines Hohenpriesters Knecht und hieb ihm ein Ohr ab.
29. Da sprach Jmmanuel zu ihm: «Stecke dein Schwert an seinen Ort, denn wer das Schwert nimmt und ist nicht in Not, der soll durch das Schwert umkommen.
30. Oder meinst du, dass ich nicht hätte können fliehen, ehe eure Schar gekommen ist?
31. Wie könnte ich aber meinen Weg gehen, wenn ich dem so getan hätte?»
32. Und der eine wandte sich weg und weinte und floh von dannen und ward niemehr gesehen.
33. Dann aber sprach Jmmanuel zu den Schergen: «Ihr seid ausgegangen wie zu einem Mörder, mit Schwertern und mit Stangen, mich zu fangen.

14. Upon returning, he found the disciples sleeping again, and only Judas Ischarioth remained awake with him.
15. And so leaving them once again, he went away and prostrated himself a third time, brooded in bitterness and said, "I am worried and afraid even though I know that I have to follow my path, which is destined for me.
16. "How willing is the consciousness and how weak is the flesh when it is so fearful of pain!"
17. And his entire body trembled, and fine droplets of blood-like sweat flowed all over him because he was so very fearful and terrified.
18. With his face flushed, he returned to his disciples and said to them, "Do you want to sleep and rest now, or do you want to watch with me? Behold, the hour has come when I will be turned over to the hands of the henchmen.
19. "So arise and let us go, for behold, the henchmen are coming."

The Capture

20. While he was still speaking, behold, there came Juda Iharioth, the son of the Pharisee, and with him a large group of chief priests and elders of the people, armed with swords and poles.
21. Juda Iharioth had given them a sign, saying, "Behold, I will flatter him and mislead him into thinking I repent the sins of my life.
22. "As a sign of the false flattery there shall be a kiss. And behold, whomever I kiss, he is the one; seize him."
23. He then stepped up to Jmmanuel and said, "I greet you, Master. I will follow your teachings now, for you are allowing me to repent for what I did during my old life."
24. Then he touched Jmmanuel and gave him the kiss of betrayal.
25. But Jmmanuel said to him, "My friend, why have you come to lie to me when betrayal burns in your mind and in your actions?"
26. The henchmen then came up to Jmmanuel, put their hands on him and seized him.
27. And behold, one of the henchmen from the group thought better, had a quick change of mind, and feeling remorseful, sided with Jmmanuel.
28. He stretched out his hand, drew his sword, and struck a chief priest's servant, cutting off his ear.
29. Then Jmmanuel said to the man, "Put back your sword into its sheath, because anyone taking a sword without being in danger will perish by the sword.
30. "Or do you think that I could not have fled before your group arrived?
31. "But how could I fulfil my destiny had I done so?"
32. And the man turned away and wept, then fled and was never seen again.
33. Thereupon Jmmanuel said to the henchmen, "You came here with swords and poles to capture me as though I were a murderer.

34. Ein leichtes wäre es euch doch gewesen mich in der Stadt zu fangen; habe ich doch täglich im Tempel gesessen und habe gelehret, und ihr habt mich nicht gegriffen.
35. Ihr Heuchler, wohl habt ihr euch gefürchtet vor dem Volke, daher ihr wie Diebe nun zu mir kommt, so ihr mich in der Dunkelheit und hinter den Augen des Volkes in den Kerker werfen wollt.
36. Wahrlich, ich sage euch: Die Dunkelheit wird Licht sein, und in aller Munde wird die Rede über euer Tun sein, so ihr angeprangert werdet über alle Zeit.»
37. Da aber erhob das Wort Simeon, der Pharisäer, und sprach: «Wie dumm ist doch deine Rede und voller Lüge, denn wie sollten wir uns fürchten vor dem Volke?
38. Irre hast du das Volk gelehret und unsere Gesetze missachtet und sie Lüge genannt, so du dafür nun büssen musst.
39. Wohl dachtest du, dass man dich nicht fange und nicht vor die Gerichte bringe, doch aber hast du dich geirret darin.
40. Einer unter denen nämlich, die mit dir waren, war nicht deines Sinnes und hat dich verraten für dreissig Silberlinge; so nämlich der Judas Ischarioth.»
41. Jmmanuel aber antwortete und sprach: «Wahrlich, ich sage dir: Wohl mag es dir gelingen, Judas Ischarioth vor dem Volke für lange Zeit des Verrates zu beschuldigen an mir, doch aber wird die Wahrheit kommen und in aller Welt in aller Leute Munde sein.
42. Nämlich, dass Judas Ischarioth nicht ist der Verräter an mir, sondern dass es ist dein Sohn, der Juda Iharioth, der seines Pharisäervaters Namen trägt.»
43. Da war Simeon Iharioth der Pharisäer zornig, trat zu Jmmanuel und schlug die Faust ihm ins Gesicht, weil er seine wahrheitlichen Worte fürchtete.
44. Da dies also geschah, wichen die Jünger furchtvoll und entmutigt von Jmmanuel und flüchteten.
45. Die aber Jmmanuel gegriffen hatten, führten ihn zu dem Hohenpriester Kaiphas, wo die Schriftgelehrten und Pharisäer und die Ältesten des Volkes sich versammelt hatten, so sie über ihn richten wollten.

Jmmanuel vor dem Hohen Rat

46. Die Hohenpriester aber und die Hohen Räte suchten falsches Zeugnis wider Jmmanuel, auf dass sie ihn töteten.
47. Und wiewohl viele falsche und gekaufte Zeugen hinzutraten, fanden sie doch keins.
48. Zuletzt traten zwei herzu und sprachen: «Er hat gesagt, dass Gott nicht die Schöpfung sei, sondern ein Mensch wie du und ich.
49. Er sagte auch, dass er gezeuget sei von einem Wächterengel Gottes; von einem mit dem Namen Gabriel.»
50. Und der Hohepriester Kaiphas stand auf und sprach zu Jmmanuel: «Antwortest du nicht zu dem, was diese beiden wider dich zeugen?»
51. Aber Jmmanuel schwieg stille und lächelte sanft, und so also der Hohepriester sprach zu ihm: «Ich beschwöre dich bei dem lebendigen Gott, dass du uns sagest, ob du seiest gezeuget vom Engel Gabriel, der ist ein Engel Gottes, wie die Schriften überliefern!»

34. "How easy it would have been for you to capture me in the city as I sat there in the temple, teaching daily, yet you did not seize me.
35. "You hypocrites, you were no doubt afraid of the people; therefore you now come to me like thieves so you can throw me into prison in darkness, out of the sight of the people.
36. "Truly, I say to you, darkness will become light, and everyone will speak of your deed for which you will be denounced for all time to come."
37. But then Simeon, the Pharisee, raised his voice and said, "How foolish your talk is and so full of lies. Why should we fear the people?
38. "You have taught the people falsely, despised our laws and called them lies; so for this you must now suffer.
39. "You thought we would not capture you and bring you to trial, but you were mistaken.
40. "One of those who was with you was not of your mind and has betrayed you for thirty pieces of silver—namely, Judas Ischarioth."
41. Jmmanuel answered, saying, "Truly, I say to you, for a long time you may succeed in accusing Judas Ischarioth as my betrayer before the people, but the truth will come out and be known by all people throughout the entire world;
42. "namely, that my betrayer is not Judas Ischarioth but is your son, Juda Ihariot, who bears the name of his father, the Pharisee."
43. Simeon Iharioth, the Pharisee, was furious, stepped up and struck Jmmanuel in the face with his fist because he was afraid of his true words.
44. After this happened, the disciples, fearful and discouraged, turned away from Jmmanuel and fled.
45. Those who had seized Jmmanuel led him to Caiaphas, the high priest, where the scribes, Pharisees, and elders of the people had gathered to pass judgment on him.

Jmmanuel Before the High Council

46. The chief priests, however, and the high councillors sought false testimony against Jmmanuel so they might put him to death.
47. And even though many false and bribed witnesses appeared, they were unable to find any false testimony.
48. Finally, two stepped forward and said, "He has said that God is not Creation, but simply a man like you and me.
49. "He also said that he was begotten by a guardian angel of God, by the name of Gabriel."
50. Caiaphas, the high priest, arose and said to Jmmanuel, "Will you not reply to what these two bear witness against you?"
51. But Jmmanuel remained silent and smiled benignly; therefore the high priest spoke to him, "I adjure you by the living God to tell us if you were begotten by the angel Gabriel, who is an angel of God, as the scriptures attest!"

52. Jmmanuel sprach zu ihm: «Du sagst es, aber ich sage dir auch, dass nicht Gott die Schöpfung ist, sondern er ist der Herr über die drei Menschengeschlechter, die durch seinen Willen gezeuget wurden auf Erden.
53. Gott ist gekommen aus den Weiten des Universums und hat die Welt unter seinen Willen gebracht, so er ist der oberste Kaiser dieser drei Menschengeschlechter.
54. Diese sind da hier in diesem Land das eine, das ihr entrechtet habt und unterjocht, das andere im Osten bis Indienland, und wieder das andere im Norden, vom Land des gehörnten Königs bis zum Meer, wo eisige Berge im Wasser treiben.
55. Sieben Menschengeschlechter sind es aber, die in allen Winden wohnen, von einem Ende der Erde zum anderen Ende.
56. Und Gott ist auch Herr über sie, wiewohl sie anderen Göttern dienen, die auch nicht von dieser Erde sind.
57. So ihr aber Gott als die Schöpfung erachtet, so irret ihr und frevelt an der Wahrheit.
58. So ihr Mensch seid wie ich, so ist Gott Mensch also, geistig und im Bewusstsein nur sehr viel höher stehend als die von ihm gezeugten Menschengeschlechter.
59. Gott und seine Himmelssöhne sind andere Menschengeschlechter, die gekommen sind in ihren metallenen Maschinen von den Sternen aus den Weiten des Weltenraumes.
60. Über Gott und seinen Himmelssöhnen, die da sind die Wächterengel, stehet die Schöpfung unmessbar viel höher als sie.
61. Allein die Schöpfung ist das unmessbare Geheimnis, die das Leben zeuget, und sie stehet unmessbar weit über Gott und allem Leben also.
62. Erkennet die Wahrheit dieser Lehre, so ihr Wissen erlanget und Weisheit in Wahrheit.»
63. Da zerriss der Hohepriester Kaiphas seine Kleider und sprach im Zorn: «Er hat Gott gelästert, den Schöpfer; was bedürfen wir weiter Zeugnis wider ihn? denn sehet, jetzt habt ihr eigens gehört seine Gotteslästerung.
64. Was dünket euch, wessen er schuldig ist?»
65. Sie antworteten und sprachen: «Des Todes ist er schuldig.»
66. Da schlugen sie ihn mit Fäusten und spien ihn an in sein Angesicht.
67. Und etliche schlugen ihn von hinten und sprachen: «Weissage uns, du grosser Weisheitskönig und du Sohn eines Himmelssohnes, wer ist's, der dich schlägt?»
68. Petrus aber war Jmmanuel und der Schar nachgefolgt und versteckte sich unter den Leuten, die da durch die Tore und Fenster sahen, so er also sah, was Jmmanuel widerfuhr.
69. Da aber trat eine Magd zu ihm und sprach: «Bist du nicht einer unter ihnen, die da sind die Jünger dieses Jmmanuel aus Galiläa?»

Verleugnung durch Petrus

70. Da Petrus gefraget war von der Magd, leugnete er aber und sprach: «Wessen Unvernunft beschuldigst du mich, denn ich weiss nicht, was du sagst!»
71. So er aber durch die Frage der Magd geängstigt war, wollte er der Stätte entfliehen, denn er fürchtete für sein Leben.

52. And Jmmanuel replied, "As you say, but I also say to you that god is not Creation; instead he is lord over the three human species that were begotten on Earth through his will;
53. "god has come from the vastness of the universe and has brought the world under his will; therefore he is the supreme emperor of these three human species.
54. "One of them is here in this country, which you have deprived of its rights and subjugated; another is in the east as far as the land of India, and the third is in the north from the land of the king with horns to the sea where icy mountains drift in the water.
55. "There are seven human species living in all the directions of the wind, from one end of the Earth to the other;
56. "god is lord over them also, although they serve other gods who also are not of this Earth.
57. "If you consider god to be Creation, you are mistaken and commit a sacrilege against the truth.
58. "Just as you are human like I am, so god is human, except that in spirit and consciousness he is very much more advanced than the human species procreated by him;
59. "god and his celestial sons are other human species who have come from the stars out of the depths of space in their machines of metal.
60. "Creation stands immeasurably higher than god and his celestial sons, who are the guardian angels.
61. "Creation alone is the incalculable mystery that begets life and, thus, stands immeasurably far above god and indeed all life.
62. "Recognize the truth of this teaching, so that you may attain knowledge and wisdom in truth."
63. Thereupon Caiaphas, the high priest, rent his clothes and spoke with rage, "He has blasphemed God, the Creator. Why should we need further testimony against him? Behold, now you have heard his blasphemy for yourselves.
64. "What punishment do you think he deserves?"
65. They answered, saying, "He deserves death."
66. Then they beat him with their fists and spat in his face.
67. And some of them struck him from behind and said, "Prophesy, you great king of wisdom and son of a celestial son, who is it that's beating you?"
68. Petrus had followed Jmmanuel and the group, and hid among the people looking through the doors and windows. Thus, he saw what was being done to Jmmanuel.
69. Then a maid approached him and said, "Aren't you one of the disciples of this Jmmanuel from Galilee?"

The Denial by Petrus

70. When Petrus was asked by the maid, he denied it and said, "What kind of nonsense do you accuse me of? I don't know what you're talking about!"
71. But because of the maid's question, he was afraid and wanted to escape from the place, for he feared for his life.

72. Als er aber zur Tür hinausging, siehe, da sah ihn eine andere und sprach zum Volke: «Dieser war auch zusammen mit dem Gotteslästerer aus Nazareth!»
73. Petrus aber leugnete ein andermal und hob die Hand zum Schwur: «Wahrlich, ich kenne diesen irren Menschen nicht!»
74. Da Petrus aber das Haus verliess, traten weitere hinzu, die da standen, und sprachen zu ihm: «Bist du nicht auch einer von denen, die da diesem Jmmanuel dienen?, denn du verrätst dich, deine Sprache sagt es.»
75. Da hob er an und lästerte wider Jmmanuel und verfluchte sich und schwor: «Ich kenne diesen irren Menschen nicht, und so auch nicht seine Lehre der Gotteslästerung!»
76. Alsbald aber krähte dreimal der Hahn, und da gedachte er der Worte Jmmanuels; und eilig lief er von dannen und weinte bitterlich.

72. As he walked out the door, behold, another woman saw him and told the people, "This man was together with the blasphemer from Nazareth!"
73. But Petrus lied a second time, and, raising his hand as in an oath, said, "Truly, I don't know that confused person!"
74. And when Petrus left the house, those who had been standing there came up to him, saying, "Aren't you one of those who serve this Jmmanuel? You're giving yourself away through your manner of speech."
75. Petrus began to revile Jmmanuel, cursed himself and swore, "I don't know this confused person or his blasphemous teachings of God!"
76. But soon thereafter a rooster crowed three times, and Petrus thought of Jmmanuel's words; and he hurriedly ran away from there and wept bitterly.

Das 29. Kapitel

Selbsttötung des Juda Iharioth

1. Juda Iharioth, der Verräter an Jmmanuel, war unter dem Rat, der Jmmanuel töten wollte.
2. So er nun aber sah, wie Jmmanuel böses Unrecht und Folter widerfuhr und dessen Angesicht blutend war, gereute es ihn und in ihm war jäh grosse Not und Elend.
3. Uneins mit sich, griff er seinen Beutel und warf ihn vor die Hohenpriester und die Ältesten des Rates und sprach:
4. «Ich habe Übel getan an diesem Menschen, weil mein Sinn nur nach Gold und Silber und nach Gütern und Reichtum war.
5. Ich gereue, dass ich unschuldig Blut verraten habe, denn seine Lehre scheinet mir nicht übel.»
6. Die Hohenpriester und Ältesten aber sprachen: «Was gehet uns das an?
7. Siehe, es ist dein Tun, was du unternehmen mögest, so du mit dir zurecht kommest.»
8. Juda Iharioth aber weinte und floh von dannen, und alsbald erhängte er sich an einem Ast eines Baumes hinter der Stadtmauer im Töpfersacker.
9. Die Hohenpriester aber nahmen die Silberlinge und sprachen: «Es tauget nicht, dass wir sie in den Gotteskasten legen, denn es ist Blutgeld; was sollen wir damit tun?»
10. Da kam aber der Ältesten Söhne einer und sprach: «Ich bin gefolgt Juda Iharioth, und er hat sich erhänget am Ast des Baumes im Töpfersacker.»
11. Da sprach Kaiphas, der Hohepriester: «Wohl denn, so soll das Blutgeld dem Töpfer gegeben werden, so er uns verkaufe den Töpfersacker dafür zum Begräbnis für die Fremden.»
12. Und als kam der neue Tag, war das Geschäft getan, und als erster war begraben in dem Acker Juda Iharioth, der Verräter an Jmmanuel.
13. Die Hohenpriester aber und die Ältesten im Rat verbreiteten im Volke die Kunde, Judas Ischarioth, des Jmmanuels Jünger, habe sich als Verräter Jmmanuels erhänget und sei im Töpfersacker zum Begräbnis verscharret.
14. So das Volk dem Gerede glaubte, sprach es: «Verraten hat er seinen Freund um der Silberlinge willen und recht ist ihm geschehen also, so er sich erhänget hat.
15. Eine Blutschuld hat er auf sich genommen, und so soll fortan sein genennet der Töpfersacker als Blutacker also.»

Vor Pilatus

16. Jmmanuel aber war gebracht vor den Landpfleger Pilatus, und der fragte ihn und sprach: «Bist du Jmmanuel, den man nennt den Weisheitskönig?»
17. Er sprach: «Du sagst es, so bin ich genannt im Munde des Volkes.»
18. Und Pilatus fragte und sprach: «Es ist auch gesagt, dass du gezeuget wärest vom Engel Gabriel, der da sei ein Gottesengel?»

Chapter 29

The Suicide of Juda Iharioth (Ihariot)

1. Juda Iharioth, the betrayer of Jmmanuel, was among the councillors who wanted to kill Jmmanuel.
2. But when he saw what appalling injustice and torture Jmmanuel was undergoing, and that his face was bloody, he felt repentant. Suddenly great distress and misery was within him.
3. At odds with himself, he took his moneybag, tossed it before the chief priests and council elders and said,
4. "I have done evil to this person because I was thinking only of gold and silver and goods and wealth.
5. "I repent that I have betrayed innocent blood because his teachings do not seem evil to me."
6. But the chief priests and elders replied, "Of what concern is that to us?
7. "Behold, it is up to you what you want to do to live in peace with yourself."
8. And Juda Iharioth wept and fled from there, and soon he hanged himself from a tree branch in the field of the potter beyond the walls of the city.
9. The chief priests, however, took the pieces of silver and said, "It is useless to put them into the collection box, because this is blood money. What shall we do with it?"
10. Then one of the sons of the elders came forth and said, "I followed Juda Iharioth and he has hanged himself from a tree branch in the field of the potter."
11. Thereupon Caiaphas, the high priest, said, "Well then, give this blood money to the potter and buy his field with it for the burial of strangers."
12. At dawn the following day the business matter was settled, and Juda Iharioth, the betrayer of Jmmanuel, was the first to be buried in the field.
13. But the chief priests and elders of the council spread the news among the people that Judas Ischarioth, the disciple of Jmmanuel, had hanged himself as Jmmanuel's betrayer and was hurriedly buried in the field of the potter.
14. The people believed this talk, and they said, "He betrayed his friend for pieces of silver, and it serves him right that he hanged himself.
15. "He has taken a blood-guilt upon himself and so from now on the field of the potter shall be known as the Field of Blood."

Before Pilatus (Pilate)

16. Jmmanuel, however, was brought before Pilatus, the governor, who asked him, "Are you Jmmanuel, whom they call the King of Wisdom?"
17. He said, "As you say. This is what the people call me."
18. And Pilatus asked and spoke, "Is it also said that you were begotten by the angel Gabriel, who is an angel of God?"

19. Er aber sprach: «Du sagst es.»
20. Und Pilatus fragte abermals und sprach: «Lasse hören deine Weisheit, denn sie ist mir neu, deine Lehre.»
21. Und Jmmanuel sprach: «Siehe, vor Urzeiten bin ich zurückgekehrt aus dem Reiche einer höheren Welt, um eine schwere Aufgabe zu erfüllen; und jetzt ich bin gezeuget für dieses Leben zum Propheten von einem Himmelssohne, so geschehen durch eine Bestimmung und nach dem Begehr Gottes, des Herrschers über die drei von ihm gezeugten Menschengeschlechter der Erde.
22. Durch seine Güte habe ich nebst meinem Wissen in diesem Wiederleben gelernet grosse Erkenntnis und ein rechtes Wissen, das mir beigebracht war in vierzig Tagen und vierzig Nächten durch seine Lehrer.
23. Weiter aber bin ich viel gereiset in ferne Lande, und lange Jahre lebte ich in Indienland; dort ich mich belehren liess in viel Wissen und Geheimnissen, durch die grossen Weisen und Wissenden, die da sind genannt als Meister.
24. Und wieder werde ich gehen dorthin, so ich hier habe erfüllet meine Mission, in Begleitung meines Bruders Thomas, der mir ist ein treuer Jünger.»
25. Und als sie hörten die Rede Jmmanuels, die Ältesten und Hohenpriester, erregten sie sich sehr und schrien vor Pilatus: «Hörest du seine Gotteslästerung?»
26. Da sprach Pilatus zu ihm: «Hörest du nicht, wie hart sie dich verklagen, willst du dazu nicht rechtfertigen dich?»
27. Jmmanuel aber antwortete und sprach zu ihm: «Siehe, so mir bestimmt ist, werde ich meine Last tragen.
28. Also ist es aber auch so, dass viele gegen mich stehen und falsch wider mich zeugen, woraus ich keine Gerechtigkeit finden werde.
29. Wahrlich, ich sage dir: Viele Hunde sind des Hasen Tod, so er auch viele Haken schlagen mag.
30. Es ist aber auch üblich unter den Menschen, dass der Gerechteste nicht sein Recht findet, so viele wider ihn zeugen oder auch wenige wider ihn zeugen, wenn sie nur von hohem Ansehen sind.
31. Gerechtigkeit herrschet nur in den Gesetzen der Natur, weil sie die Gesetze der Schöpfung sind.
32. Unter den Menschen aber mangelt die Gerechtigkeit, und sie wird von ihnen festgelegt je nach dem Stand ihres Ansehens und nach den Werten, die sie besitzen.
33. So frage ich dich: Wie könnte ich so erwarten nach diesem Stand Gerechtigkeit?»
34. Pilatus aber sprach: «So du sprichst, bist du sehr weise und ich seh darin kein Fehl an dir.
35. Fraglich scheint mir zu sein die Lehre, die du eben vorgebracht, doch mag ich auch darin keine Schuld erkennen, denn selig werde jeder mit seinem Glauben.
36. So du aber keine Worte zu deiner Unschuld hast, die dich der Verklagung der Hohenpriester und der Ältesten entheben würden, sehe ich wohl nicht gut für dich, denn ihr Wille ist Befehl, dem ich beugsam sein muss.»
37. Aber Jmmanuel antwortete ihm nicht auf sein Wort, so dass sich der Landpfleger sehr verwunderte.

19. But he said, "As you say."
20. Pilatus inquired once again, saying, "Let us hear your wisdom, for your teachings are new to me."
21. Jmmanuel spoke, "Behold, aeons ago, I returned from the realm of a higher world in order to fulfil a difficult task; and now I was begotten by a celestial son to be a prophet in this life. This came to pass according to destiny and the desire of god, the ruler of the three terrestrial human species procreated by him.
22. "Through his kindness, I have added to my knowledge in this incarnation by gaining great cognition and learning true wisdom, which was imparted to me by his teachers over a period of forty days and forty nights.
23. "Furthermore, I have travelled extensively to faraway places and lived for many years in the land of India. There I was taught much knowledge and many secrets by the great wise and knowledgeable men who are known as masters.
24. "When I have fulfilled my mission here, I will return there with Thomas, my brother, who is a faithful disciple of mine."
25. When they heard Jmmanuel's speech, the elders and chief priests became very agitated and shouted in front of Pilatus, "Do you hear his blasphemy?"
26. Thereupon Pilatus asked him, "Don't you hear how harshly they accuse you? Don't you wish to justify yourself?"
27. Jmmanuel answered him, saying, "Behold, I will carry my burden as it is destined.
28. "But it is also true that many do oppose me and will testify falsely against me, whence I will not find justice.
29. "Truly, I say to you, many dogs will kill a hare, regardless of how many turns it makes.
30. "It is also customary among human beings that the most righteous person does not find justice, because it doesn't matter whether many or few testify against him, as long as they are highly regarded.
31. "Justice rules only in the laws of nature, because they are the laws of Creation.
32. "But among human beings there is little justice, and it is decided according to their social status and their wealth.
33. "Therefore I ask you, how could I expect justice by this standard?"
34. Pilatus said, "Judging from the way you speak, you are very wise and I see no fault in you.
35. "I question the teaching you just uttered, but in this, too, I see no guilt, for everyone should find salvation according to their faith.
36. "But since you have nothing to say regarding your innocence that would counter the accusation against the chief priests and the elders, I see no hope for you, because their will is my command, to which I must be pliant."
37. But Jmmanuel did not answer him, which surprised the governor very much.

Verurteilung Jmmanuels

38. Auf das Passahfest aber hatte der Landpfleger Pilatus die Gewohnheit, dem Volke einen und stets jenen Gefangenen freizugeben, welchen sie wollten, ausser, wenn einer des Mordes oder des Todes schuldig war.
39. Zu der Zeit hatte er einen besonderen Gefangenen, der hiess Barabbas.
40. Und da das Volk versammelt war, sprach Pilatus zu ihnen: «Welchen wollt ihr, dass ich euch freigebe, Barabbas den Verbrecher oder Jmmanuel, von dem gesagt wird, er sei ein Weisheitskönig und der Sohn eines Engels?»
41. Er wusste aber wohl, dass die Hohenpriester und die Ältesten überredeten das Volk und ihnen Kupfer, Gold und Silber gaben, dass sie um Barabbas bitten sollten und Jmmanuel umbrächten.
42. Denn er wusste wohl, dass sie ihn aus Neid und aus Hass überantwortet hatten, da seine Lehre Gefallen fand bei dem Volke.
43. Und so auch sein Weib Pilatus beschworen hatte: «Habe du nichts zu schaffen mit diesem Gerechten, denn ich habe heute viel gelitten im Traume seinetwegen und finde, dass seine Lehre gut ist», so war er guten Sinnes für Jmmanuel.
44. Im Volke aber war grosses Geschrei und er fragte ein andermal: «Welchen wollt ihr, dass ich euch freigebe?»
45. Langsam aber verebbte das Geschrei und so hob der Landpfleger an ein drittes Mal und fragte sie und sprach: «Welchen wollt ihr unter diesen zweien, den ich euch soll freigeben?»
46. Das Volk aber schrie und sprach: «Barabbas sollst du uns freigeben!»
47. Pilatus aber fragte sie und sprach: «So soll es sein, doch was soll ich machen mit dem hier, von dem gesaget ist, er sei Jmmanuel, ein Weisheitskönig!»
48. Das Volk aber schrie und sprach: «Kreuzige ihn; lass ihn kreuzigen!»
49. Der Landpfleger aber war unwillig und fragte im Zorn: «Was hat er denn Übles getan, so ihr ihn kreuzigen lassen wollt?
50. Er hat nur gelehret eine neue Lehre und soll büssen dafür nun mit dem Tode; wo ist da denn gegeben die Freiheit für das Wort und die Gedanken und die Meinung?»
51. Das Volk schrie aber noch mehr und sprach: «Lass ihn kreuzigen, lass ihn kreuzigen!»
52. Da aber Pilatus sah, dass er wider das überredete Volk nichts ausrichtete, sondern eine grosse Unruhe entstand und ein Getümmel, nahm er einen Krug mit Wasser und wusch die Hände vor dem Volke und sprach:
53. «Sehet ihr zu, was ihr mit ihm machet.
54. Er ist der Gefangene der Ältesten und der Hohenpriester, so sie über ihn urteilen mögen.
55. Ich habe mit diesem Gerechten nichts zu schaffen, denn ich bin unschuldig an ihm und wasche meine Hände vor euch in Unschuld.»
56. Da aber tümmelte das Volk und schrie: «Er soll gekreuzigt werden, er soll gekreuzigt werden!»
57. Pilatus aber überliess Jmmanuel den Hohenpriestern und den Ältesten, und den Barabbas gab er dem Volke frei.

The Conviction of Jmmanuel

38. At the time of the Passover feast, Governor Pilatus customarily released to the people whichever prisoner they most wanted, except for those guilty of murder or of causing death.
39. At this time he held a special prisoner by the name of Barabbas.
40. And when the people were gathered, Pilatus asked them, "Which one do you want me to release: Barabbas, the criminal, or Jmmanuel, who is said to be a king of wisdom and the son of an angel?"
41. But he well knew that the chief priests and elders had bribed the people by giving them copper, gold and silver, so they would plead for the release of Barabbas and the death of Jmmanuel.
42. For he well knew that they had turned him over out of envy and hatred, since his teachings appealed to the people.
43. His wife had also implored Pilatus by saying, "Have nothing to do with this righteous man, for today I suffered greatly in my dreams because of him, and I find that his teachings are good." Therefore, he was favourably inclined toward Jmmanuel.
44. But among the people there was much screaming and he asked once again, "Which one shall I release to you?"
45. Slowly the screaming stopped, and the governor raised his voice a third time, asking, "Which one of these two shall I release?"
46. And the people screamed, "Release Barabbas!"
47. And Pilatus asked them, "Thus it shall be, but what shall I do with him who is said to be Jmmanuel, a king of wisdom?"
48. And the people shouted, "Crucify him! Have him crucified!"
49. But the governor was not willing and asked very angrily, "What evil has he done that you want him crucified?
50. "He only taught a new doctrine, and for this he should suffer death? Where then is the freedom of speech, thought and opinion?"
51. But the people screamed even louder, "Have him crucified! Have him crucified!"
52. When Pilatus realized there was great unrest and turmoil and that he could do nothing against the will of these people, who had been bribed, he took a pitcher of water and washed his hands before the people, saying,
53. "You decide what should be done with him.
54. "He is the prisoner of the elders and chief priests, so let them judge him.
55. "I will have nothing to do with this just man. I am innocent of doing anything to him and wash my hands before you in innocence."
56. But the people milled about, shouting, "Crucify him! Crucify him!"
57. Then Pilatus turned Jmmanuel over to the chief priests and elders and released Barabbas to the people.

58. Die Hohenpriester und die Ältesten aber liessen Jmmanuel geisseln und überantworteten ihn, dass er gekreuziget würde.
59. Das Volk aber heulte und schrie und fluchte Jmmanuel.
60. Die Hohenpriester aber und die Ältesten ergingen sich im Eigenlobe und waren guten Mutes ob ihrer gewonnenen Hinterlist.

58. And the chief priests and elders had Jmmanuel whipped and handed him over to be crucified.
59. The people screamed and shouted and cursed Jmmanuel.
60. However the chief priests and elders indulged themselves in self-praise and were in good spirits because their intrigue had been successful.

Das 30. Kapitel

Schmähung Jmmanuels – Prophetische Ankündigung – Die Kreuzschlagung

1. Und die Kriegsknechte des Landpflegers waren eins mit den Hohenpriestern und den Ältesten und schleppten Jmmanuel mit sich in das Richthaus und holten die ganze Schar zu ihm her.
2. Und sie zogen ihn aus und hängten ihm einen Purpurmantel um.
3. Und flochten eine Dornenkrone und setzten sie auf sein Haupt und gaben ihm ein Rohr in seine rechte Hand und beugten die Knie vor ihm und sprachen:
4. «Gegrüsset seist du, oh grosser Weisheitskönig der Juden.»
5. Und sie spien ihn an und nahmen das Rohr aus seiner Hand und schlugen ihn auf das Haupt damit, und das Blut lief ihm über das Angesicht.
6. So er elend war und blutend, fragte Kaiphas, der Hohepriester, und sprach: «Wie lässt du dich an nun, als grosser Weisheitskönig?»
7. Jmmanuel aber schwieg stille und gab ihm kein Wort.
8. Da schlugen sie ihn abermals auf sein Haupt, so er seufzte in Schmerz, und hob an zu reden: «Wahrlich, wie geschrieben steht durch die alten Propheten, dass ich der Juden Weisheitskönig sei, so treffet das die Wahrheit, also aber bin ich auch der wahre Prophet aller Menschengeschlechter auf Erden; wahrheitlich aber bin ich nicht der Prophet jener wirren Israeliten, die sich Söhne und Töchter Zions nennen.
9. Wahrlich, ich sage euch: So ihr mich schlaget und spottet, sollet ihr geschlagen und gespottet werden von denen, die ihr seit alters her knechtet und denen ihr und eure Urväter das Land geraubet habt.
10. Und die Zeit wird kommen in fünfmal hundert Jahren, so ihr dafür büssen werdet, wenn sich die von euch Entrechteten und von euch Geknechteten rechtmässigen Besitzer des Landes wider euch zu erheben beginnen und euch bekämpfen bis in ferne Zukunft.
11. Ein neuer Mann nämlich wird in diesem Lande als Prophet erstehen und euch rechtens durch Gesetze geisseln und verfolgen, und mit eurem Blute werdet ihr zahlen müssen.
12. Einen eigens zur Rettung der wahrheitlichen Lehre zwingenden, neuen Kult wird der Mann erstellen und sich als Prophet erkennen lassen, wodurch er euch verfolgen wird in alle Zeit.
13. So er nach eurer Behauptung ein falscher Prophet sein wird, wie ihr mich dessen beschimpft, und er eine neue und euch irre erscheinende Lehre bringen wird, so ist er doch ein wahrer Prophet, und er hat grosse Gewalt und wird euer Geschlecht verfolgen lassen in alle Zeit der Zukunft.

Chapter 30

Defamation of Jmmanuel – Prophetic Declaration – The Crucifixion

1. The governor's soldiers agreed with the chief priests and the elders and, dragging Jmmanuel with them into the court house, they brought the entire crowd in with him.
2. They undressed him and put a purple mantle on him.
3. They made a wreath of thorns, placed it on his head, put a reed into his right hand and, bending their knees before him, said,
4. "We greet you, great King of Wisdom of the Jews."
5. And they spat on him, took the reed from his hand, and beat him on the head with it until blood ran down his face.
6. When he was wretched and bleeding, Caiaphas, the high priest, asked, "How are you doing now, great King of Wisdom?"
7. But Jmmanuel was quiet and said not one word.
8. Then they hit him again on the head, and he moaned in pain and began to speak, "Indeed it is the truth that I am the king of wisdom of the Jews, as it is written by the old prophets. Thus, I am also the true prophet of all human species on Earth. But in all truth, I am not the prophet of those confused Israelites who call themselves the sons and daughters of Zion.
9. "Truly, I say to you, just as you beat and mock me, you shall be beaten and mocked by those whom you, since ancient times, have enslaved and whose land you and your forefathers have plundered.
10. "And the time will come in five times a hundred years when you will have to atone for this, when the legitimate owners of the land, whom you have enslaved and deprived of their rights, will begin to rise up against you and fight against you on into the distant future.
11. "A new man will arise in this land as a prophet, and he will legally and rightfully condemn and persecute you, and you shall pay with your blood.
12. "This man will establish a new religious cult specifically for the forceful preservation of the truthful teachings and will have himself recognized as a prophet. Through these actions he will persecute you for all times.
13. "Although according to your claim he will be a false prophet, just as you slanderously claim of me, he will bring you new teachings that will seem false to you. Nonetheless, he will be a true prophet, and he will have great power. He will have your people persecuted for all times.

14. Sein Name wird sein Muhammed, und sein Name wird für euer Geschlecht sein Schrecken und Elend und Tod, so ihr es verdienet.
15. Wahrlich, wahrlich, ich sage euch: Sein Name wird für euch mit Blut geschrieben sein, und der durch eure Schuld geschürte Hass wider euer Geschlecht wird endlos sein.
16. So er dadurch als wahrer Prophet doch aber nach eurer Rede ein falscher Prophet sein wird und teilens eine euch wirre erscheinende und von euch nicht zu verstehende Lehre bringt, soll auch sein entstehender Kult dereinst beendet werden, wenn sein Geschlecht und euer Geschlecht den Grundstein legen zum blutigen Ende also, denn auch seine Lehre wird böse verdrehet und verfälschet werden und in einem bösen und irren Kult enden.»
17. Und da er so redete, erwallten die Hohenpriester und die des Ältestenrates in Zorn und schlugen ihn gar arg, so er zusammenbrach und wimmerte.
18. Und da sie ihn geschlagen hatten und verspottet hatten, zogen sie ihm den Mantel aus, und nur seine Hautkleider zogen sie ihm wieder an und führten ihn hin, um ihn zu kreuzigen.
19. Sie aber luden ihm auf die rechte Schulter ein schweres Kreuz aus Holz, so er es selbst trage zu seiner Todesstätte als grosse Last.
20. Das Kreuz aber war schwer, und Jmmanuel stöhnte unter der Last; und sein Blut vermischte sich mit Schweiss und war eine üble Masse.
21. Jmmanuel aber brach zusammen unter der schweren Last, denn seine Kraft verliess ihn.
22. Als aber des Weges kam ein Fremder, namens Simon von Kyrene, zwangen sie ihn, dass er ihm sein Kreuz tragen helfe.
23. Alsbald kamen sie an die Stätte, die da heisst Golgatha.
24. Sein Weg dahin war hart, da er geschlagen wurde, beschimpft und verspottet.
25. Und sie gaben ihm Wein zu trinken, vermischt mit Galle von Tieren.
26. Da er's aber schmeckte, wollte er's nicht trinken, und also schlugen sie ihn, dass er's trinke.
27. Dann aber zwangen sie ihn unter Hieben auf das Kreuz nieder, und nagelten ihm die Hände und die Füsse auf das Holz, so sie es erstmals taten wie es nicht der Brauch war, denn bis anhin waren die Gekreuzigten festgebunden worden.
28. So sie ihn aber genagelt hatten und das Kreuz aufstellten, teilten sie seine Kleider und warfen das Los darum.
29. Und sie sassen allda und bewachten ihn, so nicht einer komme und ihn vom Kreuze hole.
30. Und auch zwei Mörder wurden mit ihm gekreuzigt, einer zu seiner Rechten und einer zu seiner Linken, so er mitten unter ihnen war.
31. Die aber rundherum waren, lästerten ihn und lachten über ihn und spotteten ihn.
32. Und sie schrien und sprachen: «Der du doch ein Weisheitskönig bist, so hilf dir selber.
33. Und der du ein Sohn eines Himmelssohnes bist und du grosse Kraft besitzest, so steig herab vom Kreuze.»

14. "His name will be Mohammed, and his name will bring horror, misery and death to your kind, just as you deserve.
15. "Truly, truly, I say to you, his name will be written for you in blood, and because of your offences the hatred against your people will be endless.
16. "In this way, he will be a true prophet, even though you will claim him to be a false one, and he will bring you teachings that will in part seem confusing and unintelligible to you. His emerging religious cult will eventually end when his and your followers lay the foundation for a bloody conclusion. His teachings, too, will be distorted and falsified, and will result in an evil and confused religious cult."
17. And as he spoke in this manner, the chief priests and members of the council of elders seethed with rage and beat him so harshly that he collapsed and whimpered.
18. Once they had beaten and mocked him, they took off his mantle, put back on him only his undergarments and led him away in order to crucify him.
19. Upon his right shoulder they placed a heavy wooden cross, so that he himself would have to carry this great burden to the place of his own death.
20. But the cross was heavy, and Jmmanuel groaned under the burden. His blood combined with his sweat into a vile mixture.
21. Jmmanuel collapsed under the heavy burden because his strength left him.
22. But when a stranger came along by the name of Simon of Cyrene, they forced him to help carry the cross.
23. Soon they arrived at the place called Golgatha.
24. His path there was difficult, because he was being beaten, reviled and mocked.
25. They gave him wine to drink mixed with the bile from animals.
26. When he tasted it, he did not want to drink it, and so they beat him to make him drink it.
27. Then they forced him down on the cross while beating him, and nailed his hands and feet onto the wood. This was done for the first time and contrary to custom, because until then the crucified were tied to the cross.
28. After they had nailed him upon the cross and erected it, they divided his clothing among themselves by casting lots.
29. And they sat around and guarded him, so that no one would come to take him from the cross.
30. Also, two murderers were crucified with him, one to his right and one to his left, so he was between them.
31. Those all around him defamed, mocked and ridiculed him.
32. They shouted, "Since you are the King of Wisdom, help yourself!
33. "And since you are the son of a celestial son and possess great power, get down from the cross!"

34. Desgleichen spotteten auch die Schriftgelehrten und Pharisäer und die Hohenpriester und Ältesten des Volkes und sprachen:
35. «Andern hast du geholfen und kannst dir selber nicht helfen.
36. So du ein Weisheitskönig bist, so steige nun vom Kreuze und helfe dir selbst.
37. So du es tuest, wollen wir an dich und deine Lehre glauben.
38. Er hat auf seine Weisheit vertrauet und darauf, dass er des Engel Gabriels Sohn sei.
39. So erlöse ihn nun seine Weisheit oder der Engel Gabriel, so er Lust zu ihm hat.»
40. Desgleichen spotteten und schmähten ihn aber auch die Mörder, die gekreuzigt waren zu seiner Rechten und zu seiner Linken.
41. Es geschah aber, dass sich der Himmel bedeckte und sich die Sonne verdunkelte und grosser Sturm das Land ergriff, was nicht oft, doch dann und wann war zu dieser Zeit.
42. Also herrschte das Unwetter drei Stunden, ehe die Sonne wieder durch die Wolken kam.
43. Zu der Zeit schrie Jmmanuel und sprach: «Ich dürste, gebet mir zu trinken.»
44. Und alsbald lief einer von den Hohenpriestern, nahm einen Schwamm und füllte ihn mit Essig und steckte ihn auf eine Lanze und tränkte ihn.
45. Da aber die andern das sahen, beschimpften sie den Mann und sprachen: «Halt, tränke ihn nicht weiter, lasse uns eher sehen, wie lange er es macht.»
46. Und siehe, ein letzter gewaltiger Donner löste den Sturm auf, und es erzitterte darob das ganze Land, so die Erde erbebte.
47. Allso mit dem gewaltigen Donner schrie Jmmanuel ein andermal, doch keiner verstand ihn, denn seine Rede war wirr.
48. Danach aber fiel sein Haupt vornüber und er versank im Halbtode, so sie dachten er wäre tot.
49. Es geschah aber, dass ein Kriegsknecht seine Lanze nahm und ihm stach in die Lende, so er sehe, dass Jmmanuel tot sei.
50. Es floss aus der Wunde aber Blut mit Wasser vermischet, so es im Tode oder im Halbtode bei einem Menschen erscheint.
51. Also dachte der Kriegsknecht, dass Jmmanuel tot sei und tat dies den andern kund.
52. Und sie wunderten sich alle darüber, denn es war nicht üblich, dass die Gekreuzigten so schnell des Todes starben.
53. So es der Kriegsknecht aber sagte, glaubten sie ihm und gingen von dannen.
54. Unter ihnen waren aber auch viele Frauen und sonstige, die von Ferne zusahen, da sie waren Anhänger des Jmmanuel und hatten ihm gedient und waren ihm nachgefolgt aus Galiläa.
55. Unter ihnen waren auch Maria, die Mutter Jmmanuels, und Maria Magdalena und andere.
56. Da das Volk aber nun von dannen ging, so kamen sie her und knieten vor dem Kreuze und weinten bitterlich, denn auch sie wähnten Jmmanuel tot.

34. The scribes, Pharisees, chief priests and elders of the people likewise mocked him, saying,
35. "You helped others, but you cannot help yourself.
36. "Since you are a king of wisdom, get down from the cross and help yourself.
37. "If you do that, we will believe in you and your teachings.
38. "He trusted in his wisdom and in his being the son of the angel Gabriel.
39. "Thus, let his wisdom or the angel Gabriel save him now if he so desires."
40. Likewise, the murderers crucified to his right and left mocked and reviled him.
41. Then the sky clouded over, the sun became dark, and a great storm spread across the land, which was rare at that time of year but happened now and then.
42. The terrible storm raged for three hours before the sun again broke through the clouds.
43. At that time Jmmanuel cried out, "I'm thirsty! Give me something to drink."
44. And right away one of the chief priests ran, took a sponge, soaked it in vinegar and stuck it on a lance for him to drink.
45. But when the others saw that, they scolded the man, saying, "Stop! Do not give him any more to drink. Let us see how long he can bear this."
46. And behold, a final powerful thunderclap broke up the storm, whereupon the entire land trembled, and the ground shook.
47. Amid the tremendous thunder, Jmmanuel again cried out, but nobody understood him, because his speech was confused.
48. Then his head fell forward, he slipped into a state of apparent death, and they presumed he was dead.
49. It came to pass that a soldier took his lance and stabbed Jmmanuel in his loin to ensure that he was dead.
50. Blood mixed with water flowed from the wound as is the case when a person is dead or in a apparent death state.
51. Thus the soldier thought Jmmanuel was dead, and he informed the others.
52. They were all astonished, because it was unusual for the crucified to die so quickly.
53. But since the soldier had told them so, they believed him and departed.
54. Among them were also many women and others who watched from a distance, because they were followers of Jmmanuel; they had served him and followed him from Galilee.
55. Among them were Jmmanuel's mother, Maria, and Maria (Mary) Magdalena (Magdalene), and others.
56. Once the people had departed, they went to him, knelt before the cross and wept bitterly because they, too, thought Jmmanuel was dead.

57. Unter ihnen aber war auch Joseph von Arimathia, welcher war ein Anhänger von Jmmanuel.
58. Er aber sah nach kurzer Zeit, dass Jmmanuel nur im Halbtode war, was er aber niemandem sagte.

Grablegung

59. Eilig ging er in die Stadt und zu Pilatus und bat ihn um den Leib Jmmanuels, so er ihn begraben könne.
60. Da befahl Pilatus, man solle ihn ihm geben.
61. Und es ging mit ihm viel Volk und sie nahmen Jmmanuel vom Kreuz, und Joseph wickelte den Leib in reine Leinwand, die er zuvor bestrichen hatte, so es ein Abbild von Jmmanuel gebe.
62. Joseph von Arimathia aber trug den Leib Jmmanuels den weiten Weg bis nach Jerusalem, und legte ihn ausserhalb der Stadt in sein eigenes Grab, welches er in einen Felsen hatte hauen lassen für sich, so er einmal tot sei.
63. Und er wälzte einen grossen Stein vor die Tür des Grabes und ging davon, dass er Heilmittel besorge, um Jmmanuel zu pflegen.
64. Der Eingang des Grabes aber war bewacht von Kriegsknechten und der Mutter Jmmanuels, so niemand zu ihm hineingehe oder den Leichnam stehle.
65. Joseph von Arimathia aber suchte Jmmanuels Freunde aus Indienland und ging mit ihnen zurück zum Grabe, da sie durch den geheimen und den Schergen und Kriegsknechten nicht bekannten zweiten Eingang zu ihm gingen und ihn pflegten während drei Tagen und drei Nächten, so dass er bald wieder bei besserer Gesundheit war und wieder bei guter Kraft.
66. Das Grab aber war bewacht auf der andern Seite durch die Kriegsknechte, weil die Hohenpriester und die Pharisäer waren gegangen zu Pilatus und sprachen:
67. «Herr, wir haben bedacht, dass dieser Irre sprach zu dem Volke, da er noch lebte: ‹Ich werde nach drei Tagen und drei Nächten wiederkommen und auferstehen also, denn ich werde nur im Halbtode sein.›
68. So aber festgestellt wurde durch einen Kriegsknecht, dass er tot ist in Wirklichkeit, so möge man sein Grab bewachen, so nicht welche kommen und den Leichnam stehlen und sagen: ‹Sehet, er ist nun doch auferstanden›.
69. Darum befiehl, dass man das Grab verwahre bis an den dritten Tag, so der letzte Betrug nicht schlimmer werde als der erste.»
70. Pilatus aber sprach zu ihnen: «So nehmet meine Kriegsknechte als Hüter; gehet hin und verwahret es, so gut ihr's könnt.»
71. Und sie gingen hin und verwahrten das Grab und versiegelten den Stein vor der Türe.
72. Nicht kannten sie aber das Geheimnis des Grabes, dass es zwei Ausgänge und Eingänge hatte, so Jmmanuels Helfer unbewachet zu ihm gingen und ihm heilende Salben und Kräuter auflegten und er am dritten Tage wieder kräftig war zu gehen.

57. Also among them, however, was Joseph of Arimathea, a follower of Jmmanuel.
58. After a short while he noticed that Jmmanuel was not quite dead, but he told no one.

Entombment

59. He quickly went into the city, to Pilatus, and asked him for the body of Jmmanuel so that he could bury him.
60. Pilatus ordered that he should be given to him.
61. And many people went with him and they removed Jmmanuel from the cross. Joseph wrapped the body in pure linen, which he had previously coated so as to form an image of Jmmanuel.
62. Joseph of Arimathea then carried the body of Jmmanuel all the way as far as Jerusalem and placed it outside the city into his own tomb, which he had arranged to be cut into a rock for his future burial.
63. And he rolled a large stone in front of the door of the tomb and went to obtain medicine so he could take care of Jmmanuel.
64. The entrance of the tomb was guarded by soldiers and Jmmanuel's mother so no one could enter and steal the body.
65. Joseph of Arimathea, however, sought out Jmmanuel's friends from India and returned with them to the tomb. There they entered through a secret second entrance unknown to the henchmen and soldiers, and for three days and three nights they nursed him. Soon he was in better health and again with good strength.
66. The tomb was being guarded on the other side by the soldiers because the chief priests and Pharisees had gone to Pilatus and said,
67. "Sir, we have considered that when this crazy man was still alive, he said to the people, 'I shall return after three days and three nights and rise, because I will only be in a state of apparent death.'
68. "But since it was established through a soldier that he was really dead, his tomb should be guarded so that no one can come, steal the body and say, 'Behold, he has risen from the dead after all!'
69. "Command therefore that the tomb be guarded up to the third day so that the last deception may not be worse than the first."
70. And Pilatus said to them, "Take my soldiers as guardians. Go and guard the tomb as best you can."
71. And they departed, guarded the tomb, and secured the stone in front of the door with a seal.
72. However, they did not realize the secret of the grave, namely, that it had two exits or entrances. Jmmanuel's helpers, therefore, could go to him to apply healing salves and herbs without being detected. On the third day he was once again strong enough to walk.

Das 31. Kapitel

Jmmanuels Flucht aus dem Grabe

1. Und da das Passahfest aber vorbei war und der erste Tag der Woche anbrach, so waren die drei Tage und drei Nächte um, da Jmmanuel sagte, dass er aus dem Halbtode wieder leben werde.
2. Und siehe, ein grosser Donner erhob sich in der Luft und vom Himmel kam ein strahlendes Licht und setzte unweit des Grabes auf die Erde.
3. Dann aber trat hervor aus dem Lichte ein Wächterengel, und seine Erscheinung war wie der Blitz und sein Kleid weiss wie Schnee.
4. Und er ging zum Grabe und vor ihm wichen weg die Kriegsknechte voller Furcht.
5. Er aber hob die Hand und aus ihr hervor ging ein heller Blitz und traf die Kriegsknechte, einen nach dem andern.
6. Und sie fielen zur Erde und rührten sich nicht für lange Zeit.
7. Alsdann trat der Wächterengel zum Grabe und wälzte den Stein von der Türe und sprach zu Maria, der Mutter Jmmanuels, und zu Maria Magdalena, die beide da waren:
8. «Fürchtet euch nicht, ich weiss, dass ihr Jmmanuel, den Gekreuzigten, suchet.
9. Er ist aber nicht hier, denn er lebt, wie er gesagt hat; kommet her und sehet die Stätte, da er gelegen hat.
10. Gehet eilends hin und saget es seinen Jüngern, dass er wiedererstanden sei aus dem Halbtode.
11. Und saget ihnen: Er wird vor euch hergehen nach Galiläa, da werdet ihr ihn sehen; sehet, ich habe es euch gesagt.»
12. Maria aber fragte und sprach: «Aber er war doch tot und hat hier als tot gelegen, wie kann er denn auferstehen?»
13. Da aber antwortete der Wächterengel und sprach: «Was suchet ihr einen Lebendigen unter den Toten?
14. Gehet nun hin und verbreitet die Kunde unter seinen Jüngern, doch hütet euch, es anderweitig zu sagen.»
15. Und der Wächterengel ging hin zu dem strahlenden Licht und verschwand darin; und alsbald ging daraus hervor wieder ein grosser Donner und es hob sich in die Luft und schoss in den Himmel.
16. Die Mutter Jmmanuels aber und Maria Magdalena gingen hin und verliessen das Grab.
17. Die Kriegsknechte aber fielen aus ihrer Starre und sie wunderten sich sehr, so sie hingingen in die Stadt und die Kunde verbreiteten von dem, was geschehen war.
18. Und sie kamen zusammen mit den Hohenpriestern und Ältesten des Rates und hielten eine geheime Rede, was sie dem Volke sagen sollten.

Chapter 31

Jmmanuel's Flight from the Tomb

1. When dawn broke on the first day of the week after Passover, the three days and nights had passed following which Jmmanuel would live again after his apparent death, as he had foretold.
2. And behold, a great thundering arose in the air, and a radiant light came from the sky and settled on the earth, not far from the tomb.
3. Then a guardian angel stepped forth from the light; his appearance was like lightning and his garment was as white as snow.
4. And he went to the tomb, and the soldiers, full of fear, moved out of his way.
5. He lifted his hand, and from it bright lightning sprang forth and struck the soldiers, one after the other.
6. And they fell to the ground and did not stir for a long time.
7. Then the guardian angel stepped up to the tomb, rolled the stone away from the door and said to Maria, the mother of Jmmanuel, and to Maria Magdalena, who were both there:
8. "Don't be afraid, I know you seek Jmmanuel, the crucified.
9. "He is not here, for he is alive just as he said he would be. Come here and behold the place where he has lain.
10. "Go quickly and tell his disciples that he has risen from apparent death.
11. "Also tell them: He will walk before you to Galilee, and there you will see him. Behold, I have told you."
12. But Maria asked, "Yet he was dead and lay here dead. How can he then rise?"
13. The guardian angel answered, "Why are you seeking a live person among the dead?
14. "Go now and spread the news among his disciples, but beware of telling anyone else."
15. And the guardian angel went to the bright light and disappeared into it. Soon a great thundering came forth from it again, and it rose up into the air, shooting straight into the sky.
16. Jmmanuel's mother and Maria Magdalena then departed, leaving the tomb.
17. The soldiers, however, recovered from their paralysis and were greatly astonished. So they went into the city to spread the news of what had happened.
18. And secretly they met with the chief priests and elders of the council to decide what to tell the people.

19. Und die Hohenpriester und Ältesten gaben den Kriegsknechten Geld genug und sprachen: «Saget dem Volke, seine Jünger kamen des Nachts, so wir schliefen, und stahlen seinen Leichnam.»
20. Und die Kriegsknechte nahmen das Geld und taten, wie sie gewiesen waren.
21. Maria und Maria Magdalena aber gingen hin, so sie taten, wie ihnen vom Wächterengel befohlen war.
22. Aber siehe, auf dem Wege dahin begegnete ihnen ein andermal ein Wächterengel und sprach: «Ihr wisset, was euch aufgetragen, seid behutsam und verredet euch nicht beim Volke.»
23. Maria Magdalena aber ging auf den Wächterengel zu, der da war in strahlendem weissen Gewand, und wollte ihn greifen an der Hand.
24. Er aber wich vor ihr und sprach: «Berühre mich nicht, denn ich bin von anderer Art als du, und mein Kleid ist mir Schutz gegen diese Welt.
25. So du mich aber berührest, wäre es dein Tod, und du würdest im Feuer vergehen.
26. Weiche von mir und gehe hin, wie dir war befohlen.»
27. Und sie gingen hin und trafen Petrus und einen andern Jünger und berichteten, was war geschehen.
28. Petrus aber und der andere Jünger gingen hinaus zum Grabe, und der andere Jünger war zuerst am Grabe.
29. Und er schaute hinein und sah die leinenen Binden gelegt fein säuberlich am Boden und ging nicht hinein in das Grab.
30. Aber also kam Petrus und ging in das Grab hinein und fand alles wie der andere.
31. Die Binden waren fein säuberlich gewickelt und geleget auf den Boden, und das Schweisstuch, das Jmmanuel geleget war um das Haupt, und Salben und Heilkräuter, die alle geleget waren an einen besonderen Ort, zusammen mit tönernen Figuren von eigenartigem Aussehen, wie er sie noch nie gesehen und so sie ihm fremd waren.

Jmmanuels Begegnungen mit seinen Jüngern

32. An diesem Tage aber, am Abend, waren die Jünger versammelt in einem Raume in der Stadt, da sie vor Passah das letzte Mahl mit Jmmanuel hielten.
33. Und da sie im Raume waren und untereinander redeten über das Geschehen des Tages, siehe, da tat sich die Tür auf und herbei trat ein Fremder, den sie noch nie gesehen.
34. Und sie ängstigten, dass es wäre der Israeliten einer, der sie verraten wolle.
35. Da aber sprach der Fremde und sagte: «Friede sei mit euch»; und er nahm das Tuch von seinem Gesicht und sie erkannten ihn, und es war Jmmanuel.
36. Und da er das gesagt hatte, zeigte er ihnen die Hände und seine Lende und die Füsse, und da sie sahen die Wunden, da wurden sie froh, dass er unter ihnen war.
37. Thomas aber glaubte einen «Geist» vor sich zu haben so er sprach: «Könnte ich deine Wunden berühren so wüsste ich, dass du kein «Geist» bist.»
38. Da sprach Jmmanuel zu ihm: «Reiche deine Hand her und lege sie an meine Wunden, so du Kleindenkender erkennen mögest die Wahrheit.»

19. The chief priests and elders gave sufficient money to the soldiers and said, "Tell the people his disciples came at night while we were sleeping and stole his body."
20. And the soldiers took the money and did as they had been instructed.
21. Maria and Maria Magdalena, however, left and did as they had been mandated by the guardian angel.
22. And behold, again a guardian angel met them on their way and said, "Remember what you have been instructed to do. Be careful and do not inadvertently tell the people."
23. Maria Magdalena approached the guardian angel, who wore a brilliant white garment, and she wanted to grasp his hand.
24. But he stepped back from her and said, "Do not touch me, because I am of a different kind from you and my garment is a protection against this world.
25. "If you touch me you will die and be consumed by fire.
26. "Step back from me and be on your way as you have been instructed."
27. So they departed, and they met Petrus and another disciple, telling them what had taken place.
28. Petrus and the other disciple went to the tomb, with the other disciple arriving there first.
29. And he looked into the tomb and saw the linen bandages lying neatly on the ground, but he did not enter.
30. Then Petrus arrived, went into the tomb and found everything just as the other disciple had.
31. The bandages had been carefully folded and placed on the ground. The sweat cloth, which had covered Jmmanuel's head, had been placed on a particular spot, together with the salves and herbs and clay figurines of peculiar appearance, the likes of which he had never seen before. Thus they were foreign to him.

Jmmanuel's Meetings with his Disciples

32. In the evening of the same day, the disciples were gathered in the room in the city where they had taken their last meal with Jmmanuel before Passover.
33. And they were in the room speaking to each other about what had happened that day when, behold, the door opened and a stranger entered whom they had never seen before.
34. And they were afraid that he might be one of the Israelites who wanted to betray them.
35. But then the stranger said, "Peace be with you," and when he took the cloth from his face, they recognized him as Jmmanuel.
36. After he had said that, he showed them his hands, his loin and his feet; and when they saw his wounds, they were happy he was among them.
37. But Thomas believed a ghost to be in front of him. So he said, "If I could touch your wounds, I would know that you are not a ghost."
38. Then Jmmanuel said to him, "Reach out and place your hand on my wounds, so that you of small mind may recognize the truth."

39. Also tat Thomas, wie ihm befohlen, und berührte seine Wundmale und sprach: «Wahrlich, du bist es.»
40. Danach aber ging Jmmanuel von dannen und sprach: «Hütet das Geheimnis meiner Wiederkehr, so es nicht ruchbar werde, dass ich lebe.»
41. Und siehe, am andern Tage machten sich die Jünger auf, dass sie nach Galiläa gingen und die frohe Kunde unter den Anhängern Jmmanuels verbreiteten.
42. Wie aber andere Jünger des Weges gingen, siehe, da gesellte sich zu ihnen ein Wanderer und ging mit ihnen ein Stück Weges.
43. Und sie waren traurig und redeten untereinander, wie Jmmanuel war zu Tode gebracht worden am Kreuze.
44. Da aber redete der fremde Wanderer und sprach: «Was trauert ihr?», und sie sagten ihm, was sie kümmerte.
45. Da aber sprach der Wanderer: «Wie kleinwissend seid ihr doch; hat euch doch Jmmanuel gesagt, dass er aus dem Halbtode wiedererstehen werde nach drei Tagen und drei Nächten.
46. So er dies gesaget hat, ist es auch geschehen.»
47. Und wie er gesprochen hatte, nahm er das Tuch von seinem Angesichte, und sie erkannten ihn, und es war Jmmanuel.
48. Er aber redete nicht mehr ein Wort und verhüllte sein Angesicht wieder und wich von dannen, und also war er lange nicht mehr gesehen.
49. Es begab sich aber, dass die Jünger fischten am See Tiberias, lange nachdem Jmmanuel verschwunden war.
50. Und sie fingen nichts die ganze Nacht, so sie waren verärgert am Morgen, als der Tag grauete.
51. Als sie aber ans Ufer kamen, stand da ein Fremder und sagte und sprach: «Habt ihr nichts zu essen, denn mich hungert?»
52. Sie aber antworteten und sprachen: «Nein, denn wir haben in unseren Netzen gefangen nicht einen Fisch.»
53. Da aber sagte der Fremde und sprach: «Werfet das Netz aus zur Rechten des Schiffs, so werdet ihr reichen Fang haben.»
54. Und sie wunderten sich ob seiner Rede und warfen aber doch das Netz aus; und siehe, sie konnten's nicht einziehen wegen der grossen Menge Fische.
55. Und sie kamen ans Ufer und bereiteten ein Mahl, denn es hungerte sie wie den Fremden.
56. Er aber machte sein Angesicht frei und siehe, es war Jmmanuel.
57. So sie aber assen und frohen Mutes waren, sagte er zu ihnen und sprach: «Gehet hin nach Galiläa zu dem und dem Berg, so ich dort zu euch kommen werde, denn unsere Zeit zusammen ist beendet, und jeder möge gehen seiner Wege.»

39. So Thomas did as he had been told, and he touched his wounds and said, "Truly, it is you."
40. Then Jmmanuel departed, saying, "Guard the secret of my return, so it will not be known that I am alive."
41. And behold, the next day the disciples set out for Galilee to spread the joyful news among Jmmanuel's supporters.
42. As other followers went along, behold, an itinerant joined them and for part of the way went with them.
43. They were sad and talked among themselves about how Jmmanuel had been forced to die on the cross.
44. Then the itinerant, a stranger, said to them, "Why are you mourning?" And they told him what grieved them.
45. But the itinerant said, "How little knowledge you yet have; Jmmanuel told you he would rise from apparent death after three days and nights.
46. "So just as he has said, it has happened."
47. After he had spoken he removed the cloth from his face and they recognized him as Jmmanuel.
48. But he said nothing more, and again covering his face, he withdrew. And he was not seen for a long time.
49. Long after Jmmanuel had disappeared, it came to pass that the disciples were fishing on the Sea of Tiberias,
50. and they caught nothing the entire night, so by daybreak they were exasperated.
51. And when they approached the shore, there stood a stranger who asked, "Haven't you anything to eat? I'm hungry."
52. They answered, "No, we have not caught one fish in our nets."
53. Then the stranger said, "Throw the net out to the right side of the boat, and you will have a large catch."
54. The disciples were astonished by what he said, but nevertheless cast the net. And behold, they could not pull it in because of the multitude of fish.
55. And they came ashore and prepared a meal, for like the stranger they, too, were hungry.
56. But when he uncovered his face, behold, it was Jmmanuel.
57. And while they were eating and in good spirits, he said to them, "Go to Galilee to such-and-such mountain; there I will join you, because our time together has ended and each of us may go his separate way."

Das 32. Kapitel

Jmmanuels Abschied

1. Und sie gingen hin und kamen auf den Berg, dahin sie Jmmanuel beschieden hatte.
2. So sie aber versammelt waren, redete er mit ihnen und sprach: «Sehet, ein letztes Mal werde ich zu euch reden; so ich dann von dannen gehe und niemehr wiederkehre.
3. Mein Weg führt mich nach Indienland, da auch viele dieses hier lebenden Menschengeschlechtes wohnen, weil sie aus diesem Lande ausgezogen sind, um dort zu wohnen.
4. Meine Mission führt mich zu ihnen und zu dem Menschengeschlecht, das dort geboren ist.
5. Lange wird mein Weg sein dorthin, denn in vielen Landen habe ich noch zu bringen meine alte neue Lehre, so also auch am grossen schwarzen Wasser im Norden von hier.
6. Ehe ich aber scheide von euch, soll euch noch zuteil werden meine letzte Weisung der Lehre also:
7. So der Mensch lebet nach den Gesetzen der Schöpfung, so lebet er recht in Wahrheit, doch sei das endliche Ziel dies:
8. Alles Menschliche im Menschen muss sterben, aber alles Schöpferische muss aufstehen und die Schöpfung umarmen.
9. Betrachtet das Universum als den Ort, da die Schöpfung wohnet im Unendlichen.
10. Alles, was der Mensch besitzet, ist Ursprung der Schöpfung und das Eigentum der Schöpfung also.
11. Sein ganzes geistiges/bewusstseinsmässiges Leben soll der Mensch umwandeln und vervollkommnen, so es eins werde mit der Schöpfung.
12. So der Mensch etwas tuet, soll er's im Bewusstsein der Nähe der Schöpfung tun.
13. Ein Mensch versuche aber niemals einem andern die Wahrheit aufzudrängen, denn von halbem Wert wäre dies nur.
14. Erst achte der Mensch auf seinen eigenen Fortschritt im Bewusstsein und im Geiste, so er in sich schaffe die schöpferische Harmonie.
15. Keine grössere Dunkelheit herrschet im Menschen, denn das Nichtwissen und die Nichtweisheit.
16. Der Sieg eines Menschen bestehet in seiner Grösse darin, jede Macht, die entgegentritt dem Schöpferischen, auszureissen und zu vernichten, so das Schöpferische siege.
17. In sich entwickle der Mensch die Urteilskraft über das Gute und das Böse und die richtige Schau aller Dinge, so er weise sei und gerecht und die Gesetze befolge.

Chapter 32

Jmmanuel's Farewell

1. They went to the mountain to which Jmmanuel had directed them.
2. When they were gathered there, he said to them, "Behold, I will speak to you one last time; then I will leave and never return.
3. "My path leads me to the land of India where many of this human species also dwell, because they have left this land to live there.
4. "My mission leads me to them and to the human species that is born there.
5. "My path there will be long, for I have yet to bring my teachings, new and old, to many countries, and likewise to the shores of the great black waters to the north of here.
6. "But before I leave you, I will give you my final lessons of the teachings:
7. "If human beings live according to the laws of Creation, they live correctly in truth. But the ultimate goal should be this:
8. "Everything human within human beings must die, but everything of Creation within them must rise and embrace Creation.
9. "Consider the universe as the place where Creation lives in infinity.
10. "Everything human beings possess has its origin in Creation; therefore it belongs to Creation.
11. "Human beings shall transform their entire spiritual/consciousness-related lives and perfect them, so that they will become one with Creation.
12. "Whatever human beings do, they shall do with the awareness of Creation's presence.
13. "But a human being shall never attempt to force the truth onto another, because then it would only be worth half its value.
14. "First, human beings shall tend to their own progress in consciousness and spirit, so as to produce Creational harmony within themselves.
15. "No greater darkness rules within human beings than ignorance and lack of wisdom.
16. "Greatness of personal victory requires uprooting and destroying all influences that oppose the Creational force, so that which is Creational may prevail.
17. "Human beings should develop within themselves the power to judge over good and evil and to correctly perceive all things, so that they may be wise and fair and follow the laws.

18. Erkennung ist von Not; was wirklich ist und was unwirklich ist, und was wertvoll ist und was unwertvoll ist, und was von der Schöpfung ist und was nicht von der Schöpfung ist.
19. Der Mensch hat zu werden eine universale Einheit, so er eins werde mit der Schöpfung.
20. Machet euer Leben gleich den Gesetzen; lebet nach den Gesetzen der Natur, dann lebet ihr nach den Gesetzen der Schöpfung also.
21. Möge das Leid im Menschen noch so gross sein, so also ist die Kraft der Schöpfung in ihm aber unmessbar grösser, so sie alles Übel besieget.
22. Lebet der Mensch nur in seinem Bewusstsein als Mensch, so ist er unnahbar von seinem Geiste fern und von der Schöpfung und ihren Gesetzen also.
23. Je grösser die Hingabe des Menschen ist an die Gesetze der Schöpfung, desto tieferen Frieden wird er in sich bergen.
24. Des Menschen Glück bestehet darin, dass er suchet und findet die Wahrheit, so er daraus Wissen sammle und Weisheit erlange und im Sinne der Schöpfung denke und handle also.
25. Durch die Umstände des menschlichen Lebens nur kann der Mensch seine schöpferischen Kräfte im Bewusstsein und im Geiste entwickeln und gebrauchen.
26. Der Mensch versuche täglich seine Kräfte und Fähigkeiten zu entfalten, denn nur dadurch erlanget er Erfahrung in ihrem Gebrauch.
27. Solange der Mensch nicht eins wird mit der Schöpfung, so wird er niemals imstande sein, über den Tod oder den Halbtod erhaben zu sein, denn die Angst sitzet in ihm vor dem Ungewissen; und erst wenn er die Vollkommenheit und Einheit der Schöpfung zu erkennen vermag, kann er in langsamer Folge Erhabenheit gewinnen.
28. Statt dass der Mensch sich durch Instinkte und Selbstimpulse leiten lasse, lebe er nach Erkenntnis und Weisheit, so er den Gesetzen und Geboten gerecht lebe.
29. Nicht verirre sich der Mensch im Walde von Begrenzungen, sondern er weite sein Bewusstsein und suche und finde das Wissen, die Logik und die Wahrheit und lerne daraus die Weisheit.
30. So darum, dass er seinem Lebensziele näher komme und das schöpferische Prinzip in allen Dingen erkenne.
31. Tausende Lichter werden dem Menschen auf seinem Wege helfen, so er sie beachtet und ihnen folget.
32. All sein Wissen und die Weisheit wird der Mensch erlangen, so er ernstlich nach der Vollkommenheit trachtet.
33. Die Gesetze dienen allen denjenigen, die da bereit sind, in unbegrenztem Masse zu suchen die Wahrheit und zu lernen die Weisheit daraus.
34. So darum, dass sie in sich alle nur möglichen Richtungen meistern und ihre bewusstseinsmässigen Kräfte immer höher entwickeln und dadurch sich vervollkommnen.
35. Nicht versuche der Mensch seine körperlichen Übel zu betrachten, sondern die Wirklichkeit des Geistes und das Sein der Schöpfung.
36. Eine stete Ruhelosigkeit ist im Menschen darum, weil die Ahnung in ihm liegt, dass die Schöpfung sein Schicksal und seine Bestimmung ist.

18. "It is necessary to be cognizant of what is real and what is unreal, what is valuable and what is worthless, and what is of Creation and what is not.
19. "Human beings must become a cosmic unity, so that they can become one with Creation.
20. "Conform your lives to the laws; live according to the laws of nature, then you will also live according to the laws of Creation.
21. "Regardless of how much human beings may suffer, the power of Creation within them is immeasurably greater, and it will conquer all ills.
22. "When human beings live within their consciousness only as mortal human beings, they are inaccessibly remote from their spirit, from Creation and therefore from its laws.
23. "The greater their dedication to the laws of Creation, the deeper will become the peace within them.
24. "The happiness of human beings consists in seeking and finding the truth, so they may thereby gather knowledge, gain wisdom, and think and act in accordance with Creation.
25. "Only through the circumstances of human life can human beings develop and use their Creational powers in consciousness and in spirit.
26. "Human beings gain experience in the use of their powers and capabilities only by trying daily to unlock them.
27. "As long as human beings do not become one with Creation, they will never be able to rise above death or apparent death, since the fear of the unknown is within them. Only when they are able to fully recognize the perfection and unity of Creation can they slowly begin to acquire sublimity.
28. "Instead of following instinctive and impulsive urges, human beings should live by and wisdom, so that they may live justly according to the laws and commandments.
29. "Human beings should not lose their way in the thicket of limitations, but should expand their consciousness and seek and find knowledge, logic and truth, and from these learn wisdom.
30. "Thereby they will come closer to their life's goal and become cognizant of the Creational principle in all things.
31. "Thousands of lights will guide human beings along their path, provided they observe and follow them.
32. "Human beings will attain all their knowledge and wisdom, provided they seriously strive for perfection.
33. "The laws serve all those who are prepared to seek the truth in unlimited measure and to learn wisdom from them.
34. "For in mastering all possible orientations within themselves, they develop their consciousness-related powers to higher and higher levels, and in so doing they perfect themselves.
35. "Human beings should not attempt to dwell upon their physical misery, but upon the reality of the spirit and the existence of Creation.
36. "A continual restlessness exists within human beings, because they have a premonition that Creation is their fate and destination.

37. Der Mensch möge gross und weise und gut sein, doch aber das genüget nicht, denn stets kann er noch grösser und weiser und besser werden.
38. So mag es keine Grenzen geben für die Liebe und den Frieden und die Freude, denn das Gegenwärtige muss immer überschritten werden.
39. Wahrlich, ich sage euch: Eine Liebe, die unbegrenzt und fortwährend und unfehlbar ist, sie ist bedingungslos und eine reine Liebe, in deren Feuer alles verbrennet, was unrein ist und übel.
40. Eine solche Liebe ist die Liebe der Schöpfung und ihrer Gesetze also, zu der der Mensch vorbestimmt ist seit Urbeginn.
41. So dies das Endziel des Menschen ist, sorge er sich darum, dass dem so sei und werde, denn das ist seine Bestimmung.
42. Noch aber verstehet der Mensch die Weisheit dieser Lehre nicht, so sie auch verfälschet wird in alle Enden der Erde.
43. In seinem Unverstand verfälschet sie der Mensch in viele Arten und Formen, so sie weitläufig wird und unverständlich.
44. In zweimal tausend Jahren aber soll sie neu gelehret werden und also unverfälschet, so der Mensch verständig geworden ist und wissend und ein neues Zeitalter grosse Umwälzungen kündet.
45. Und in den Sternen stehet es zu lesen, dass die dem neuen Zeitalter gleichlaufenden Menschen grosse Umwälzer sein werden, und so auch einige spezielle Vorbestimmte, die die neuen Künder meiner Lehre sein werden also, die sie aber unverfälschet und mit grossem Mut werden predigen.
46. Ihr aber, gehet darum hin und seiet die Wegbereiter meiner Lehre und machet zu ihrer Jünger alle Völker.
47. Hütet euch aber vor irren Lehren, die ihr in eurem Unverstande könnt lassen aufkommen, so einige unter euch dazu neigen.
48. Lehret zu halten alles was ich euch befohlen habe, so ihr meine Lehre nicht verfälschet.»
49. Und es geschah, als er so zu ihnen redete, dass ein Donner kam vom Himmel und ein grosses Licht, das niederfiel.
50. Unweit von ihnen setzte das Licht auf die Erde und glitzerte metallen im Lichte der Sonne.
51. Jmmanuel aber sprach nicht mehr und ging von dannen zu dem metallenen Licht, und er trat hinein in das metallene Licht.
52. Es geschah aber so, dass sich nun rundherum ein Nebel erhob und abermals ein Donner anhob und das Licht sich wieder in den Himmel erhob.
53. Die Jünger aber kehrten wieder zurück nach Jerusalem heimlich und verkündeten das Geschehen unter ihresgleichen.

37. "Human beings may be great, wise and good, yet this is not sufficient, for they can always become greater, wiser and better.
38. "There may be no limits to love, peace and joy, because the present state must always be exceeded.
39. "Truly, I say to you, a love that is unlimited, constant and unfailing is unconditional and is a pure love, in whose fire all that is impure and evil will burn.
40. "Such a love is Creation's love and, therefore its laws as well, to which humanity has been predestined since the beginning of time.
41. "Since this is the ultimate destination for human beings, they must take steps to guarantee that this will come to be, for this is their destiny.
42. "But as yet human beings do not understand the wisdom of this teaching, and therefore it is being adulterated everywhere on Earth.
43. "In their ignorance, human beings are falsifying the teachings in many ways and forms, so that they are becoming diffused and unintelligible.
44. "But in two times a thousand years they shall be taught anew without falsification, when human beings become sensible and knowledgeable, and a new age heralds great upheavals.
45. "And it can be read in the stars that the people of the new age will be great revolutionaries. Thus, some special predestined people, who will be the new proclaimers of my teachings, will preach them unfalsified and with great courage.
46. "But you, go therefore and prepare the way for my teachings and make all peoples their disciples.
47. "However, beware of erroneous teachings, which you may allow to arise because of your lack of judgment, for some of you are inclined that way.
48. "Teach them to follow everything I have commanded you, so you do not falsify my teachings."
49. And it came to pass, that while he was speaking to them in this manner, a thundering came from the sky, and a great light descended.
50. The light settled on the ground not far from them, and it glittered like metal in the sunlight.
51. Jmmanuel spoke no more, but went to the metallic light and entered into it.
52. Then, however, a haze arose all around it. Once again a thundering began and the light ascended back into the sky.
53. And the disciples returned to Jerusalem in secret and made known the events among their own kind.

Das 33. Kapitel

Jmmanuel in Damaskus

1. Jmmanuel aber war abgesetzt von dem grossen Lichte in Syrienland und lebte da in Damaskus zwei Jahre lang und unerkannt.
2. Nach dieser Zeit sandte er aus einen Boten nach Galiläa, so er suchen möge seinen Bruder Thomas und seinen Jünger Judas Ischarioth.
3. Und es vergingen aber zwei Monate, ehe sie bei Jmmanuel eintrafen und böse Kunde brachten.
4. So redete sein Bruder Thomas und sprach: «Sehr verfälschet haben deine Jünger deine Lehre, so sie dich als Gottes Sohn beschimpfen und dich aber auch der Schöpfung gleichstellen.
5. Die Hohenpriester aber und die Ältesten verfolgen deine Anhänger und lassen steinigen sie, so sie ihrer habhaft sind.
6. Thomas aber, deiner Jünger einer, ist geflohen und die Kunde geht von ihm, dass er gegangen sei mit einer Karawane nach Indienland.
7. Ein grosser Feind ist dir entstanden aber in einem Manne namens Saulus.
8. Mit Drohen und Morden schnaubet er wider deine Jünger und die, die deiner Lehre vertrauend sind.
9. Briefe lasset er schreiben an die Synagogen in allen Landen, auf dass, wenn sich welche Anhänger deiner neuen Lehre fänden, sie gebunden geführt würden nach Jerusalem.
10. Kein Unterschied sei gemachet darin, ob es ein Weib sei oder Mann oder Kind, denn alle sollen sein des Todes schuldig.»
11. Jmmanuel aber sprach: «Nicht fürchte dich, bald wird die Zeit sein, da Saulus seines bösen Sinnes belehret wird.
12. Denn schon ist er auf dem Wege nach Damaskus, dahin er dir und Judas Ischarioth folget nun, so er euch gebunden nach Jerusalem führe.
13. Doch werde ich vor ihn treten, ehe er erreichet Damaskus; und so er mich tot glaubet, wird er wähnen einen «Geist» vor sich zu haben.»
14. Und Jmmanuel machte sich auf zu einem Freunde, der ihm dienlich war mit geheimen Dingen in Pulver und Salben und Flüssigkeiten, die übel rochen.
15. Wohl versehen mit diesen Dingen ging er von dannen und ging aus der Stadt, entlang der Strasse nach Galiläa.
16. Eine Tagesreise vor Damaskus wartete er zwei Tage in den Felsen und bereitete vor sein Machwerk.
17. In der Nacht sah er kommen eine grosse bewaffnete Schar und unter ihnen Saulus, den Verfolger seiner Jünger.
18. Und als sie nahe waren, schlug er Feuer und warf es in sein Machwerk, so ein gewaltig grelles Licht sich breitete und die Schar geblendet war.

Chapter 33

Jmmanuel in Damascus

1. Jmmanuel was set down by the great light in Syria, where he lived for two years in Damascus without being recognized.
2. After this time he sent a delegate to Galilee to seek out his brother, Thomas, and his disciple, Judas Ischarioth.
3. Two months passed, however, before they joined Jmmanuel and brought bad news.
4. His brother Thomas spoke, saying, "Your disciples have greatly falsified your teachings; they insult you by calling you the son of God and they also set you equal to Creation.
5. "The chief priests and elders persecute your followers and have them stoned when they are caught.
6. "But Thomas, one of your disciples, fled, and it is reported that he has departed with a caravan for the land of India.
7. "A great enemy of yours has arisen in a man named Saulus.
8. "He is fuming with rage and utters death threats against your disciples and those who trust in your teachings.
9. "He is having letters written to the synagogues in all regions, whereby if any followers of your new teachings are found, they will be bound and taken to Jerusalem.
10. "No distinction is being made between women, men and children. They will all be found guilty and condemned to die."
11. But Jmmanuel said, "Don't be afraid, the time will soon come when Saulus will receive a lesson regarding his evil thinking.
12. "He is already on the road to Damascus, following you and Judas Ischarioth here now, in order to lead you back to Jerusalem in shackles.
13. "However, I will confront him before he reaches Damascus, and since he believes me dead, he will presume he is seeing a ghost."
14. Jmmanuel set out to see a friend who was helpful to him in secret things that involved powders, salves and liquids that smelled bad.
15. Well supplied with these things, he departed, leaving the city by way of the road to Galilee.
16. A day's trip from Damascus, he waited for two days in the rocks and prepared his concoction.
17. During the night he saw a large group of armed men coming, among them Saulus, the persecutor of his disciples.
18. When they were near, he struck a fire and tossed it into his concoction, thus producing a powerfully bright light that blinded the group.

19. Und weiter schürte Jmmanuel sein Machwerk mit dem Feuer, so also gewaltige Blitze, Sterne und Feuerkugeln in den Himmel schossen oder von ihm herniederfielen, begleitet von donnerndem Gedröhne und von gewaltigem Zischen wie von riesigen Drachen und Schlangen.
20. Das Donnern und Gedröhne verhallte, und also verebbte das Zischen; und die grellen Blitze und die vielfarbigen Feuer erloschen, doch lag noch beissender Rauch über dem Lande und brachte die Schar zum Husten und Tränen.
21. Es geschah aber, dass dann Jmmanuel laut sagte und sprach: «Saul, Saul, was verfolgst du meine Jünger?»
22. Saulus aber ängstigte und fiel zur Erde und schrie: «Wer bist du, der du so zu mir sprichst?»
23. Jmmanuel aber antwortete und sprach: «Ich bin Jmmanuel, den du verfolgest in deinem Hass, so du auch tuest mit meinen Jüngern.
24. Stehe auf und geh in die Stadt und lasse dich belehren, wonach du leben sollst.»
25. Saulus aber ängstigte sehr und sprach: «Aber du bist doch der, den man gekreuzigt hat, so du tot bist also und ein «Geist», der zu mir spricht.»
26. Jmmanuel aber antwortete nicht auf ihn und wich von dannen und ging nach Damaskus.
27. Die Männer aber, die Saulus' Gefährten waren, standen stille und waren erstarret in Angst, weil auch sie wähnten einen «Geist» gehört zu haben.
28. Saulus aber erhob sich von der Erde und tat seine Augen auf, doch seine Augen sahen nichts, denn sie waren sehr geblendet durch das grelle Licht, das Jmmanuel erzeuget und in das er, Saulus, direkt gestarret hatte.
29. Seine Gefährten aber nahmen ihn bei der Hand und führten ihn nach Damaskus.
30. Drei Tage war er nicht sehend und ass nicht und trank nicht.
31. Es kam aber zu ihm ein Jünger Jmmanuels, der ihm predigte die neue Lehre, so er langsam sich darin begriff.
32. Leicht aber war verwirrt sein Bewusstsein durch das Geschehen bei den Felsen, so er vieles missverstand und irre Reden führte.
33. Im Bewusstsein leicht verwirret machte er sich auf und zog von dannen und predigte dem Volke irres Zeug.
34. Jmmanuel aber verweilte noch dreissig Tage in Damaskus und liess verlauten, dass er nun das Land verliesse und nach Indienland wolle reisen.
35. Seine Mutter Maria aber kam daselbst von Nazareth und machte sich auf mit Jmmanuel und seinem Bruder Thomas und mit Judas Ischarioth, so sie den Weg unter sich nahmen nach Indienland.
36. Jmmanuel aber begann wieder zu predigen und zu lehren das Volk, so er es am Wege fand oder wenn er in einen Ort kam.
37. Neu war die Kraft in ihm und gewaltiger also seine Lehre als zuvor.

19. Jmmanuel continued stoking the flaring concoction, so that powerful flashes of light, stars and fireballs shot into the sky or fell from it. All this was accompanied by thundering booms and loud hissing sounds, as if from gigantic dragons and serpents.
20. The thundering and booms subsided, as did the hissing. The blinding flashes and the multi-coloured fires died down, yet stinging smoke continued to cover the land and caused the group to cough and shed tears.
21. Then Jmmanuel called out, "Saulus, Saulus, why do you persecute my disciples?"
22. But Saulus was afraid and fell to the ground, crying out, "Who are you who speaks to me like this?"
23. And Jmmanuel answered, saying, "I am Jmmanuel whom you persecute in your hatred, along with my disciples.
24. "Get up. Go into the city and let yourself be taught how you should live."
25. Saulus was very afraid and said, "But you are the one who was crucified. So you are dead and must be speaking to me as a ghost."
26. However Jmmanuel did not answer him. He left and headed for Damascus.
27. But the men who were Saulus' companions stood still, petrified with fear, because they also believed they had heard a ghost.
28. Saulus got up from the ground and opened his eyes. However, he saw nothing because his eyes were blinded, for he had stared directly into the bright light Jmmanuel had generated.
29. His companions then took him by the hand and led him to Damascus,
30. and for three days he saw nothing, ate nothing and drank nothing.
31. However, one of Jmmanuel's disciples came to Saulus and preached to him the new teachings, and gradually he accepted them.
32. But because of the events by the rocks, his consciousness was slightly confused. He misunderstood much and spoke incoherently.
33. Somewhat confused in his consciousness, he went away and preached incoherent nonsense to the people.
34. Jmmanuel, however, remained in Damascus another thirty days and made it known that he would be leaving the country and travelling to the land of India.
35. His mother Maria came from Nazareth and set out on the road to the land of India with Jmmanuel, his brother Thomas, and Judas Ischarioth.
36. And Jmmanuel began to preach again and teach the people wherever he encountered them along the way and in any settlement he came to.
37. There was a new strength within him and his teachings were more powerful than before.

Das 34. Kapitel

Die Schöpfungslehre

1. Jmmanuel aber predigte gewaltig und sprach: «Siehe, über dem Menschen und über Gott und über allem steht die Schöpfung.
2. Für den Verstand des Menschen scheinet sie vollkommen zu sein, dem ist aber so nicht.
3. So die Schöpfung Geist ist und lebet also, muss auch sie vervollkommnen sich bis in die Unendlichkeit.
4. Da sie aber eins ist in sich selbst, kann sie vervollkommnen sich durch die eigenen Schöpfungen; durch die Zeugung neuen Geistes, der im Menschen wohnet und ihn belebet und also durch sein Lernen fortschrittlich wird und sich vervollkommnet.
5. Der neu gezeugte Geist aber ist wohl ein Teil der Schöpfung selbst, unwissend jedoch noch bis ins kleinste Jota.
6. So dann ist erschaffen ein neuer Geist, der noch im Kleinsten unwissend ist, lebt er im Leibe eines Menschen und beginnet zu lernen.
7. Unwissender Geist/unwissendes Bewusstsein erscheinet dem Menschen dumm und er saget, dass dieser Mensch irre sei.
8. Mitnichten ist er's aber, denn er ist nur unwissend und leer an Wissen und Weisheit.
9. So möge dieser neue Geist/dieses neue Bewusstsein leben im Menschen ein Leben, um Wissen zu sammeln also.
10. Gehet dieser Geist/dieses Bewusstsein dann aber ins Jenseits, ist er/es nicht mehr so unwissend, wie zu seinem Beginn.
11. Und wieder kommt er zurück in die Welt und lebet als Mensch, doch aber nicht mehr so sehr unwissend wie zu seinem Beginn.
12. Wieder lernet er und sammelt weiteres Wissen und neue Weisheit, so er dem Unwissen immer mehr entfliehet.
13. So kommt aber die Zeit nach vielen Wiederleben, dass der Mensch diesem Geist/Bewusstsein saget, dass er/es sei normal und nicht irre.
14. Nicht aber ist das das Ende des Geistes/Bewusstseins und die Erfüllung, denn wissend geworden suchet er nun die grösste Weisheit.
15. So der Mensch sich vervollkommnet so weit, dass er sich schöpferisch entfalte und allen Endes eins werde mit der Schöpfung, das ihm so bestimmet ist von Anbeginn.
16. Also die Schöpfung einen neuen Geist geschaffen hat und ihn vervollkommnen lassen hat selbständig im Menschenkörper, und der vollkommene Geist zurückkehrt zur Schöpfung und eins werde mit ihr, so vervollkommnet sich die Schöpfung in sich selbst, denn ihr ist das Wissen und die Weisheit, es zu tun.

Chapter 34

Teachings About Creation

1. Jmmanuel preached powerfully, saying, "Behold, Creation stands above humanity, above god and above everything.
2. "It appears to be perfect by human comprehension, but this is not so.
3. "Since Creation is spirit and thus lives, even it must forever perfect itself.
4. "But since it is one within itself, it can perfect itself by way of its own creations, through the generation of new spirit forms that dwell within human beings, give them life, and evolve towards perfection through their learning.
5. "The newly generated spirit is part of Creation itself; however, it is unknowing down to the smallest iota.
6. "When a new spirit is created, which is still unknowing in every way, it lives in a human body and begins to learn.
7. "Persons may consider the unknowing spirit/consciousness as stupid and say that the individual is confused.
8. "But it is not, because it is only unknowing and devoid of knowledge and wisdom.
9. "Thus may this new spirit/consciousness live a life within a human being in order to gather knowledge.
10. "Then, when this spirit/consciousness enters the beyond, it is no longer as unknowing as it was at the time of its beginning.
11. "And it returns into the world and lives again as a human being but is no longer quite as unknowing as it was at its beginning.
12. "Again it learns and gathers further knowledge and new wisdom, and thereby increasingly escapes from ignorance.
13. "So, after many renewed lives, the time comes when people say that this spirit/consciousness is normal and not confused.
14. "But this is neither the end of the spirit/consciousness nor its fulfilment, because, having become knowing, it now seeks the greatest wisdom.
15. "Thus, the human being perfects himself so extensively that he unfolds in a Creational manner and ultimately becomes one with Creation, as it was destined from the earliest beginning.
16. "Thus, Creation has brought forth a new spirit, allowing it to be perfected independently in the human body. The perfected spirit returns to Creation to become one with it, and in this manner Creation perfects itself within itself, for in it is the knowledge and wisdom to do so.

17. Wahrlich, ich sage euch: Nicht wird eine Zeit kommen, dass die Schöpfung aufhöret neuen Geist zu schaffen und sich selbst zu weiten.
18. Wohl bedarf auch die Schöpfung der Ruhe, so sie zu einer Zeit schlafet und nicht schöpfet, wie es eigen ist allem Lebendigen.
19. So das menschliche Leben Tag und Nacht hat und es in Arbeit und Ruhe teilet, also hat die Schöpfung ihre Zeiten, da sie arbeitet oder ruhet.
20. Ihre Periode dauert aber anders als die der Menschen, denn ihre Gesetze sind die Gesetze des Geistes.
21. Die Gesetze der Menschen sind aber die Gesetze des materiellen Lebens.
22. So das materielle Leben beschränket ist, dauert aber das Leben des Geistes für alle Zeit und kennet kein Ende.
23. Die Schöpfung aber unterliegt den Gesetzen der Urdauer und der Urzeitschöpfung, die da ist das Absolute Absolutum und der Anfang und die Endlosigkeit von allem und erschaffen aus sich selbst.
24. Ihr Geheimnis aber ist das Unmessbare und es liegt in der Zahl Sieben, die da gerechnet wird in Malen.
25. Dies aber gehöret zu den Geheimnissen und den Gesetzen, die der Verstand des Menschen nur wird lösen in der Vollkommenheit.
26. Gesaget sei aber, dass dem Weisen die Gesetze des Lebens nicht verborgen sind, so er sie erkennet und befolget.
27. So der Weise also die Erkennung hat, dass das Geheimnis der Urzeitschöpfung in der Zahl Sieben lieget und allso gerechnet wird, so er das Wissen erlanget und besitzet, dass auch die Schöpfung ihre Zeiten hat, da sie arbeitet oder ruhet, die da aber wieder werden gerechnet in der Zahl Sieben.
28. Sieben Grosszeitalter ruhete die Schöpfung im Schosse des Schlummers, so nichts war und das Universum auch nicht.
29. Nur die Schöpfung war in sich selbst im Schlummer und schuf keine Kreatur und nichts.
30. Aber sie erwachte aus ihrem Schlummer durch die sieben Perioden der sieben Grosszeiten, und sie begann zu schöpfen Kreatur und alles.
31. So sie aber nun geruhet hat sieben Perioden und sieben Grosszeiten, schöpfet sie nun Kreatur und alles sonst für andere sieben Perioden und sieben Grosszeiten, bis sie wieder bedarf der Ruhe und sich leget erneut in tiefen Schlummer für weitere sieben Grosszeiten.
32. So sie aber wieder ruhen wird und sich in Schlummer leget, wird nichts mehr sein ausser ihr in sich selbst.
33. Alle Kreatur wird nicht mehr sein und auch sonst nichts.
34. Nur die Schöpfung wird sein in sich selbst in den sieben Perioden und den sieben Grosszeiten, denn sie wird haben ihre Ruhe und schlummern also solange, bis sie wieder erwachet und neue Kreatur schaffen wird und alles sonst.
35. So aber die Schöpfung eins ist in sich selbst, so ist alles Leben und Bestehen und Existieren eins in sich selbst.
36. Wie der Mensch und alles Gewächs und alles Getier und alles Leben eins ist in sich selbst, ist es das Gesetz der Schöpfung, dass dem so sei.
37. Glaubet der Mensch, dass alles zwei oder drei sei, so ist dem aber nicht so, denn alles ist eins.

17. "Truly, I say to you, the time will never come when Creation ceases to create new spirit forms and to broaden itself.
18. "However, Creation also requires rest, a characteristic of all that lives, and when it slumbers it does not create.
19. "Just as human life has day and night and is divided into work and rest, so Creation also has its times of work and rest.
20. "Its period, however, is different from that of people, because its laws are the laws of the spirit,
21. "while human laws are the laws of material life.
22. "The material life is limited, but the life of the spirit lasts forever and knows no end.
23. "Creation, however, is subject to the laws of Primeval-Timelessness and Primeval-Creation, which is the Absolute Absolutum and the beginning and endlessness of everything. And it was created out of itself.
24. "Its secret is that which is immeasurable and is based on the number seven, which is counted in 'times.'
25. "This is one of the secrets and laws the human mind will solve only when it reaches perfection.
26. "But let it be said that the laws of life are not hidden from the wise man, hence he can recognize and follow them.
27. "Thus the wise understand that the secret of Primeval-Creation lies in the number seven and in computations based thereon. Thus they will gather and retain the knowledge that Creation has a time for work or rest that is also based upon the number seven.
28. "Creation rested in a state of slumber for seven Great-time Ages when nothing existed, not even the universe.
29. "Only Creation itself existed in slumber, and it brought forth no creature nor anything.
30. "However, it did awaken from its slumber through the seven cycles of seven Great Times and began to create creatures and every thing.
31. "After having rested for seven cycles of seven Great Times, it is now creating living organisms and everything else, and it will do so for seven more cycles of seven Great Times, until it requires rest again and reposes anew in deep slumber for a further seven Great Times.
32. "When it will rest again and lie down in slumber, nothing will exist except for Creation itself.
33. "There will be neither creatures nor any other thing.
34. "Only Creation itself will exist during the seven cycles of the seven Great Times, because it will rest and slumber until it awakens again and brings forth new creatures and everything else.
35. "Just as Creation is one within itself, however, so is all life, being and existence one within itself.
36. "It is by the law of Creation that all human beings, plants, all life forms of animality and all life are one in themselves.
37. "A person may believe that everything is two or three, but that is not so, because everything is one.

38. Was der Mensch glaubet zwei oder drei zu sein ist eins, so er also alles zwei oder drei zu eins mache.
39. So der Geist im Menschen ein Teil ist von der Schöpfung, er also eins ist mit der Schöpfung, so er also nicht ist zwei.
40. Und so der Leib ist ein Teil des Geistes in anderer Form und Materie, er also eins ist mit dem Geist, so er also nicht zwei ist.
41. Die Lehre ist die, dass eine Einheit ist und nicht eine Zweiheit oder Dreiheit in einer andern Form irgendwie.
42. So dem Menschen also scheinet, dass eine Zweiheit oder Dreiheit sei, lieget er einem Trug unter, weil er in Unlogik und menschlichem Wissen denkt.
43. Denket er aber im Wissen des Geistes, so findet er die Logik, die im Gesetze lieget also.
44. Irrig kann nur sein das Denken des Menschen, nicht aber irrig sein können die Gesetze der Schöpfung.
45. Daher ist gesaget also, dass alles ausgehet von einer Einheit und eine Zweiheit nur ist scheinbar, weil der Mensch in seinem kurzen Denken die Wahrheit nicht erfasset.
46. So also alles ist eine Einheit und alles aus ihr hervorgehet, keinerlei Zweiheit oder Dreiheit lebendig sein kann, weil sie verstossen würde wider die Gesetze der Schöpfung.
47. Also aber mache der Mensch die Zwei oder Drei zu eins und denke und handle nach den Gesetzen der Schöpfung.
48. Nur in seinem Unverstande machet der Mensch eine Zweiheit oder Dreiheit und verstosset wider die Gesetze der Schöpfung.
49. Richtet er aber aus alles in die Einheit und machet alles zu eins, und wenn er dann saget zu einem Berg: ‹Hebe dich hinweg›, so hebet er sich hinweg.
50. So also alles eins ist in der Schöpfung und in ihren Gesetzen und in der Kreatur und in der Materie, so ist sie ohne Fehl.
51. So ein Weiser also saget, dass deren Dinge immer zwei sind, so meinet er, dass sie eins sind in sich selbst und eins sind zusammen.
52. Es ist der Schein nur, der die zwei macht, denn in sich selbst und auch zusammen ist es immer eins.
53. So also das Böse in sich eins ist, weil es ebenso in sich gut ist, ist auch das Gute in sich eins, weil es ebensoviel in sich böse ist.
54. Also sie auch gespalten eins sind und eine Einheit, sind sie ungespalten auch eins und eine Einheit, denn so ist das Gesetz der Schöpfung.
55. Es ergibt sich also, dass in Scheinbarkeit zwei Teile sind, die aber in sich eins sind und ungespalten auch eins sind.
56. So aber Menschen sagen, dass es auch eine Dreiheit gebe, so ist verwirret ihr Bewusstsein durch irgendwelche Kulte oder verfälschte Lehren oder irres Denken.
57. Eine Einheit ist immer gemachet in zwei Teile, die in sich eins sind, so sie nur eine Zweiheit sind in Scheinbarkeit.
58. So also der Mensch eine Einheit in zwei Teilen ist, ist der Geist eine Einheit in zwei Teilen, beide aber eins in sich selbst und eins zusammen.

38. "Whatever people believe to be two or three is actually one, so they should make everything that is two or three into one.
39. "Since the spirit in a person is part of Creation, it is one with Creation; consequently it is not two.
40. "And since the body is a part of the spirit in a different form and matter, it is therefore one with the spirit; consequently it is not two.
41. "The teachings state that there is a unity and not, in any way or form, a duality or trinity.
42. "If it appears to people that there is a duality or trinity, then they are the victims of deception, for they do not think logically but according to human knowledge.
43. "But if they think according to the knowledge of the spirit, they find the logic, which is also in the law.
44. "Only human thinking can be incorrect, not the laws of Creation.
45. "For this reason, it is said that everything emanates from a unity, and a duality seems apparent only because human beings, in their limited thinking, cannot grasp the truth.
46. "Since everything is a unity and everything emanates from it, no duality or trinity whatsoever can exist because it would violate the laws of Creation.
47. "Therefore people should make the two or three into one and think and act according to the laws of Creation.
48. "Only in ignorance does a person fabricate a duality or trinity and give offence to the laws of Creation.
49. "When a person aligns everything into this unity, making everything into one, and then says to a mountain, 'Move away,' then it will move away.
50. "When everything is one in Creation, in its laws, in the creatures and in matter, it is without error.
51. "When a wise man says there are always two of everything, he means that they are one within themselves and one together.
52. "It is only two in appearance, because in itself and also together it is always one.
53. "Therefore evil is one in itself because it is also good in itself. Likewise, good is one in itself because it is just as much evil in itself.
54. "Since even when apart they are one and a unity, together they are also one and a unity, for this is the law of Creation.
55. "Thus the result is that there are two parts in appearance, but they are both one in themselves and one when together.
56. "If, therefore, people say there exists also a trinity, then their consciousness has been addled by some cult, falsified teachings or confused thinking.
57. "A unity always consists of two parts, which are one in themselves and are a duality only in appearance.
58. "Since a person is a unity of two parts, the spirit is a unity of two parts, but both are one in themselves and one together.

59. Ohne den Geist vermag der Leib nicht zu leben, so aber auch umgekehret ist, denn Geist und Leib sind eine Einheit, obwohl sie sind eine scheinbare Zweiheit.
60. Der Geist aber lebet nach dem gleichen Gesetz, denn auch in sich ist er in zwei Teilen und in sich eins in jedem Teil und also eins in sich selbst.
61. Die beiden Teile vom Geiste aber sind Weisheit und Kraft.
62. Ohne die Weisheit des Geistes kann seine (Bewusstseins-) Kraft nicht ausgenützet werden, so aber auch kann die Weisheit nicht entstehen ohne die bewusstseinsmässige Kraft.
63. Also brauchet es immer zwei Dinge, die in sich sind eins, so eine Einheit ist in der Einheit, nicht aber eine Zweiheit.
64. So besaget also das Gesetz, dass der Mensch ist eine Einheit in sich selbst, die aber bestehet in zwei gleichen Teilen, die in sich auch sind eine Einheit und ungetrennet auch sind eine Einheit.
65. Die zwei gleichen Teile aber im Menschen, die jeder für sich sind eine Einheit, sind der Leib und der Geist.
66. So also gelehrt wird von den Schriftgelehrten, dass der Mensch in einer Dreiheit lebe, so ist diese Lehre irrig und verfälschet, denn sie wird nicht gelehret nach den Gesetzen der Schöpfung.»

59. "The body cannot live without the spirit and conversely, because spirit and body are a unity despite their seeming duality.
60. "The spirit, however, lives according to the same law, because in itself it also consists of two parts and is one in each part; thus it is one in itself.
61. "The two parts of the spirit are wisdom and power.
62. "Without wisdom of the spirit, its (consciousness-related) power cannot be utilized, nor can any wisdom emerge without consciousness-related power.
63. "Hence, two things are always required that are one within themselves, so there is a oneness within the unity but not a duality.
64. "Thus the law says that a human being is a unity in itself, which consists of two equal parts that form a unity, both within themselves and also together.
65. "And the two equal parts in the human being, each of which constitutes a unity within itself, are the body and the spirit.
66. "So when the scribes teach that a person lives in a trinity, this teaching is erroneous and falsified, because it is not taught in accordance with the laws of Creation."

Das 35. Kapitel

Kulte um Jmmanuel

1. Es begab sich aber, dass Jmmanuel mit seiner Mutter Maria und seinem Bruder Thomas dahinzog in die Städte am Meer im Norden, da von alters her kriegerische Weiber hausten, deren Nachkommen aber nun friedfertig waren.
2. Ihnen aber predigte er die neue Lehre nach seinem Wissen und musste fliehen aus ihren Städten, da sie ihn zu töten trachteten.
3. Ihre eigene und wahrheitsfremde Lehre war von einem strengen Kult, und andere Lehren straften sie mit dem Tode.
4. Jmmanuel aber war geächtet bei diesem Volke und floh, und man verfolgte ihn als Aufwiegler wider ihren Kult.
5. Es begab sich aber, dass er auf der Flucht einer grossen Karawane begegnete, so er sich ihr anschloss mit seinem Gefolge und hineinzog in das Land und in die Berge.
6. So sie aber kamen in das Landesinnere und durchquerten es in vielen Wochen, da kamen sie an ein anderes Meer und in die Stadt Ephesus.
7. Jmmanuel aber fürchtete sich sehr und predigte nicht mehr seine neue Lehre, so er nicht erkennet würde von dem einen oder dem anderen, denn in Ephesus waren viele Leute, die da waren Händler und Kaufleute und kamen aus Jerusalem, um hier Handel zu treiben.
8. Und viele waren unter ihnen, die Jmmanuel kannten und ihm nicht friedlich gesinnt waren, so er vor ihnen wich und sein Antlitz verhüllte.
9. Die Händler und Kaufleute aber hatten verbreitet in Ephesus die Geschichte Jmmanuels und das Geschehen seines vermeintlichen Todes, das sich alles zugetragen hatte vor zwei Jahren und einem halben.
10. So er aber wenige Tage in der Stadt gelebet hatte, siehe, da erkannte ihn doch einer unter den Kaufleuten und sagte es seinen Gleichgesinnten, die einem geheimen Bunde angehörten, den sie nannten den Bund der Essäer.
11. So ward Jmmanuel gebracht von ihnen zu einer geheimen Zusammenkunft, denn sie mussten fürchten vor dem Volke, weil ihr geheimer Bund nicht erlaubet war.
12. Unter ihnen aber war einer namens Juthan, und der war der Älteste des geheimen Bundes in Jerusalem, und er redete und sprach also:
13. «Siehe, das Geschehen in deinem Leben ist uns sehr wohl bekannt, doch aber wissen wir nicht, warum du noch unter den Lebenden bist, so sage uns doch dein Geheimnis.»
14. Jmmanuel aber fürchtete, dass er gebunden würde und zurückgebracht werden sollte nach Jerusalem, wenn er gegenüber den Verschworenen schweigen würde, weshalb er dem Essäerbunde also berichtete.
15. Und er sprach zu ihnen all das, was sich zugetragen hatte und wie er flüchtete aus Jerusalem und kam hierher.

Chapter 35

Cults Around Jmmanuel

1. It came to pass that Jmmanuel, his mother Maria, and his brother Thomas travelled on into the cities at the sea in the north. Since olden times, warrior women inhabited the area, but their descendants were now peace loving.
2. He preached to them the new teachings according to his knowledge but had to flee their cities when they attempted to kill him.
3. Their own teachings, far removed from truth, were from a rigid religious cult; and they punished with death those who taught differently.
4. Jmmanuel was treated as an outcast by these people and persecuted as an agitator against their cult. So he fled.
5. It came to pass during his flight that he met up with a large caravan. He and his following joined it and continued inland and into the mountains.
6. They travelled through the central part of the country for many weeks whereupon they came to another sea and into the city of Ephesus.
7. But Jmmanuel was very much afraid, and no longer preached his new teachings so that no one would recognize him; for in Ephesus were many people—dealers and merchants, who came there from Jerusalem to conduct business.
8. Many among them had known Jmmanuel and had not been well disposed toward him; therefore he avoided them and obscured his face.
9. The dealers and merchants in Ephesus had spread the story of Jmmanuel and his purported death, which had occurred two-and-one-half years earlier.
10. However, after he had been in the city for a few days, behold, he was recognized by one of the merchants who informed others of like belief. They belonged to a secret group called the Association of the Essenes.
11. They brought Jmmanuel to a meeting that was secret, for they feared the people because their secret society was considered unlawful.
12. But among them was one named Juthan, the most senior of the secret society in Jerusalem, and he spoke, saying,
13. "Behold, we know very well what has taken place in your life, but we do not understand how you can still be among the living. So, do tell us your secret."
14. Jmmanuel feared that he would be bound and returned to Jerusalem if he remained silent in front of the conspirators; so he recounted everything to the Essenes.
15. And he told them about all that had transpired and how he had fled from Jerusalem and had arrived in their region.

16. Juthan, der Älteste aber sprach: «Siehe, wir gehören an einem geheimen Bunde, der sich nennet ‹Bund der Essäer›.
17. Unser Drängen und unser Wissen ist aber nicht ausgerichtet nach den Lehren der Schriftgelehrten, sondern nach den Geheimnissen der Natur und allem, was da ist für den Menschen unerklärlich.
18. Du aber bist in deinem Wissen gross und weit vorangekommen und übertriffest uns und die Schriftgelehrten und so also die Pharisäer, Sternendeuter und gar die Ältesten und Weisen im Wissen in vielen Massen.
19. Trete daher bei unserem Bunde und sei einer der unseren und lehre uns dein Wissen.»
20. Jmmanuel aber antwortete und sprach: «So ich euch lehren sollte mein Wissen, würde es sich nicht binden lassen mit euren Lehren, denn so ihr euch richtet nach menschlicher und unvollkommener Weisheit, so halte ich es aber mit der bewusstseinsmässigen Weisheit.
21. So denke ich, dass sich unsere unterschiedlichen Lehren feindlich sein werden.
22. Es lieget mir aber auch nicht, dass ich mein Wissen und meine Lehre im geheimen verbreite, was jedoch euer Tun ist, da ihr seid der geheime Essäer-Bund, der nicht erlaubt ist.
23. Lasset mich aber bedenken das Für und das Wider während drei Tagen, so ich euch dann sagen werde ja oder nein, denn alles muss ich erst bedacht haben, ehe ich dazu ein letztes Wort gebe.»
24. Juthan aber sagte und sprach: «Es sei so, wie du sagst.
25. Friede sei mit dir.
26. Gehe hin und gebe uns Bescheid in drei Tagen, so du dein Wort reden willst.»
27. Jmmanuel aber ging von dannen und floh mit seinem Gefolge aus der Stadt und ging nach Osten weit ins Land.
28. Jmmanuel aber sagte zu seinem Gefolge und sprach: «Sehet, der Essäer-Bund lebet in einem irren Kult, doch aber sammeln die Anhänger viel von meiner Lehre.
29. Ihre alte Lehre aber ist nicht die Lehre der Wahrheit, des Wissens, der Liebe, der Logik, der Schöpfungsgesetze und der Weisheit, so sie ist irrig und nicht von gutem und rechtem Wert.
30. Sie aber haben es erkennet und flechten nun hinein in ihre halbwahrheitlichen Lehren auch meine wahrheitliche Lehre, so sie daraus einen neuen Kult machen, um mich als einen der ihren beschimpfen zu können.
31. Sagen werden sie, dass ich ihrem Bunde verbunden sei und hätte Hilfe gehabt von ihnen seit Anbeginn von meinem Leben.
32. Sie werden aber auch sagen, dass meine Lehre aus dem Wissen ihres Kultes sei und dass sie mich als einen der ihren vom Kreuze errettet hätten.
33. Ihre Rede wird aber auch die sein, dass alle meine Anhänger aus ihrem Kulte wären.
34. Und ihre Rede wird auch sein also, dass ich Gottes Sohn wäre.
35. Ich aber sage euch, dass ich nie habe angehöret diesem Essäer-Bund und dass ich nichts habe gemein mit diesem oder den Anhängern, so ich auch nie von ihnen Hilfe hatte.

16. Juthan, the eldest, said, "Behold, we belong to a secret group called the Association of the Essenes.
17. "Our quest and knowledge are not attuned to the teachings of the scribes, but to the secrets of nature and all that is inexplicable to human beings.
18. "You are great in your knowledge, and by all measures you have advanced in knowledge far beyond us and the scribes, Pharisees, astrologers, even the elders and the philosophers.
19. "Therefore, come join our society, be one of us and teach us your knowledge."
20. But Jmmanuel answered, saying, "Even if I were to teach you my knowledge, it would not agree with your teachings, because you follow incomplete human wisdom, whereas I adhere to consciousness-related wisdom.
21. "Therefore, I think that our different teachings would be incompatible with each other.
22. "It is also not my inclination to spread my knowledge and teachings in secret, as you do, since your secret Association of Essenes is unauthorized.
23. "But let me think over the pros and cons for three days, and whether I will then tell you 'yes' or 'no', because I must first think about everything before I give you my last word on it."
24. And Juthan said, "Be it as you say.
25. "Peace be with you.
26. "Go and give us an answer in three days, if you want to speak your word then."
27. But Jmmanuel departed from there, fleeing from the city with his following, and travelled east, far into the country.
28. And Jmmanuel said to his followers, "Behold, the Association of the Essenes lives according to an erroneous religious cult, though its followers gather much from my teachings.
29. "Their old philosophy, however, is not the teachings about Creation, knowledge, love, logic, wisdom and the laws of Creation. Therefore, it is incorrect and not of adequate or real value.
30. "But they have recognized this and are now weaving my truthful teachings into their teachings of half-truths, to create from this a new doctrine so that they can demean me by calling me one of them.
31. "They will claim that I am affiliated with their society and that they had helped me from the beginning of my life.
32. "And they will even say that my teachings stem from the knowledge of their cult, and that they had saved me from the cross because I was one of them.
33. "They will claim that all my followers were from their cult,
34. "and they will also claim that I am the son of God.
35. "But I tell you that I have never belonged to this Association of Essenes and that I have nothing in common with it or its followers; thus I also never received help from them.

36. Nicht aber allein wird sein der Essäer-Bund, der sich auf mich berufet, denn viele Kulte werden in meinem Namen entstehen und sich dadurch gross wähnen und damit scheinen wollen vor den Menschen.
37. So werden auch kommen Menschen mit fremdartigen Kulten und mich in ihnen verherrlichen, so es mehr glaubwürdig sei für das Volk, dadurch es mehr versklavet und ausgebeutet werden kann.
38. Viele Kulte aber werden erstellet in meinem Namen, aus dem Grunde aber nur, dass der Mensch versklavet werde in seinem Bewusstsein und in seiner Freiheit und dadurch den Kulten grosse Macht über das Volk und das Land und über das Geld bringe.
39. Ich aber sage euch, dass kein Kult gerecht sein wird, so er nicht allein die Schöpfung als Höchstes erkennet und nach ihren Gesetzen und Geboten lebt.
40. Kein Kult aber wird sein, der die wahrheitliche Lehre prediget oder das Wissen oder die Wahrheit.
41. Dies aber wird sein in zweimal tausend Jahren, ehe die Zeit kommen wird, da meine Lehre unverfälschet neu gepredigt wird, wenn der Stand der Irrlehren und Irrkulte und der Lug und Betrug und Trug der Totenbeschwörer und «Geisterbeschwörer», der Wahrsager und Hellseher sowie aller Scharlatane um die Wahrheit am höchsten sein wird.
42. Bis dahin aber werden der falschen Kulte und der Lügner und Betrüger, der Scharlatane, Toten- und «Geisterbeschwörer», falschen Wahrsager, Hellseher und falschen Mittler zu angeblich Überirdischen, Andersdimensionierten und Weithergereisten aus den Tiefen des Weltenraumes so viele sein, dass sie nicht mehr gezählet werden können.
43. Und sie werden aufgebaut sein auf Menschenblut und auf Hass und Gier und Macht, auf Lug und Trug, auf Betrug, Irrung und Selbstbetrug, Bewusstseinsverwirrung und Wahn.
44. So sie aber aufgebaut werden, sollen sie wieder zerstöret werden, denn siegen wird die Wahrheit.
45. Denn es gibt keine Unwahrheit, die nicht der Lüge überführet würde.
46. So gibt es aber auch nichts Verborgenes, das nicht offenbar würde.
47. Es erkenne der Mensch, was vor seinem Angesichte ist; und was ihm verborgen ist, das wird sich ihm offenbaren, wenn er suchet die Wahrheit und die Erklärung der Weisheit.
48. Die Wahrheit aber lieget tief und in den Gesetzen der Schöpfung; dort allein möge sie der Mensch suchen und finden.
49. Wer aber suchet, der soll nicht aufhören zu suchen, bis er findet.
50. Und wenn er findet, wird er erschüttert sein zutiefst und verwundert, doch dann wird er herrschen über das All.
51. Daraus möge der Mensch erkennen, dass das Reich ist in ihm und ausser ihm.»

36. "The Association of the Essenes will not be the only group to make use of my name. Many cults will come forth in my name and will thus consider themselves great and will want to dazzle the people thereby.
37. "Similarly, people will establish peculiar cults and will glorify me in them, so as to be more credible, whereby the public can be further enslaved and exploited.
38. "And so, many cults will be established in my name, but their purpose will only be to enslave people in their consciousness and freedom, thereby bringing the cults great power over the people, the land and the money.
39. "But I tell you that no cult will be righteous if it does not recognize Creation alone as the highest power and does not live according to its laws and directives.
40. "And no cult will exist that preaches the truthful teachings, the knowledge or the truth.
41. "It will be two times a thousand years before the time comes when my teachings will be preached anew, without being falsified. This will occur when false doctrines and erroneous cults, when lies and fraud, and when deception by the necromancers, by the soothsayers and clairvoyants, as well as by all the charlatans of the truth, will be at their peak.
42. "Until then, false cults, as well as liars, deceivers, charlatans, necromancers, false soothsayers, clairvoyants, and false mediums pretending to speak for supernatural, other-dimensional and extraterrestrial beings from the depths of the universe, will be so numerous that they can no longer be counted.
43. "And such cults will be built upon human blood, hatred, greed and power, on lies and deceptions, and on cheating, misunderstanding, self-deception, confusion of consciousness and delusion.
44. "But just as they will have arisen, so will they be destroyed, because the truth will triumph,
45. "for there is no untruth that will not be denounced as a lie.
46. "There is nothing hidden that will not become revealed.
47. "Human beings will recognize what is before their faces, and what is hidden from them will reveal itself when they search for the truth and the enlightenment of wisdom.
48. "But the truth lies deep within the laws of Creation, and there alone should the human being seek and find it.
49. "Those who seek shall not stop seeking until they find,
50. "and when they find, they will be profoundly shocked and astonished, but then they will rule over the universe.
51. "May human beings recognize from this that the world is within them and outside of them."

Das 36. Kapitel

Mensch und Schöpfung

1. Es begab sich aber, dass Jmmanuel predigte vom Menschen und von der Schöpfung, als er mit einer Karawane nach Osten ging.
2. Und er sagte und sprach: «Der Mensch möge schauen hinauf zu den Sternen, denn dort herrschet majestätische Ruhe und Erhabenheit.
3. Wie in eherner Ordnung vollziehet sich dort die unendliche und zeitlose Wandlung durch Tage und Monde und Jahre, weggleitend zu Jahrhunderten, Jahrtausenden und Jahrmillionen.
4. Der Mensch aber möge auch schauen hinab auf die Erde, denn auch dort ist schöpferisches Walten und zeitloses Werden und Vergehen und Leben und Sein zu immer neuem Entstehen.
5. Wo die Natur sich selbst ist überlassen, da herrschet Grösse und Würde und Schönheit in Harmonie.
6. Dort aber, wo sind Spuren menschlicher Ordnung am Werke, dort zeuget Kleinheit und Unwürde und Unschönheit von erschreckender Disharmonie.
7. Der Mensch aber, der sich nennet mit erhobener Brust die Krone der Schöpfung, er erkennet die Schöpfung nicht und stellet ihr Menschen gleich.
8. Nicht weit aber wird es dieser Mensch bringen, der das Feuer gebändiget hat und die Erde beherrschet.
9. Wohl wird er lernen Wasser und Luft zu bezwingen, wobei er aber verlernet, die Schöpfung über ihm zu erkennen und ihre Gesetze.
10. So aber vergisset er auch: Die Wahrheit zu suchen, das Wissen, die Liebe, die Ehrfurcht, das Leben, die Logik und wahrliche Freiheit und die Weisheit.
11. Und er verlernet: Friedlich zu leben als Mensch unter Menschen.
12. Sein Schlachtruf wird sein der Kampf, da er Macht will erringen durch Gewalt.
13. So er aber Macht in seinen Händen glaubet, nützet er sie zu Sklaverei und Blutvergiessen, zu Ausbeutung, Unmenschlichkeit, Verbrechen und Ausartung.
14. Er wird sprechen von Ehre und Freiheit und von Wissen, so es aber in Wahrheit nur sein wird Heuchelei und Zwang und irre Lehre.
15. So wird verlieren der Mensch sein Antlitz in Zukunft und tragen eine böse und falsche Maske zur Schau.
16. Viele werden ausarten zu Bestien und wissenlos und gewissenlos verbringen ihre irdischen Tage.
17. Des Menschen Trachten und Sinnen wird gestellet sein nur auf Erwerb und Macht und Lust und Sucht und Gier.
18. Mit seinem Verstande wird er gliedern die Dinge dieser Welt, damit er sie sich dienstbar mache, ungeachtet dessen, dass er dadurch vielfach zerstöret die Gesetze der Natur und diese selbst.

Chapter 36

The Human Being and Creation

1. It came to pass that Jmmanuel preached of the human being and of Creation as he went eastward with a caravan.
2. He said, "Human beings should look upward to the stars, for majestic peace and grandeur rule there.
3. "As though by immutable law and order, the infinite and everlasting changes take place there over days, months, years and beyond for centuries, millennia and millions of years.
4. "Human beings, however, should also look downward upon the Earth for there, as well, is Creational activity and endless becoming and passing away, and life and existence, toward ever newly developing forms.
5. "Greatness, excellence and beauty rule harmoniously where nature is left to itself.
6. "But where traces of human order are at work, there pettiness, disgrace and ugliness testify to alarming disharmony.
7. "With inflated chest, the human being calls himself the crown of creation, and yet he is not cognizant of Creation and sets persons on a level with it.
8. "But this human being, who has tamed fire and rules the Earth, will not go far.
9. "Without a doubt, human beings will learn to harness water and air, but in the process they will forget to recognize Creation above them and its laws.
10. "Thus they will also forget to seek truth, knowledge, love, respect, life, logic, true freedom and wisdom,
11. "and they will forget to live peacefully with each other.
12. "Their battle cry will be warfare, for they want to attain power through violence.
13. "But when they believe they have power in their hands, they will use it for enslavement and bloodshed, exploitation, brutality, crime, and degeneration.
14. "They will speak of honour, freedom and knowledge, but in truth these will be only hypocrisy, coercion and erroneous teachings.
15. "Thus, in the future, the human being will lose his face and display an evil and false mask.
16. "Many will degenerate into beasts and spend their earthly days without knowledge and conscience.
17. "Human ambitions and desires will be directed only toward acquisition, power, lust, addiction and greed.
18. "With their intellect, human beings will arrange the things of this world to make them subservient, regardless of the fact that in so doing they break the laws of nature and destroy nature itself in many ways.

19. Nicht mehr vertrauen wird er in die zeitlosen Wahrheiten, die in den Gesetzen der Natur verankert sind.
20. Menschliche Wissenschaften werden ihm höherstehen in seiner Selbsttäuschung als alle Werte der Naturgesetze und der Schöpfung.
21. In seiner Irre wird der Mensch glauben an diese irre von ihm selbsterzeugte armselige Lebensauffassung, die gezeuget wird durch irre Lehren der Kulte und durch Bestimmungen menschlicher Gesetze und Änderungen in den Gefügen der Herrschaft in den Ländern.
22. Weil der Mensch verlernet sein Wesen zu kennen von der schöpferischen Seite, wird er zwingen wollen sein Leben mit äusseren Mitteln.
23. So wird er betören und betrügen und ausbeuten unter der Anwendung von falschen Mitteln seine Mitmenschen und die ganze Welt.
24. Und wo noch sein wird ein Rest von Vertrauen und Wahrheit, wird er es wandeln in Misstrauen und Unwahrheit also, so er sich aber vom wahren Leben entfernet mehr und mehr.
25. So wird ihm verlorengehen auch der Grundsatz der ältesten Weisheit; dass für das Leben ist der Mensch das Mass aller Dinge, denn er ist doch ein Teil der Schöpfung.
26. Es wird aber kommen die Zeit für den Menschen, da er Umkehr halten muss und sich wieder heranführe an die zeitlosen Werte des Lebens.
27. Aber es werden nur wenige Menschen wissend sein zu Anbeginn, dass der Mensch nicht nur auf der Erde lebt, sondern auch in den endlosen Weiten des Weltenraumes, und dass der Mensch nicht nur lebt in der materiellen Welt, sondern dass sein Geist hineinraget in eine andere Welt, die nicht erfasset werden kann mit den üblichen groben Sinnen.
28. Die andere, feinstoffliche Welt aber ist die wahre Heimat des Geistes, weshalb ohne Unterlass versuchet werden soll, eine Erweiterung und Vertiefung des Wissens, der Liebe, der Wahrheit, der Logik, der wahrlichen Freiheit, des wirklichen Friedens und der Harmonie und der Weisheit zu erlangen, so sich der Geist vervollkomme und emporgehoben werde in die wahre Heimat und eins werde mit der Schöpfung.
29. Wahrlich, ich sage euch: Wer die Wahrheit dieser Rede verstehet und zur Erkenntnis in Weisheit gelanget, dem erwachet daraus eine Verpflichtung, dass er sein Leben ausrichtet auf seine Bestimmung der zeitlosen Wandlung zur Schöpfung hin.
30. So der Mensch ehrlich ist und suchet also, wird er nicht kennen eine vorgefasste Meinung und dadurch kein Urteil im voraus.
31. Der weise Mensch aber ist wissend und kennet das Gesetz des zeitlosen Flusses der zeitlosen Wandlung und bemühet sich deshalb, sich einzuleben in den grossen Gang der Geschehen und des Fortschrittes, denn er anerkennet die Gesetze der Schöpfung, dass die Kreise des Daseins durch die Bestimmung der Gesetze geschlossen werden müssen.
32. Wo sich Leben offenbaret überall, lieget ihm das Gesetz des unsichtbaren Geheimnisses zugrunde, das bewirket die zeitlose Wandlung.
33. Ein Mensch aber, der zeitlose und unvergängliche Gesetze und Wahrheiten missachtet und nicht anerkennet, muss üble Folgen auf sich nehmen.

19. "They will no longer trust in the eternal truths, which are anchored in the laws of nature.
20. "Through self-deception, they will find more meaning in the human sciences than in all the values of the laws of nature and Creation.
21. "In their confusion, human beings will believe in this erroneous, self-created, pathetic philosophy of life, which will be produced through the cults' erroneous teachings and through arrangements of human laws and vagaries of the principles that govern nations.
22. "Human beings will want to control their lives by external means, because they will have forgotten to be aware of their own essence from the Creational point of view.
23. "Through deceitful means they will delude, cheat and exploit their fellow human beings and the entire world.
24. "And wherever trust and truth still exist, they will change it into distrust and untruth, and in so doing they will get farther and farther away from the true life.
25. "Thus, they will also lose sight of the principle of the oldest wisdom, which states that human beings are the measure of all things in life because they are, after all, a part of Creation.
26. "But the time will come when the human being must turn around and become reacquainted with the eternal values of life.
27. "Initially only a few will know that human beings live not only on Earth but also in the endless expanse of the universe, and that they live not only in the material world but their spirits reach into another world that cannot be grasped by the ordinary physical senses.
28. "This other one, the ethereal world, is the true home of the spirit. Therefore, human beings should try without ceasing to broaden and deepen their knowledge, love, truth, logic, true freedom, genuine peace, harmony and wisdom, so that the spirit may be perfected and lifted up into its true home, becoming one with Creation.
29. "Truly, I say to you, those who understand the truth of this message and attain cognition through wisdom, will awaken to the obligation of aligning their lives with their destiny of eternal change toward Creation.
30. "When people are honest and seek, they will not hold any preconceived opinions or prejudices.
31. "But the wise do know and are aware of the law of the everlasting flow of eternal change. Therefore, they endeavour to adjust to the grand scheme of events and of progress, because they appreciate the laws of Creation, namely, that the cycles of existence must be completed as prescribed by these laws.
32. "Wherever life reveals itself, it is based upon the law of the invisible mystery that brings about the eternal change.
33. "But persons who disregard and fail to recognize the timeless and everlasting laws and truths must take upon themselves the dire consequences.

34. Lüge und Hass werden blenden einen solchen Menschen und gar ganze Völker, so sie rasen werden in den Abgrund ihres eigenen Verderbens.
35. Es wird kommen über sie eine blinde Zerstörungswut, und unter ihnen werden die Helden sein jene, die die grössten Zerstörer sind.
36. Zwiespalt wird durchziehen alles Leben des Menschen, und da eine Gespaltenheit ist, da ist nicht mehr ein Ganzes und keine Vollkommenheit.
37. Solange aber Unvollkommenheit im Leben herrschet, müssen auch die Folgen getragen werden vom Menschen, und die sind da die Krankheit und das Elend und die Ungerechtigkeit und die Not und der Streit und der Hader und Sklaverei und irre Kulte und die Ausbeutung bis zum Blute und dem Tode.
38. So achte der Mensch dessen und wache auf: Nur was zeitlos ist und unvergänglich, ist von Bestande und Wahrheit und Weisheit, denn so sagen es die Gesetze der Schöpfung, und so ist es.»

34. "Lies and hatred will blind such persons and even entire peoples; and they will rush into the abyss of their own destruction.
35. "A blind, destructive mania will overcome them, and the heroes among them will be those who are the greatest destroyers.
36. "Conflict will permeate people's entire lives, and where there is discord there is no longer wholeness and perfection.
37. "But as long as imperfection exists in life, human beings must bear the consequences: sickness and misery and injustice and privation and fighting and strife and slavery and erroneous cults and exploitation leading to bloodshed and death.
38. "So the human being shall be aware and awaken, for the laws of Creation state: Only that which is timeless and everlasting is of permanence, of truth and of wisdom, and so it is."

Schlusswort und Erklärung

Über lange Zeit hinweg hüllte sich der Übersetzer der Jmmanuel-Schriftrollen in Schweigen, wobei der Herausgeber der Übersetzung nicht wusste, warum er das tat. Das Rätsel löste sich am 19.9.1974, als bei ihm ein Brief eintraf, der vom Übersetzer geschrieben wurde am 14.9.1974 in Bagdad/Irak. Diesem Schlusswort folgend wird der Brief als Photokopie (in diesem Buch als Abschrift) verzeichnet, woraus die Leser die notwendigen Einzelheiten erfahren.

Durch den unerwarteten Verlust der Originalschriftrollen sind leider die einzigen Beweismittel verlorengegangen. Ausserdem aber ist das Arkanum/Talmud Jmmanuel dadurch nicht mehr vollständig. So kommen nur 36 Kapitel zusammen, also gut ein Viertel dessen, was die Originalschriften beinhaltet haben.

Da dem Herausgeber die restliche Geschichte Jmmanuels einigermassen bekannt ist, so möchte er den Lesern nicht vorenthalten, in groben Zügen das Wichtigste doch noch zu erklären: Mit seiner Mutter Maria, seinem Bruder Thomas und seinem Jünger Judas Ischarioth reiste Jmmanuel nach Nordindien. Dabei predigte er in vielen Ländern und musste oft fliehen, weil seine Reden revoluzzerisch waren. So dauerte sein Weg nach Indien mehrere Jahre, die mit schweren Strapazen verbunden waren. Im heutigen West-Pakistan, hoch oben im Norden und an den letzten Ausläufern des westlichen Himalayagebirges, wurde seine Mutter sehr schwer krank und starb, als Jmmanuel an die 38 Jahre alt war. Nach dem Verluste seiner Mutter zog Jmmanuel weiter und ging hinüber in das heutige indische Kashmir, wo er seine Lehre wieder weiter verbreitete. Er bereiste dabei einen sehr grossen Teil Indiens im Norden des Landes, auch aber das heutige Afghanistan und West-Pakistan, da sich dort zehn israelitische Stämme niedergelassen hatten, die aus Israel ausgewandert waren.

Als Jmmanuel ca. 45 Jahre alt war, ehelichte er eine junge und hübsche Frau, die ihm zahlreiche Nachkommenschaft gebar. Wie jeder normale Familienvater wurde er sesshaft und siedelte sich an im heutigen Srinagar, in Kashmir/Indien. Von dort aus unternahm er zahlreiche Reisen und predigte weiterhin seine alte neue Lehre. Im Alter von 115 Jahren *(siehe 334. Kontaktbericht vom 3.2.2003)* starb er dann eines ganz natürlichen Todes, und man begrub ihn in Srinagar. (Ebenfalls im 334. Kontaktbericht wird erwähnt, dass sein Bruder Jakobus ebenfalls in Srinagar starb, und zwar im Alter von 93 Jahren.)

Epilogue and Explanation

Over a long period of time the translator of the Jmmanuel scrolls wrapped himself in silence without the editor of the translation knowing the reason. The mystery was solved on September 19, 1974, when he received a letter written by the translator in Baghdad, Iraq, on September 14, 1974. Following the epilogue is an English translation of the letter, from which the readers will learn the necessary details. *(Note: In the German edition of the Talmud Jmmanuel, the letter is a photocopy.)*

Because of the unexpected loss of the original scrolls the only evidence was lost, unfortunately. Moreover, the Arcanum/Talmud Jmmanuel is thereby no longer complete. Only 36 chapters have thus been brought together, a little more than a quarter of what made up the original scrolls.

Because the editor is somewhat familiar with the remainder of the story of Jmmanuel, he would not want to withhold from the reader the most important events, described here in broad terms: With his mother Maria, his brother Thomas and his disciple Judas Ischarioth, Jmmanuel travelled to northern India. On the way he preached in many countries and had to flee frequently because his speeches were revolutionary. Thus his trip to India took him several years which entailed severe hardships. In today's West Pakistan, high up in the north and in the outermost spurs of the western Himalayas, his mother became very sick and died when Jmmanuel was about 38 years old. After the loss of his mother, Jmmanuel moved on and went over to today's Indian Kashmir where he kept spreading his teachings. He covered a vast portion of India, in the northern part of the land, and also today's Afghanistan and West Pakistan, because ten Israelite tribes had settled there after emigrating from Israel.

When Jmmanuel was about 45 years old he married a young and pretty woman, who bore him numerous children. He settled down, like any normal head of a family, in today's Srinagar in Kashmir, India. From there he undertook numerous trips and continued preaching his new teachings. He died at the age of 115 of natural causes and was buried in Srinagar *(see 334th Contact Report of February 3, 2003)*. In the 334th Contact Report it is also mentioned that Jmmanuel's brother Jakobus died at the age of 93 in Srinagar, as well.

Judas Ischarioth aber starb im Alter von ca. 90 Jahren und ward begraben an einem Ort unweit von Srinagar. Der erstgeborene Sohn Jmmanuels aber, genannt Joseph, schrieb Jmmanuels Geschichte weiter und verliess nach dessen Tode Indien. Auf einer dreijährigen Reise kehrte er zurück in das Land seines Vaters und lebte bis zu seinem Tode in Jerusalem. Die Originalschriftrollen aber nahm er von Indien mit und versteckte sie in der Grabhöhle, in der einst Jmmanuel gelegen hatte. Er wähnte diesen Ort am sichersten. Wie bereits im Vorwort erklärt wurde, sind dann diese Schriftrollen dort auch aufgefunden worden, wovon 36 Kapitel hier als Übersetzung wiedergegeben sind.

Hinwil, den 20.9.1974 – ‹Billy› Eduard Albert Meier, Herausgeber

Judas Ischarioth died at the age of about 90 and was buried near Srinagar. Joseph, Jmmanuel's first-born son, continued writing his father's story and left India after Jmmanuel's death. After a three-year's journey he returned to the land of his father and lived in Jerusalem until his death. From India he took along the original scrolls and hid them in the burial cave in which Jmmanuel had lain. He considered that place the safest. As was explained in the Foreword, these scrolls were found there, 36 chapters of which are rendered here in translation.

Hinwil, September 20, 1974 — "Billy" Eduard Albert Meier, editor

Brief von Isa Rashid

Poste Restante
Headpost-Office
Baghdad, IRAK

Baghdad, am 14.9.74

Lieber Freund Billy:
Es ist mir sehr leid, lieber Freund, dass ich solange nicht mehr geschrieben habe und dass ich dir auch die weiteren Uebersetzungen der Schriftrollen nicht mehr zusenden konnte. Das hat aber seinen Grund in meinen Befürchtungen, die sich leider nun bewahrheitet haben.

Wie ich dir ja immer sagte, rechnete ich damit, dass man mich eines Tages der gefundenen Schriftrollen wegen verfolgen würde. Und das ist nun wirklich geschehen. Mit knapper Not vermochte ich mit meiner Familie aus Jerusalem zu entfliehen und befinde mich nun gegenwärtig bei guten Freunden in Baghdad, wo ich aber nicht lange bleiben kann und bald wieder weiter muss. Wohin steht noch nicht fest, doch werde ich dich bei Gelegenheit darüber unterrichten.

Verfolgt werde ich von zwei verschiedenen Gruppen und zwar von Christen und von Juden, was aber ja vorauszusehen war, denn die Schriftrollen sind ja beiden Religionen nicht hold. Trotz meiner geglückten Flucht ist mir aber ein Unglück widerfahren, das nicht mehr gut zu machen ist. Erst flüchtete ich von Jerusalem nach dem Libanon und hauste da mit meiner Familie in einem Flüchtlingslager. Doch aber fanden mich dort die Juden und überfielen mit ihren Militärs das Lager, wobei es zahlreiche Tote gab. Nur mit knapper Not entging meine Familie und ich dem Massaker und wir konnten weiterfliehen. Doch das Unglück wollte es, dass dabei alle Schriftrollen verlustig gingen und ich sie daher nicht mehr habe. Ich glaube, dass sie alle verbrannt sind, als die Juden die Häuser zerstörten, vielleicht aber sind sie auch den Juden in die Hände gefallen?

Nun ja, die Israelis liessen dann verlauten, dass sie eine Strafaktion gegen palästinesische Freischärler unternommen hätten usw. In Wirklichkeit jedoch waren sie hinter mir und meinen Schriftrollen her, zusammen mit irgendwelchen Leuten von der christlichen Kirche. Durch die angebliche Strafaktion konnten sie nun aber den eigentlichen Grund und Zweck ihres Unternehmens vertuschen und verfälschen. Und durch das Verschwinden der Originalschriftrollen fehlt nun jede Beweiskraft, dass das neue Testament der Bibel eine grauenvolle Lüge ist, wodurch die Menschheit gegeisselt wird.

Letter from Isa Rashid

Poste Restante
Head Post Office
Baghdad, IRAQ

Baghdad, September 14, 1974

Dear friend Billy:

I am very sorry, dear friend, for not having written so long and for not being able to send you additional translations of the scrolls. That has its reason in my fears which unfortunately have come true now.

As I always told you, I was prepared that one day I would be persecuted on account of the discovered scrolls. That has happened now. Just barely was I able to flee from Jerusalem with my family. Now I am staying with good friends in Baghdad where, however, I cannot stay long and must move on soon. Where to, I don't know yet, but I will notify you as soon as possible.

I have been persecuted by two different groups, both Christians and Jews, which was to be anticipated, because the scrolls are not favourable towards either religion. After my lucky escape a misfortune struck me, which cannot be made undone. First I fled from Jerusalem to Lebanon and stayed there at a refugee camp with my family. But there the Jews located me and, with their military, attacked the camp, which resulted in many deaths. Only with great difficulty my family and I escaped the massacre and we were able to flee once more. But unfortunately all scrolls got lost and they are no longer in my possession. I believe they all burned when the Jews destroyed the homes by fire, but maybe they fell into the hands of the Jews?

Then the Israelis announced that they had undertaken a punitive action against Palestinian guerrillas. However, in reality, they, together with some people from the Christian church, were after me and my scrolls. By means of the alleged punitive action they were now able to cover up and falsify the actual reason and purpose of their venture. And because of the disappearance of the original scrolls, any proof is missing that the New Testament of the Bible is an outrageous lie whereby mankind is condemned.

Lieber Freund, das sind leider die neuesten nackten Tatsachen und ich hoffe nur, dass es dir und deiner Familie nicht so ergehen wird wie mir. Immerhin hast du ja 36 Kapitel der Jmmanuel-Schrift und diese stellen eine ungeheure Gefahr dar für das Christentum, das Judentum und auch den Islam und die anderen Religionen. Sei daher bitte sehr vorsichtig und sehe auch dazu, dass wenigstens diese noch vorhandenen Lehren Jmmanuels nicht verlustig gehen. Sie sind wirklich zu wertvoll. Ich meinerseits ziehe mich von der ganzen Sache zurück, denn ich kann meine Familie nicht noch mehr gefährden. Halte daher bei einer eventuellen Veröffentlichung der Übersetzungen meinen Namen und alles andere geheim, worum ich dich sehr bitten möchte. Ich weiss, dass ich mich auf dich immer verlassen kann und danke dir dafür. Weiteres wirst du bei Gelegenheit von mir hören und so sende ich dir von meiner Familie und mir die liebsten Grüsse.

—Isa Rashid

Anmerkung des Herausgebers:

Die New York Times veröffentlichte in ihrer Ausgabe vom 10. August 1974 einen Bericht über einen israelischen Flugangriff gegen ein Zeltlager und zwei Gebäude im Südlibanon.

Zum Thema «Talmud Jmmanuel und Homosexualität» kann bei der FIGU, Semjase-Silver-Star-Center, CH-8495 Schmidrüti, Schweiz, gratis eine kleine Broschüre mit Erklärungen bezogen werden.

Dear friend, unfortunately these are the latest bare facts and I do hope that you and your family will not meet with the same fate as I. After all, you do have 36 chapters of the Talmud Jmmanuel and they do represent an immense danger to Christianity, the Jewish faith, Islam and other religions. Therefore be very cautious and see to it that those few existing teachings of Jmmanuel will not get lost. They are really too valuable. I for my part do withdraw from the whole matter because I cannot endanger my family even more. Therefore keep my name and everything else a secret on the occasion of publication. I entreat you to do so. I know that I can always rely on you and thank you for it. You will hear further news from me on occasion and I am sending you my best regards, also from my family.

—Isa Rashid

Editor's note:

One of the Israeli air raids against Lebanese refugee camps on June 18-20, 1974, as reported in many newspapers, is believed to have been the bombardment that engulfed Isa Rashid.

Regarding the topic "Talmud Jmmanuel and homosexuality" the reader may order a small free booklet with explanations from FIGU, Semjase Silver Star Center, CH-8495 Schmidrüti, Switzerland.

Voraussagen der Propheten Jeremia

Kontakt 229 vom 31. Juli 1989

Billy … Jetzt aber möchte ich dich nach den Jeremia-Voraussagen und nach Jeremias Daten fragen: Hast du sie mir mitgebracht?

Quetzal Alles ist vollständig. Die Daten und Geschichten der biblischen ‹Überlieferungen› beruhen wahrheitlich auf Legenden, bewussten Lügen und Verfälschungen sowie auf einer betrügerisch erstellten falschen und zusammenphantasierten Chronik. Dies gilt auch für die Daten der alten und wirklichen Propheten Jeremia, Jesaia, Elia und Henoch. Die wahren Daten dieser Propheten sind folgende, umgerechnet auf den heutigen christlichen Kalender:

Name:	geboren:	gestorben:	Sohn des:
Henoch	3. Feb. 9308 v.Chr	1. Jan. 8942 v.Chr.	Kretan von den Plejaren
Jeremia	9. Feb. 662 v.Chr.	3. Sept. 580 v.Chr.	Hohepriesters Hilkis (Hilkias) zu Anathoth
Jesaia	7. Feb. 772 v.Chr.	5. Mai 690 v.Chr.	Amoz zu Sidon
Elia	5. Feb. 891 v.Chr.	4. Juni 780 v.Chr.	Josias zu Gilad (Gilead) Tisbitia

(Elia wurde am 7. April 842 v.Chr. mit einem Strahlschiff nach Srinagar/Kashmir in Indien gebracht.)

Die Geburtszeiten der Propheten waren folgende: Jeremia 11.23 Uhr, Jesaia 10.44 Uhr, Elia 11.02 Uhr und Henoch 11.01 Uhr.

Billy Danke. Doch was ist mit Jeremias Voraussagen, die ja keine Prophezeiungen sind?

Quetzal Diese musste ich in das heutige deutschsprachige Verständnis umsetzen, wodurch die Voraussagen nun folgendermassen anzuhören sind:

Zur Neuzeit, wenn der Neuzeit-Prophet seine Lehre verbreitet, hat die Zeit der grossen Umwandlung begonnen, die sich aus dem zweiten Jahrtausend weit ins dritte Jahrtausend nach der Geburt des Propheten Jmmanuel hineintragen wird.

Dear Reader,

We are glad you enjoyed reading the Talmud Jmmanuel and its thought-provoking content. As an additional bonus to this revised fourth edition, we thought you might like to partake in some newly translated information from Billy Meier. During two contacts with Quetzal in 1989, Billy received predictions from two prophets Jeremia and Elia who lived long before the time of Jmmanuel. With the dedicated help of the members of FIGU, this material was translated into English, corrected and prepared for release. You may find this new material a challenge to consider. We suggest that you take the time to ponder its content thoroughly.

Steelmark

Predictions of the Prophet Jeremia

Contact 229 of July 31, 1989

Billy: "...Now I would like to ask you about Jeremia's predictions and data, did you bring them along?"

Quetzal: "Everything is complete. The biblical "handed down" data and stories are in truth based on legends, deliberate lies and falsifications, and on a deceitfully produced chronicle that is incorrectly arranged and wildly imagined. This also applies to the dates of the ancient and genuine prophets Jeremia, Jesaia, Elia and Henoch. Converted to the Christian calendar of today, the true dates of these prophets are the following:"

Name:	Born on:	Died on:	Son of:
Henoch	Feb. 3, 9308 BC	Jan. 1, 8942 BC	Kretan of the Plejaren
Jeremia	Feb. 9, 662 BC	Sep. 3, 580 BC	The High-priest Hilkis (Hilkias) at Anathoth
Jesaia	Feb. 7, 772 BC	May 5, 690 BC	Amoz at Sidon
Elia	Feb. 5, 891 BC	June 4, 780 BC	Josias at Gilad (Gilead) Tisbitia

(Elia was flown to Srinagar/Kashmir in India by a beamship on April 7, 842 BC)

The prophets' times of births were the following: Jeremia at 11:23 a.m., Jesaia at 10:44 a.m., Elia at 11:02 a.m. and Henoch at 11:01 a.m.

Billy: "Thank you. But what happened to Jeremia's predictions, which in fact are not prophecies?"

Quetzal: "I had to translate them into the German language of today's understanding. They read now as follows:"

When the prophet of the new time spreads his teaching in the new time, the time of the great transformation has begun. It will start in the second millennium, and lead far into the third millennium after the birth of the prophet Jmmanuel.

Und wenn das zweite Jahrtausend endet und das dritte Jahrtausend begonnen hat, werden die Menschen vom Gold und allen materiellen Werten derart verblendet sein, dass sie überall in allen Landen die Taler zählen. Und selbst wenn sie zum Himmel blicken, werden sie in den Sternen nur Gold, Edelsteine und Taler sehen. Sie werden Kultstätten errichten und einem wesenlosen Gott sowie Menschen huldigen, die durch Menschen zu Heiligen erhoben werden. Die Kultstätten der wesenlosen Gottheit werden zu Handelsorten für Händler und Geldwechsler. Die Lehnsleute, die allerlei Errungenschaften und Wohngelegenheiten und viele Erfindungen in Lehn geben, werden zu geldgierigen Wucherern. Und es wird sein, dass die gerichtlichen Obrigkeiten ihr Recht in Unrecht sprechen und die Fehlbaren für ihre Übeltaten nicht mehr bestrafen, sondern belohnen, weil sie viel zu geringe Strafen über sie verhängen. So wird das grosse Feuer der Ungerechtigkeit schwelen und brennen und auch der Unzucht alle Hände reichen, so es nicht ausbleibt, dass jede Stadt ein Ort der ausgearteten Unzucht sein wird. Und auch die Kinder und deren Kinder werden der Ausartung leben und zur Glutwolke werden, die alles verbrennt und zerstört. Sie werden die alten bluttriefenden Fahnen erheben und Terror und unzählige Tode verbreiten. Die Mächtigen der Welt werden grausam ihre Macht missbrauchen und unzählige unschuldige Menschen töten lassen. Sie werden die Steine des Lebens zu todbringenden Waffen umwandeln, um damit massenweise in grosser Zahl Menschen zu töten und die Natur zu zerstören.

Die Unvernunft des Menschen wird mit dem Auftreten des Neuzeit-Propheten durch die Zeugung von Nachkommenschaft derart überhand nehmen, dass die Erde, der Himmel, die Meere, die Wälder, Steppen und Wüsten sowie die Gebirge derart bevölkert sein werden, dass kein Mensch mehr einen unbeobachteten Schritt tun kann und deswegen jeder mit jedem in Händel gerät. Der Mensch wird seine Macht geltend machen und über die Natur und das Leben befehlen und dabei die Macht der Schöpfung anstreben, denn er wird in jeder Beziehung alle Grenzen niederreissen und sich darüber hinwegsetzen. Doch alles wird nicht endlos weitergehen, weil sich dereinst alles umkehrt und gegen den Menschen richtet. Wie ein betrunkener Herrscher wird er plötzlich zu schwanken beginnen und in Angst dahinrennen wie ein blindes Pferd. Er wird sich selbst reiten wie ein Reittier, sich die Sporen und die Peitsche gebend, hinein in die Wirrnis, in einen Wald der Irre, an dessen Ende der Weg dunkel, öd und tödlich ist und unrettbar in einen tiefen Abgrund führt.

Es wird die Zeit sein, zu der in allen Landen und an allen Punkten der Erde riesenhafte Bauten und Türme errichtet werden, die bis in den Himmel reichen. Und der Mensch wird in diesen Türmen und Bauten wohnen und arbeiten. Es werden auch riesenhafte Städte sein, in denen der Mensch sein Leben fristet, so sich die fruchtbaren Felder leeren, auf denen aber Bauten und Türme errichtet werden, weil der Platz zum Leben immer geringer wird. Und es wird sein, dass es kein wahrheitliches Gesetz mehr gibt, ausser dem eigenen des einzelnen Menschen und dem der einzelnen Gruppen. So wandeln sich viele zu Barbaren, die in den Städten sein werden und die Rechtschaffenen terrorisieren.

And when the second millennium ends and the third has begun, human beings will be blinded by gold and material values to such an extent that they will be counting talers[1] (silver coins) in all countries everywhere. And even when human beings look up at the stars in the sky at night, they will see only gold, gemstones and talers. They will build cult places for cults to worship and will pay homage to a non-existent god as well as saints who are human beings canonized by human beings. The places for the cults' worship of a non-existent god will become sites for merchants and moneychangers. The lenders who lend various acquisitions, temporary dwellings and many inventions for a fee, will become avaricious usurers. The judicial authorities will administer justice unlawfully, and no longer punish the wrongdoers for their evil deeds but reward them by imposing penalties that are insignificant. Thus the huge fire of injustice will smoulder and burn, and will lend its helping hand to fornication, whereby it is inevitable that every city and town will be a place of fornication, which is degenerated in the worst form of inhumanity. And also the children and their children will live a life of degeneration in the worst form of inhumanity, and will become a cloud of blazing heat that burns and destroys everything. They will raise the old flags dripping with blood, and spread terror and leave uncountable deaths. The powerful of the world will ruthlessly abuse their power, and allow the killing of innumerable innocent human beings. They will transform the building blocks of life into death-bringing weapons in order to destroy nature, and to kill human beings in vast numbers.

When the new time prophet appears, the unreasonableness of human beings will become rampant in such a manner through the procreation of descendants that the earth, the sky, the oceans, the forests, the prairies and the deserts, as well as the mountainous regions will be populated to such an extent that no human being is able to take one step unnoticed. Consequently quarrels between each and everybody will occur. The human being will assert his power and command over nature and life, and at the same time he will aspire after the Creation's power because in every respect he will tear down all boundaries and will ignore them. But everything will not continue forever, for it will turn around in time and work against the human being. Like a drunken ruler he will suddenly begin to shake and tremble, and will run in fear like a blind horse. He will ride himself like a saddle horse, spurring and whipping himself onwards on a path into chaos and confusion, at which end it is dark, desolate and fatal, and leads irretrievably into a deep abyss.

It will be the time when gigantic buildings and towers reaching up high into the sky are being built in all countries of the earth. And human beings will live and work in these towers and buildings. There will also be cities of gigantic proportions where human beings eke out an existence, thus fertile fields will be left empty. But buildings and towers will be built on these fields because space to house the living will become increasingly in short supply. And except for the individual's own law and that of individual groups, not one true law will exist any longer. Thus many who live in cities will turn into barbarians and terrorize the honest and upright human beings.

---

[1] According to Etymology Dictionaries the word dollar originates from Low-German daler, from German taler (1540, later thaler) abbrev. of Joachimstaler, silver coin minted in 1519.

Der Menschen werden in der neuen Zeit zudem so viele sein, dass nicht mehr genug Brot für alle sein wird, wie auch kein Wasser, das immer rarer werden wird. Der Mensch wird aber auch irrwitzig und rennt fanatisch vielen Spielen nach, die ihm aber bald nicht mehr genug sein werden, weshalb er sich an andere Spiele wagt, durch die das Leben zum Spielball des Irrwitzes wird. Diese todbringenden Spiele werden wie todbringendes Feuer sein, wenn sie entzündet werden und der Mensch dafür leichtsinnig sein Leben dafür einsetzt, nur um seinen Wahnwitz durch Dinge zu befriedigen, die ihn aufpeitschen sollen.

Wenn der Neuzeit-Prophet in Erscheinung tritt und das dritte Jahrtausend nach dem Propheten Jmmanuel seinen Einzug hält, werden sehr viele Menschen vom Hunger und Durst getroffen werden. Während die einen durch sehr grosse Hitze ihr Leben verlieren, werden viele andere blau vor Kälte und durch grosse Wasser drangsaliert werden. Allgemein verfällt der Mensch der Angst vor den Naturgeschehen und viele wünschen sich, eine andere Welt zu sehen. Und viele verfallen der Angst, weil die Mächtigen der Welt ausarten und bösartig Kriege führen, um sich Länder und Bodenschätze habhaft zu machen. Sie werden die Heuchler sein, die sich erdreisten zu behaupten, dass sie im Namen und im Befehl eines Gottes handeln würden, um ihre Gier nach Macht zu festigen.

Der Mensch wird zur Zeit des Neuzeit-Propheten allerlei Gottkulten verfallen, durch die er seine innere Freiheit völlig verliert. Die Kulte werden zu grossen Handelsgruppen, die von selbsternannten Gottgleichen geschaffen und geführt werden. Doch wahrlich sind sie nur Händler der Lügen, des Betruges und der Illusionen, die dem Menschen ihr gefährliches Gift der Irreführung einflössen, wodurch er in Irreales gläubig und von diesem abhängig wird. Das Gift aber ist am Ende äusserst gefährlich, denn es zerstört die Gedanken und die Gefühle, wodurch der Mensch gleichgültig und gefühlskalt wird, so gegen sich selbst ebenso wie auch gegen den Nächsten. Und jene, welche das Gift mit ihren Gedanken und Gefühlen bis zum Fanatismus vermischen, werden wie wilde Bestien sein. Sie werden ihre Mitmenschen bedrohen, sie töten und vergewaltigen, und sie werden sie berauben, erpressen und foltern. Also wird diese Art Mensch derart ausarten, dass das Leben für alle anderen Menschen zu einem täglich wiederkehrenden Grauen wird.

Wenn der Neuzeit-Prophet in seinem Wirken steht, wird allgemein der Mensch darauf ausgerichtet sein, für sich selbst derart viel Genuss zu gewinnen, wie es ihm nur möglich sein wird. Dieser Genuss bezieht sich auch auf Mann und Weib, die beide derart ausarten und sich gegenseitig ausstechen, dass der Mann so oft sein Weib verstösst und sich wieder verheiratet, wie ihm das möglich ist. Und er wird sich dem gleichgeschlechtlichen und zweigeschlechtlichen Hurenwesen gefügig zeigen und dadurch tödliche Seuchen über die Welt und unter die ganze Menschheit bringen. Das Weib wird ebenso zügellos sein wie der Mann, denn es wird lüstern durch die Gassen der Städte gehn und sich jeden Mann nehmen, der gerade angelaufen kommt. Doch nicht nur die Hurerei wird unermesslich gross sein, sondern auch die Unvernunft und das Unwissen, was auch auf die Kinder übergreifen wird. So werden nicht nur erwachsene Weiber Kinder gebären, ohne den Namen des Vaters zu kennen oder zu nennen, sondern es werden auch Kinder sein, die Kinder gebären.

There will be so many human beings in this new time that there will not be enough bread for everybody, and also water will become increasingly scarce. But a crazy foolishness will overcome the human being who will fanatically pursue many games, yet soon dissatisfied, he will take chances at various other games whereby life becomes the crazy fools' plaything. These death-bringing games will be like a deadly fire when kindled and when the human being carelessly puts his life at stake for them only to satisfy his crazy foolishness through means, which are meant to increase his excitement.

When the prophet of the new time appears, and the third millennium after the prophet Jmmanuel begins, very many human beings will be suffering from hunger and thirst. While some human beings lose their lives due to extremely high temperatures, many others will turn blue due to extreme cold, and will be plagued by great waters. In general the human being deteriorates into being afraid of events occurring in nature, and many would like to see another world. And many lapse into fear because the world's powerful rulers degenerate in a worst form of inhumanity, and wage wars in a viscous manner in order to seize countries and mineral resources. They will be the hypocrites who are audacious enough to claim they act in the name and command of a god, in order to consolidate their greed for power.

At the time of the prophet of the new time, the human being will fall victim to various god cults, and consequently will completely lose his inner freedom. The cults will become large groups of dealers, which will be established and led by human beings who are self-appointed to be god-like. But in truth, they are only dealers of lies, fraud and illusions, and instil their dangerous and deceptive poison into the human being, whereby he becomes a believer of the unreal, and becomes dependent on it. However, in the end the poison is extremely dangerous, for it destroys the thoughts and feelings, whereby the human being becomes indifferent and callous towards himself as well as towards other fellow-human beings. And those who mingle this poison with their thoughts and feelings to the point of fanaticism will get to be like wild beasts. They will threaten their fellow-human beings, kill, rape and rob them, or blackmail and torture them. Therefore, this kind of human being will degenerate into the worst form of inhumanity to such an extent, that life for all other human beings will turn into a daily experience of never ending horror.

When the prophet of the new time is in the midst of accomplishing his work, the human being's goal in general will be to achieve as much pleasure for himself as possible. And man and woman will be engaged alike in this pursuit of pleasure and will degenerate in the worst form of inhumanity. And by outdoing each other, the husband will repudiate his wife as often as possible in order to remarry. And he will willingly acquiesce to the homosexual and heterosexual nature of whoring thereby he will bring fatal epidemics to the world, and to all humankind. The woman will be just as unrestrained as the man, for she will lustfully walk through the alleys of cities, and will take any man coming along. Yet, not only will whoring be beyond measure but also lack of reason and ignorance, which will also encroach upon children. Thus, not only adult women will give birth to children without knowing or naming the father, but also children will give birth to children.

Es wird so kein Vater und kein Meister für das jeweilige Kind sein, der es lehren, belehren, erziehen und führen kann. Aller Anstand und Respekt, alles Ehrgefühl und alle Tradition sowie jedes Brauchtum und die Ehre gehen verloren. Der Mensch entfremdet sich von seinem Nächsten und wird trotz der grossen Masse der Menschheit unter dieser für sich alleine sein. Die Gesetze der Ordnung und der Ehre werden vergessen sein, gerade so, als ob es sie nie gegeben hätte. So aber wird auch die uralte Verkündung vergessen sein, dass der Mensch wieder zum Wilden werden kann, wenn er all die menschlichen und lebensmässigen Werte vergessen sollte. Und mit dem Kommen des Neuzeit-Propheten wird die Unzucht derart überhand nehmen, dass der Vater seine Tochter und die Mutter ihren Sohn unzüchtig und blutschändend missbraucht. Die Unzucht zwischen Mann und Mann und zwischen Weib und Weib wird schändlich überhand nehmen, auch dass der Alte und der Junge das Kind missbraucht und vergewaltigt. Und all das wird vor aller Augen der Menschen geschehen, wogegen aber die Gerichtsbarkeit kaum etwas unternehmen, sondern nur unzureichende geringste Strafen aussprechen wird. So wird das Blut der Familien unrein werden durch Inzucht, weil sich das Böse von Bett zu Bett ausbreiten wird. Und viele Krankheiten und Seuchen werden sich durch Unzucht verbreiten, wobei die menschlichen Körper alle Fäulnis der Erde aufnehmen, die Gesichter gequält und die Glieder abgezehrt sein werden. Von wahrer Liebe wird nicht mehr gesprochen werden, sondern nur noch von fleischlicher und geschlechtlicher Liebe, wodurch das Wort Liebe zur grössten Bedrohung für alle jene Menschen werden wird, die ihre Erkenntnis hinsichtlich ihrer selbst nur noch über das Fleisch wahrnehmen können.
Wenn der Neuzeit-Prophet vom Kodex sowie vom Eid und Gesetz spricht, werden sich nur wenige Getreue um ihn scharen, und von den meisten Menschen will er nicht gehört werden. Nur wenige werden es erstlich sein, die der Wahrheit nacheilen, wenn er die Lehre des Geistes verbreitet, denn für die vielen wird seine Stimme und Lehre wie in der Wüste verhallen. Dagegen aber werden sich die trüben und mächtigen Wasser der grossen weltumspannenden falschen, irren und fanatischen Gottkulte verbreiten, und falsche angebliche Gottgesandte, Göttliche, Erhabene, Meister, Erlöser, Befreier und Heilskönige werden mit Lüge und Betrugswerk, mit Hinterlist, Fanatismus, Goldgier und Scharlatanerie ihr verderbliches Werk tun und unzählbare gedankenlose Gläubige um sich versammeln. Und viele unter den irregeführten fanatischen Gläubigen werden Waffen tragen wie noch nie zuvor, und sie werden damit töten und morden in vielfacher Zahl, während andere als einzelne oder in kleinen oder grösseren Gruppen in ihrem Glaubenswahn den Selbsttod suchen. Bei all diesen wird das Wort des Neuzeit-Propheten wie in der Wüste verhallen, wenn er von Recht und Gesetz, von der Lehre der Wahrheit, der Lehre des Geistes und von wahrer Liebe, von Frieden, Freiheit, Harmonie und Gerechtigkeit spricht. Seine Worte werden glühend und scharf sein, und er wird lehren, dass die Fehlbaren auf ihren irren Feldzügen durch sich selbst Strafe zuziehen werden.
Wenn der Prophet der Neuzeit kommt und ihn die Menschen von den Sternen ehren, wird sich ein Dröhnen des Todes über die Welt erheben, und tödliche Waffen werden in allen Landen krachen. Fanatische Terrorkranke, die sich zu grossen Gruppen bilden, werden durch Legionen von Soldaten gejagt. Angst und Schrecken werden herrschen, und die Mächtigen der Länder machen sich selbst den Terror zu eigen und werden zu Despoten und Tyrannen.

Thus, there will be no father or master who will be able to instruct, teach, educate and guide the respective child. All decency and respect, all sense of reverence and all tradition, as well as every custom and honour will get lost. The human being becomes estranged from the human being next to him, and will be alone in spite of being among the great masses of humankind. The standing rules and regulations and the laws of honour will be forgotten as though never having existed. But also the ancient proclamation will be forgotten that the human being is able to turn into a savage again should he forget all human values, and all the values related to life.

And with the coming of the prophet of the new time, fornication will become rampant to such an extent that the father abuses his daughter in acts of indecency and incest, and the mother her son. Fornication between man and man, and between woman and woman will shamefully gain ground, and also the old and the young will abuse and rape the child. And all this will happen in front of every human being's eyes, but the legal authorities will hardly undertake anything against this and instead will impose insufficient and lenient penalties. Thus in time, the blood of families will become unclean through incest, for the evil will spread from bed to bed. And many illnesses and epidemics will spread through fornication, and thus human bodies will absorb all the earth's putrefactions, faces will look troubled, and limbs will be emaciated. It will not be spoken of true love any longer but of carnal and sexual love, whereby the word love will become the greatest threat for all those human beings who in regard to their self-cognition are only able to perceive it through the flesh[2].

When the prophet of the new time speaks of codex as well as oath and law, only a few loyal ones will gather around him, and most human beings will not want to listen to him. At first, only a few human beings will hurry to pursue the truth when he spreads the teaching of the spirit, for to the many human beings his voice and teaching will go unheard as if in a desert. But contrary to this, the obscure and powerful waters of the world-encompassing god cults, which are incorrect, delusional and fanatical, will spread. And the bogus and so-called messengers of god, god-like and exalted beings, masters, liberators, and kings of salvation will do their ruinous work through falsehood and fraudulence with deceitfulness, fanaticism, greed for gold and charlatanism, and will gather around themselves innumerable mindless believers. And many of the misled and fanatical believers will carry weapons as never before, and with these they will kill and murder countless numbers of human beings, while other fanatics will be driven by their delusional belief to seek to commit suicide as individuals, or in small or larger groups. During all of this the word of the prophet of the new time will go unheard as if called out in a desert, when he speaks of law, of the teachings of the truth and the spirit, true love, peace, freedom, harmony and justice. And he will teach with scorching and sharp words that fallible human beings will incur their own punishment through their delusional campaigns.

When the prophet of the new time comes, and human beings from the stars pay respect to him, a thunder of death will rise over the world, and deadly weapons will thunder in all countries. Fanatical human beings obsessed with terror, who will gather in large groups, will be pursued by legions of soldiers. Fear and terror will reign, and the mighty and powerful rulers of the countries will embrace the use of terror and turn into despots and tyrants.

---

[2] *carnality* – *Relating to the physical and especially sexual appetites*

Alle werden sie barbarisch, treulos, voller Rachegebaren, böse und wild, während die Wahrheitsleugner in ihren Kulthäusern in den Städten ihr Unwesen treiben und sich Kultmächtige im Herzen der grossen Stadt im Stiefelland erdreisten, sich als Gottesstellvertreter und als heilig anbeten zu lassen. Diese Wahrheitlosen aller Gottkulte werden grosse Macht über ihre Gläubigen haben, sie ausbeuten und endlos in die Irre führen. Und durch diese Kulte wird die Zeit kommen, da es keine Ordnung und keine Regeln mehr geben und sich Hass und kultischer Fanatismus wie ein loderndes Feuer über die Welt ausbreiten wird. Die Terrorkranken und die Legionen der Soldaten werden zahllose unschuldige Menschen massakrieren, und die Kultgläubigen werden die Wahrheitssuchenden und Wahrheitskennenden verfolgen und erwürgen. Der Hass und der irre Gottglaube, die Rachsucht, Grausamkeit, Erbarmungslosigkeit und Zerstörungswut werden eines jeden und aller sein. Die Welt wird von gewaltigem, grossem und erbarmungslosem Kriegsgeschrei widerhallen, die Städte werden zerstört und das Blut der Menschen wird in Strömen fliessen. Und der Dank für den Propheten der Neuzeit für die Wahrheitsaufdeckung wird sein, dass er, wie alle Propheten zu allen Zeiten, verkannt, gelästert, verleugnet und meuchlings des Lebens bedroht, angegriffen und in der Verbreitung seines Wortes der Wahrheit mit bösen Machenschaften behindert und verleumdet wird. Auch werden seine Wahrheitsworte und seine Lehre von vielen Bösartigen, von Lügnern und Betrügern gestohlen und zu eigenen Gunsten verfälscht werden, wie niemals einem Propheten zuvor geschehen sein wird. Die Ehrlosen werden seine Ehre schmälern und diese für sich selbst in Anspruch nehmen und unrechtmässig grossen Gewinn daraus schlagen.

Wenn der Neuzeit-Prophet zu wirken beginnt, werden die Menschen nicht mehr nach der Wahrheit suchen und nicht mehr nach der Wahrheit richten, denn durch die Gesetze und den Glauben der Gottkulte werden sie nach ihrem Blut und nach ihrem Glauben richten. Die Menschen werden nicht mehr auf die Klagen der Alten und auch nicht mehr auf das Weinen der leidenden Kinder hören. Alte, Weiber und Kinder werden missachtet; die Alten werden in Altenhäuser versteckt, die Weiber und Kinder missbraucht und zum Hurenwesen getrieben; und niemand wird da sein, um sie zu beschützen, weder vor den Sklavenschindern und Zuhältern noch vor den Legionen der Soldaten und Terrorfanatiker, die über sie herfallen werden. Hass und Rachsucht werden die Erde überfluten, deren Menschen in einem irren Glauben eines zweifelhaften Friedens leben werden, den sie vergebens zu erlangen hoffen; denn weltweiter Krieg wird die Erde überfluten, wobei niemand verschont werden wird; nicht die Alten, nicht die Kinder und nicht die Weiber, nicht die Kranken und Verletzten, nicht die Gerechten und nicht die Friedfertigen. Legionen von Soldaten und Terrorfanatikern werden die Häuser zerstören und mordend, brandschatzend und plündernd durch die Lande und Städte ziehen und alles töten und zerstören, was ihnen in die Quere kommt. Ist der eine gegangen, wird der nächste folgen und noch grösseres Unheil anrichten. Und der Menschen Augen werden verschlossen sein, um nicht die missbrauchten und vergewaltigten Kinder und Weiber zu sehen.

Der Neuzeit-Prophet wird wissen, was an allen Enden der Erde geschah, geschieht und geschehen wird. Er wird aufzeigen, dass in vielen Landen Männer, Weiber und Kinder des Hungers sterben, dass ihre Knochen die Haut durchstossen und entzündete Augen und offene Geschwulste ihre Körper zeichnen, an denen sich in Massen die Fliegen und anderes giftiges Ungeziefer nähren.

They will be all barbaric, disloyal, revengeful, evil and violent, while the deniers of the truth will carry on with their sinister doings in their cult's houses in the cities, and when the cult's powerful ones in the heart of the large city in the land of the boot will have the audacity to let themselves be worshipped as representatives of god, and as holy. These powerful ones lacking all knowledge of truth will have great power over their believers and will exploit them, and lead them endlessly astray. And through these cults the time will come, when no regulations and rule will exist, and hatred and cult fanaticism will spread like a blazing fire around the world. Legions of soldiers and fanatics obsessed with terror will massacre innumerable innocent human beings, and the cult believers will persecute and strangle anyone who seeks and recognizes the truth. Hatred and delusional belief in god, vindictiveness, cruelty, mercilessness and vandalism will be a part of each and everybody. The world will reverberate from a powerful and merciless war cry, and cities will be destroyed, and the blood of human beings will flow in streams. And the reward for the prophet of the new time's exposure of truth will be, that he, as all prophets in all times, will not be recognized. He will be slandered, denied, his life treacherously threatened and attacked, and he will be slandered and hindered in spreading his words of truth by evil machinations. Also many evil persons, liars and frauds will steal his words of truth and his teaching, alter and falsify them in their favour as never before a prophet had to endure. The ones, who lack any sense of honour will belittle his honour, lay claim to this honour themselves, and unlawfully gain a big profit from this.

When the prophet of the new time begins his work, human beings will no longer search for the truth, and no longer judge according to the truth, for influenced by the laws and beliefs of the god cults, they will only judge according to their own blood and their belief. Human beings will no longer listen to the complaints of old people, or to the crying of suffering children. Old people, women and children will be disrespected; the old ones will be hidden in houses for the aged, and women and children will be abused and driven to whoring. And nobody will be there to protect them, neither from slave drivers and pimps nor from legions of soldiers nor from the terror fanatics who will attack them. Hatred and vindictiveness will flood the earth, and human beings will live with the delusional belief of a doubtful peace, which they hope in vain to attain, for a worldwide war will inundate the earth, and nobody will be spared; not the old, not the women and children, not the sick and the injured, and not the just and the peaceful. Legions of soldiers and terror fanatics will destroy houses and roam through countries and cities, and murder, sack, pillage and plunder, and will destroy and kill everything getting in their way. When one of them has left, the next one will appear and cause even more havoc. And the eyes of human beings will be kept shut in order to avoid seeing the abused and raped women and children.

The prophet of the new time will know what has happened, happens, and will happen everywhere on earth. He will indicate that men, women and children in many countries are starving to death, that their bones break through their skin, and that inflamed eyes and open ulcers mark their bodies, offering a feast to masses of flies and other poisonous vermin.

Er wird aber auch aufzeigen, dass Menschen wie räudige Hunde und wie Ratten gejagt, gefoltert und totgeschlagen, zerstückelt oder sonstwie umgebracht werden. Doch nur wenige werden auf ihn hören, denn die grosse Masse der Menschen will all die Greuel nicht sehen, und so werden sie ihr Gesicht davor abwenden und die Worte des Propheten in den Wind schlagen. Er aber wird unbeirrbar sein und sein Wort der Wahrheit machtvoll erheben und es in die Welt hinaustragen. Nur wenige Menschen aber werden seine Stimme in vollem Umfang hören und ihre Gedanken und Gefühle nach seinen Worten ausrichten, denn es wird zur Zeit des Neuzeit-Propheten der Mensch allgemein derart feindlich gegen die Mitmenschen und gegen das Leben selbst sein, dass er sich nur um sich selbst kümmert. Als Almosen wird er dem nächsten nur einen winzigen Teil eines gespaltenen Talers geben, während er selbst auf Säcken voller Gold und Taler schläft. Doch selbst der winzige Teil des gespaltenen Talers, den er mit der einen Hand gibt, wird er mit der anderen Hand mehrfach wieder zurückholen, denn er wird nichts umsonst geben. Reicht sein Sinn beim Geben nicht nach Profit, dann wird er doch danach sein, sich damit das schlechte Gewissen zu beruhigen. So wird der Mensch in der Neuzeit auch mit allem Handel treiben, so nichts ohne Entgelt vergeben werden wird. Jedes Ding, selbst das winzigste, wird mit einem Preis belegt sein, selbst das Gras, das auf dem Boden wächst, das Tier, das Wasser und gar der Mensch selbst, der nach seiner Leistung bewertet werden wird. Der Tauschhandel wird aufgehoben und wahrlich nichts mehr geschenkt sein, denn alles und jedes wird dem Handel eingeordnet und verkauft werden. Der Mensch aber verliert seinen eigenen Wert, nämlich den des Menschen, wodurch sein Wert nur noch der seines Hab und Gutes und seines Gewichtes seines eigenen Fleisches und seiner Knochen sein wird. Alles wird ihm genommen werden, was ihn zum Menschen macht, denn nichts an ihm wird mehr heilig sein, weder sein Leben noch seine Gedanken und Gefühle, noch sein Körper und sein Blut. Stirbt er, dann wird nicht nur um seine materielle Hinterlassenschaft gestritten, sondern auch um seine sterbliche Hülle, um sein Blut und um seine Eingeweide, weil in der Neuzeit alles auch in diesem Bereich seinen Preis haben wird. So werden Menschen um des Blutes und der Eingeweide willen wie Tiere geschlachtet werden und wie Aas zerfetzt und geschändet. Der Prophet der Neuzeit wird trauern, weil der Mensch das Gesicht der Erde verändert und zerstört hat und der völligen Vernichtung entgegengehen wird. Er wird aber auch mit harten Worten der Wahrheit aufweisen, dass der Mensch nicht der Meister und Lehnsherr der Erde und deren Berge, Bäche, Flüsse, Seen, Meere, Wiesen, Äcker, Fluren, Auen und Wälder ist. Und er wird aufweisen, dass der Mensch gefährlich zum Zwecke des Gewinns wuchernd den Boden und Himmel mit gewaltigen Maschinen durchpflügt und auch mit grossen Schiffen Furchen durch die Seen, Flüsse und Meere zieht, um weltweit Kriege zu führen, grosse Massen Menschen in andere Lande zu bringen und zum Zweck der Nahrungsbeschaffung alles Wassergetier auszurotten. Dadurch werden sich auch Krankheiten und Seuchen über die ganze Welt verbreiten, verschleppt durch die zahllosen Reisenden, die sich in allen Landen breitmachen werden. Gleichermassen werden durch Nahrungsmittel und Handelsgüter aus aller Welt allerlei Getier und Pflanzen verschleppt und in andere Länder transportiert, wodurch sie sich in den fremden Ländern ansiedeln und den Gang der Natur stören und nachteilig beeinflussen.

He will also point out that human beings are hunted like mangy dogs and rats, tortured and beaten to death, dismembered, or put to death in some other way. Only a few will listen to him, for the majority of human beings do not want to see all the atrocities, and therefore, they will turn their faces away and dismiss the words of the prophet. Yet he will be imperturbable, and will speak powerfully to carry his word of truth into the world. But only a few human beings will hear his voice in its full scope and align their thoughts and feelings with his words, because at the time of the prophet of the new time, the human being will be extremely hostile toward his fellow-human being and life itself to such an extent, that he will care only about himself. As alms he will give his fellow-human being a tiny part of a split taler while he sleeps on bags filled with gold and talers. Yet even the tiny part of the split taler which he gives with the one hand, he will take back with the other hand manifold, for he will not give away anything for nothing. However, should the point of his giving not be for profit, then it will still be for the pacification of his guilty conscience. So in the new time the human being will make a business of everything, thus nothing will be given away without compensation. Each thing, even the tiniest, will have its price, the grass growing on the ground, the animal, the water, and even the human being himself who will be judged according to his performance. The exchange of goods will be abolished, and truly, nothing anymore will be given away, for each and everything will be integrated into business and sold. And the human being will lose his individual value, namely, the value of being a human being, whereby his value will be only that of his possessions, and that of his body's weight of flesh and bones. Everything that makes him to be a human being will be taken from him, for nothing of him will be sacred any longer, neither his life, nor his thoughts and feelings, nor his body and blood. When he dies, not only will his material belongings become the object of dispute but also his mortal frame, his blood and viscera, for everything will have its price in this field in the new time as well. Thus human beings will be slaughtered like animals, and shredded and defiled like carcasses for the sake of their blood and viscera.

The prophet of the new time will mourn, for the human being has altered and destroyed the face of the earth, and will be approaching total annihilation. But he will also point out with harsh words of truth that the human being is neither the master nor the feudal lord of the earth, nor of its mountains, brooks, rivers, lakes, oceans, meadows, fields, pastures and forests. And he will indicate that for the purpose of profit, the human being dangerously and in a rampant manner ploughs through the earth and sky with powerful machines, and also cuts furrows with big ships in rivers, lakes and oceans, in order to wage wars worldwide and to transport large masses of human beings to other countries, and to wipe out all aquatic creatures for the purpose of procuring food. Thus also illnesses and epidemics will spread throughout the entire world, carried by innumerable travellers who will be spreading in all countries. Various species of animals and plants from many countries will spread in like manner throughout the world through the transportation of foodstuffs and goods of trade, and will take root in foreign countries and will disturb, and negatively influence the course of nature.

Doch es wird noch eine schlimmere Zeit kommen, denn durch des Menschen Schuld werden grosse Teile der Erde nackt und unfruchtbar werden. Die grossen Wälder werden der Goldgier und Geldgier der Menschen zum Opfer fallen, und die Luft wird brennen, weil durch vom Mensch erzeugte künstliche Mittel die Luft zerstört werden wird. Die Wasser werden brackig und giftig sowie übelriechend und rar zum Trinken werden. Der Mensch wird grenzenlos, bedenkenlos und gewissenlos die Schätze der Erde ausbeuten und den Erdreichtum bis zum letzten Scheffel ausschöpfen. Die ganze Welt wird durch vielfältigen Schmutz verunreinigt, wodurch alles Leben welken wird. Und der Hass des Menschen wird ins Unermessliche steigen, wobei auch in der eigenen Familie kein Unterschied sein wird. Nach und nach wird er wie ein einsames und wildes Tier, das nach dem Leben seiner Opfer trachtet.

Mit dem Erscheinen des Neuzeit-Propheten, 1937 Jahre nach des Propheten Jmmanuel Geburt, wird die Zeit beginnen, zu der Kinder für die Unzucht verkauft und missbraucht werden, so viele Ausgeartete an deren junger Haut Genuss finden. Viele werden zur Hurerei getrieben oder nach unzüchtigem Missbrauch erwürgt oder durch Gifte und Waffen getötet. Es wird aber auch sein, dass sehr viele Kinder heimatlos und auf der Strasse leben werden, wo sie Händlern in die Hände fallen, die sie um ihrer Eingeweide willen töten und wie Tiere ausschlachten. Andere werden zu Zielscheiben für mordende Schergen der Obrigkeit, und wiederum andere werden wie unterwürfiges Getier behandelt. Der Mensch wird roh und gewalttätig, und in seiner Gleichgültigkeit gegenüber den Schwachen wird er auch die Unantastbarkeit und die Schwäche der Kinder vergessen, sie durch Arbeit ausnutzen und durch Unzucht schänden. Das Geheimnis der Unbescholtenheit der Kinder wird erbrochen und zerstört, so sie wie kleine Hunde dressiert und für allerlei Gewinnsucht wie ein Lamm zum Opferstein geführt werden, auf dem sie geschlachtet und ausgeblutet werden. Der Mensch wird keine Gnade und Gerechtigkeit mehr kennen, sondern nur seinen eigenen Gewinn und Vorteil sehen, und er wird nur noch in Grausamkeit einherleben.

Er wird ein Gefangener des eigenen Blicks, von seinen eigenen Gedanken und Gefühlen; und von seiner eigenen Rede wird er trunken sein und nicht bemerken, wie er immer mehr in die Irre und ins Verderben geht. Er wird Lügen, Bilder und Spiegelungen der Gottkulte und ihrer Herrscher und Knechte für die Wahrheit der Welt halten, denn er wird wie ein geduldiges und dummes Schaf sein, mit dem immer gemacht werden kann, was beliebt. Doch die Folgen dafür werden nicht ausbleiben, denn wie Raubtiere und Raubvögel werden fanatische Unselige anderer Kulte die einen wie die andern zu Herden zusammentreiben, um sie leichter in den Abgrund und in den Tod drängen zu können. Und es wird sein, dass der eine Mensch gegen den anderen aufgehetzt wird, um ihn besser berauben und häuten und zu seinem Hab und Gut kommen zu können. Wenn er aber überlebt, dann wird er seiner Gedanken und Gefühle sowie der Freiheit und des Friedens und oft gar des Verstandes beraubt sein.

Yet a far worse time is still to come, because through the human being's fault, large parts of the earth will become barren and unproductive. The huge forests will fall victim to the human being's greed for gold and money, and the air will burn, because the air will be destroyed through the human beings' production of artificial materials. The waters will turn brackish and poisonous as well as foul smelling, and drinking water will become scarce. The human being will unrestrainedly, unscrupulously and irresponsibly exploit the earth's treasures, and exhaust the wealth of the earth's resources down to the last bushel. The entire world will be polluted through various kinds of filth, which causes all life to wilt. And the human being's hatred will grow beyond all bounds, and also in his own family it will not be any different. Gradually, the human being will come to be like a lonesome and wild animal that stalks after the life of its victim.

When the new prophet appears 1,937 years after the birth of the prophet Jmmanuel, the time will begin when children will be abused and sold for fornication, for many who are degenerated in the worst form of inhumanity will find pleasure in their young skin. Many children will be driven into whoring, or will be strangled after being indecently abused, or killed by poison or weapons. But there will also be very many homeless children who are living on the streets, where they fall into the hands of dealers who kill and gut them like animals for the sake of their viscera. Other children will become targets for the authorities' murderous henchmen, and others will be treated like submissive animals. The human being will become rough and violent, and in his indifference towards the weak he will also forget the untouchable nature and weakness of children, and will exploit them through work and violate them by fornication. The secret of the children's unblemished integrity will be forcefully broken into and destroyed, thus for various reasons of greed for profit, they will be trained like little dogs, and led onto the sacrificial slab like lambs, where they will be slaughtered and bled to death. The human being will no longer know mercy and justice but see only his own profit and advantage, and only proceed along a life of cruelty.

The human being will be a prisoner of his own point of view, his own thoughts and feelings; and he will be intoxicated by his own speech, and not realize that he is more and more approaching delusion and ruin. He will regard the lies, images and reflections of the god cults, and those of their rulers and servants as the truth of the world, for he will be like a patient and dumb sheep that can be led around as desired. Yet consequences will not fail to follow, for the fanatic and accursed believers of one cult will indiscriminately round up the fanatic and accursed believers of another cult like predatory animals and birds in order to make easy work of driving them into the abyss and to their death. And it will be that one human being will be incited against the other in order to rob and skin him for the only reason to get hold of his personal belongings. Yet should he survive, he will then be robbed of his thoughts and feelings, as well as freedom and peace, and often even of his mind and reason.

Kommt die Zeit des neuen Propheten, dann werden die Könige und Kaiser und sonst alle Herrscher und die Mächtigen der Gottkulte ohne das wahrheitliche Wissen um die Schöpfung und deren Gesetze sein. Sie werden böse, blutrünstig und mit Lug und Täuschung herrschen und all den unschuldigen, untätigen und unwissenden Menschenmengen gebieten. Lug und Trug wird ihr Handwerk sein, und vor ihren Gläubigen werden sie ihre wahren Gesichter hinter Masken verbergen und ihre eigentlichen Absichten geheimhalten. Doch es kommt die Zeit, da sie gestürzt werden. Es wird aber sein, dass sie über das Schicksal des Menschen und von allem und jedem entscheiden, und der gemeine Mensch wird von den inneren Versammlungen ihrer eigenen Ordnung ausgeschlossen sein. So wird nicht mehr der Mensch als Gruppe entscheiden, sondern allein die Oberen, die an der Spitze ihr Regiment führen und sich für ihre Schandtaten horrend entlohnen lassen. Der einzelne Mensch wird in Wirklichkeit nicht mehr frei, sondern ein Leibeigener der Herrscher und Oberen sein, auch wenn er glaubt, die Freiheit zu geniessen. Allein werden sich dagegen nur alle jene aus wilden Gegenden erheben, die nicht einem Gottglauben und nicht einer Obrigkeitshörigkeit verfallen sind. Doch sie werden zuerst verflucht und verdammt und des Wahnes bezichtigt, und manch einer wird besiegt und lebendig verbrannt oder sonstwie getötet werden. Ist der Neuzeit-Prophet gekommen, dann wird der Mensch auf der Welt so zahlreich werden wie das Volk eines Ameisenhaufens. Und wird ein Stock in das Volk hineingetrieben, dann werden sie umherrennen und sich gegenseitig tottrampeln und wie lästiges Ungeziefer zermalmen. Die Menschen werden wie verwirrte Insekten umherschwirren, und grosse Menschenbewegungen werden reiselustig oder auf der Flucht vor Krieg, Tod und Schrecken von einem Ort oder Land zum nächsten treiben. Die Menschenrassen werden sich unhemmbar untereinander vermischen und Mischmenschen heranzüchten, wodurch sich viele Krankheiten, Seuchen und allerlei menschliche Übel, Laster und Bösartigkeiten über die ganze Welt verbreiten. Die einen Gottkulte machen den anderen deren Gläubige abspenstig oder vermischen sich untereinander. Die Gottkulte und ihre Oberen sowie deren Herrscher und Gläubigen werden Freiheit, Liebe und Frieden predigen und versprechen, doch wird allerorts ihr Gerede nur Lug und Falschheit sein, denn in ihren Herzen sinnen sie nur nach Hass und Rache, nach Vergeltung und nach Raub und Brandschatzung. Die Gottkulte selbst und deren Gläubige werden sich verfeinden und Krieg gegeneinander führen. Die Menschen werden alle Grenzen überschreiten, und die Jungen werden graue Haare haben wie die Alten. Der Weg der Natur wird vom Menschen verlassen und die Familien auseinandergerissen werden. Sie werden sich weltweit verstreuen und nichts mehr wird sie vereinen können. Die Neuzeit wird eine ganz andere Welt sein, und der Mensch ein Wesen ohne Halt und Sicherheit. Er wird ohne wahrheitliche Führung in alle Richtungen gehen und Unglück über Unglück über sich hereinbeschwören. Er wird keine Festigkeit mehr haben und dauernd an einem Abgrund stehen, in den er hineinzustürzen droht.

When the time of the new prophet comes, kings, emperors, and all the other rulers and powerful ones of the god cults will have no real knowledge about the Creation and its laws. In a fraudulent and deceitful manner they will wickedly and bloodthirstily govern and control the innocent, idle and ignorant masses of human beings. Falsehood and deception will be their handiwork, and when they are in front of their faithful subjects, they will conceal their true faces behind masks and keep their true intentions a secret. But the time will come when they will be overthrown. Yet it will be that they determine the human being's destiny and everything connected with his life, and the ordinary human being will be excluded from the innermost assemblies of their own establishment's rules and regulations. Thus it is no longer the human being who will make decisions as a group but only the uppermost at the top who will have the power and control, and let themselves be paid horrendous sums for their disgraceful deeds. Although the individual human being believes to enjoy freedom he will no longer be free but will live in bondage to the rulers and the hierarchy. Only those from uncivilized areas will revolt who are not enslaved to a belief of a non-existent god, and are not in bondage to a hierarchy. But at first they will be cursed and damned, and accused of delusion, and some will be conquered and burned alive, or killed in some other way.

When the prophet of the new time has come, then the human beings on earth will become as numerous as ants in an anthill. And if a stick is driven into the colony, then they will run around, and trample and grind each other to death like annoying vermin. And human beings will mill around like confused insects, and large groups of them will drift from one location to the other, either keen to travel, or fleeing from war, death and terror. The races of human beings will intermingle unbridled and breed human beings of mixed blood. Thus many diseases, epidemics and all kinds of human ills, as well as vices and malice will spread around the world. Some god cults will lure the believers of other cults, or mix among each other. God cults and their hierarchies, as well as their rulers and believers will preach and promise freedom, love and peace, yet everywhere their talk will be lies and deception, for in their hearts they are only out for hatred and revenge, retaliation, robbery, pillage and plunder. The god cults and their believers will become enemies and wage war against each other. Human beings will go beyond all boundaries; and the young will have grey hair just like the old. The human being will abandon the path of nature, and families will be torn asunder. They will scatter all over the world, and they will no longer be able to unite. The world will be completely different in the new time, and the human being will be without security and support. Without real guidance, the human being will go off in all directions, and evoke upon himself misfortune upon misfortune. And he will no longer have stability, and will be in danger of falling into an abyss, at which edge he is constantly standing.

253-D Voraussagen des Propheten Jeremia

Zur Zeit des neuen Propheten im zweiten Jahrtausend nach Jmmanuels Geburt wird sich der Mensch bis weit ins dritte Jahrtausend hinein nicht mehr den Gesetzen der Schöpfung einordnen, sondern sich unwirklichen Gesetzen und noch unwirklicheren Göttern und deren Kulten unterwerfen. Er wird sein Leben wie ein Reittier zu lenken versuchen, und das Geschlecht der Kinder im Leibe der Weiber wird er bestimmen wollen. Also wird er aber auch all die Kinder im Mutterleibe töten, die er nicht haben will. Der Mensch wird sich für die Schöpfung selbst halten, wobei besonders die Herrscher und allerlei Mächtige das ewige Leben erheischen wollen. Und sie werden es sein, die alle hohen Ämter und das beste Land sowie all die schönsten Weiber und Männer an sich reissen, um sie zu ihrem unzüchtigen Lustgegenstand zu machen. Die Armen, Alten und Schwachen werden wie schlechtes Vieh behandelt werden, und ihre armseligen Hütten, Altenstätten und Krankenstätten werden für sie wie übelriechende Gefängnisse sein, in denen sie dahindämmern und vermodern werden. Und es wird sein, dass sich bei ihnen und allen Menschen abgrundtiefe Angst wie Gift in die Gedanken und Gefühle, ins Herz und in den Kopf[1] frisst. Alles ruht dabei auch in der Sucht nach Wucher, Gewinn und Macht, denn dies wird eine dunkle und geheime Ordnung sein, deren Gesetz Hass und Rache sein wird, und ihre Waffe das Gift, durch das nach Gold und Geld, nach Hab und Gut, nach Lust und Laster sowie nach Vergnügen gegiert wird. Dieses Gift wird sich als Herrschaft über die ganze Erde verbreiten, und ihre Diener und Schergen werden untereinander durch einen giftigen Blutkuss verbunden sein, der sie aneinander schmiedet. Die Armen und Alten, die Gerechten und Schwachen werden ihnen ausgeliefert sein und ihnen gehorchen, so sie ungewollt oder unbedarft den Herrschern und Mächtigen der Lande und der Gottkulte dienend untertänig sein müssen. Die einzigen Gesetze werden nur noch die sein, die durch die Herrscher, die Könige, Kaiser und anderen Mächtigen sowie durch die Obersten und Oberen der Gottkulte in ihren Schattenreichen diktiert werden. So wird das Gift bis zum einzelnen Menschen hinreichen, ihn vergiften und ihn in einen irren Gottglauben zwingen. Und dieses Gift der Gottkulte wird sehr vielfältig sein und sich derart über die Welt ausbreiten, dass der Mensch unter seinen Sohlen das Gift aufsaugt, wenn er über die Erde wandert. Beginnt der Neuzeit-Prophet mit seinem Wirken, dann kommt die Zeit, zu der viele Menschen allen Geschehen der Welt tatenlos und gefühllos zusehen werden. Viele werden mit verschränkten Armen dasitzen und mit leerem Blick und tauben Ohren einhergehen, ohne dass sie wissen, was um sie vorgeht und was sie sehen und hören. Sie werden keine Weisen mehr haben, bei denen sie sich in Wissen und Weisheit bilden können, so sie wie ein Schmied ohne Schmiede sein werden, in der sie ihr Eisen schmieden könnten. Und sie werden sein wie Feldarbeiter, die kein Feld mehr haben, das sie bestellen könnten. Die Menschen werden sein wie ein Samenkorn, das keinen fruchtbaren Boden mehr findet, in dem es Wurzeln schlagen und keimen könnte. Sie werden hoffnungslos werden und gedemütigt, und von Ehre und Rechten entblösst, werden sie ziellos umherirren. Die Jüngsten und Ältesten werden ohne Heim sein und ihr Leben auf der Strasse und in Not und Elend fristen. Und für viele wird für ihr Heil nur noch der Weg offen bleiben, Terror auszuüben, dem Nächsten das Hab und Gut zu stehlen, zu täuschen und zu betrügen oder in den Krieg zu ziehen. Und für all ihr Elend und ihre Not werden sie ihr Leben hassen und sich selbst bösartig bekämpfen.

---
[1] Bewusstsein

At the time of the new prophet in the second millennium after the birth of Jmmanuel, the human being will no longer live according to the Creation's laws until far into the third millennium, but will subjugate himself to unreal laws and even far more unreal gods and their cults. As if riding a horse, the human being will try to control his life and will want to determine the children's sex in the women's womb. Likewise, he will kill all the children in the woman's womb that he does not want. The human being will consider himself to be the Creation, and especially the rulers as well as many mighty ones holding power will demand eternal life. They will be the ones who get hold of all the positions in high offices and the best land, as well as all the most beautiful women and men, in order to make them their immoral objects of pleasure. The poor, the old and the weak will be treated like inferior livestock, and their miserable huts and buildings for the old and the sick will be like evil smelling prisons, where they will lie in a stupor and decay. And profound fear will, like poison, consume their, as well as every other human being's thoughts, feelings, hearts and heads[3]. All of this will also rest on a craving for profit and power and a craving to practise usury, for this will be an obscure and secret society controlled by laws and regulations, and its laws will be hatred and revenge, and its weapon will be the poison, through which comes the craving for gold and money, belongings and possessions, lust and vice, as well as pleasure. This poison will spread as a controlling power around the earth, and its servants and henchmen will be connected to each other by a poisonous and bloody kiss that forges them together. The poor and the old, the righteous and the weak will be at their mercy and obey them, and, therefore, involuntarily or naive, they have to be submissive and of service to the rulers and the powerful ones of the lands and the god cults. The only laws will be those dictated in their realm of shadows by rulers, kings and emperors, and other powerful ones, as well as by the ones at the top of the god cults' hierocracy. Thus, this poison will reach every single human being, and will poison him and force him into a delusional belief of a god. And this poison of the god cults will be manifold and spread around the world to such an extent that the human being will soak it up through the soles of his feet when travelling around the world.

When the new-time prophet begins with his work, then it will be the time when many human beings will watch all the happenings in the world with inactivity and insensibility. Many will sit there with crossed arms, and will walk around with empty eyes and deaf ears, without knowing what is going on around them, and what they see and hear. They will have no more wise ones to educate them in knowledge and in wisdom, thus they will be like a smith without a smithy where they could forge their iron. And they will be like fieldworkers who no longer have a field to till. Human beings will be like a seed, unable to find fertile soil to take root and sprout. They will lose hope and wander aimlessly around, humiliated and deprived of honour and rights. The youngest and the oldest will be homeless, and live their lives in misery and hardship on the street. The only way of salvation for many of them will be to terrorize, and to rob the fellow-human being of his belongings, to deceive and to cheat him, or to go to war. And because of all their misery and hardship they will hate their lives, and viciously fight against each other.

---

[3] *consciousness*

Das wird auch die Zeit sein, zu der der Mensch von Übeln bedroht und betroffen wird, die aus Krankheiten der Tiere und aus bösartigen Experimenten der Menschen hervorgehen, so aber auch aus Krankheiten des Wassers und der Erde. Doch die Menschen werden auch mit seltsamen Gefährten in den Himmel stürmen und von dort her tödliche Krankheiten zurück zur Erde bringen. Und auf der Erde wird der Mensch durch Krieg und Terror sowie durch Machtsucht und Unvernunft viel zerstören. Doch er wird es wiedererstehen lassen, und all das, was verschont geblieben ist, bewahren wollen. Es wird aber so sein, dass die Angst im Menschen vor den Tagen brodelt, die vor ihm liegen, weil sie Schlimmes verheissen. Aber es wird zu spät sein für die Angst, denn es wird grosse Zerstörung herrschen und die Erde wird sich weitum mit Wüste überziehen. Es werden aber auch gewaltige Wasser tiefer und tiefer werden, und zu bestimmten Tagen und Zeiten wird es derart gewaltig fliessen, dass es wie eine Sintflut alles mit sich reisst, alles zerstört und vernichtet und unzählbare Menschenleben fordert. Die Luft und die Sonne werden durch die Zerstörungswut des Menschen vergiftet und gefährlich, wodurch die Körper der Schwachen zerfressen werden.
Ist der Neuzeit-Prophet geboren, wird ein weltweiter Krieg die Erde erschüttern und derart viele Menschenleben fordern, wie niemals in einem Geschehen zuvor. Und fortan werden sich immer mehr wilde Wasser erheben, Vulkane grosse Verwüstungen anrichten und Erdbeben viele Lande erschüttern und grosse Städte untergehen lassen. Die Wetter werden apokalyptische Ausmasse annehmen, und das Sterben der Menschen bei diesen Geschehen wird unermesslich sein. Also wird alles bedroht und zerstört werden, was nicht durch die Ratgebung der Weisen gebaut oder mit Sicherheit versehen wurde. Berge werden niederstürzen und Schlammstürze werden an den Berghängen und in den Tälern Dörfer, Menschen und Tiere und alles Hab und Gut der Menschen unter sich begraben, während sich an anderen Orten aus den Tiefen der Erde heraus der Boden aufreisst. Der Mensch aber wird sich nicht der Weisheit zuwenden und bestreiten, dass sehr viele der Geschehen auf seine Schuld zurückzuführen sein werden. Also wird er weiter in Unvernunft walten, denn er wird starrköpfig und von Stolz besessen sein. Er wird nicht auf die Warnungen des Propheten hören und nicht auf die Warnungen der Erde, die sie ihm zurufen. So werden die Übel lange Zeit kein Ende nehmen, wodurch Feuersbrünste und Erschütterungen aus der Tiefe der Erde die Städte und Dörfer zerstören werden. Und wie im Krieg wird es dabei so sein, dass die Armen und die Barbaren trotz der Legionen von Soldaten die von den Menschen verlassenen Reichtümer und alles Hab und Gut plündern werden. Die Augen der Soldaten werden gegen die Plünderei blind sein, denn sie selbst werden als Plünderer ihr Unwesen treiben.
Ist der Neuzeit-Prophet geboren, dann werden durch den Menschen erfundene künstliche Mittel in die Luft gelangen und diese in den oberen Schichten zerstören. So wird die Sonne die Erde verbrennen und die Menschen mit dem Schwarzen Frass schlagen, der vielen den Tod bringen wird. Die Luft wird die Erde und ihr Leben nicht mehr vor der Hitze und dem Feuer der Sonne schützen, denn die Luft wird nur noch ein löchriger Vorhang sein, so das brennende Licht der Sonne des Menschen Augen und Haut verzehren, ihn erblinden oder sterben lässt. Wie kochendes Wasser werden die Seen und Meere aufschäumen; Flüsse werden versiegen und Städte begraben werden. Städte, Dörfer, Wiesen und Wälder fallen dem Wahn des Menschen zum Opfer, wenn er künstlich riesige Flüsse und Seen aufstaut, um Kräfte daraus zu gewinnen.

This will also be the time when human beings are threatened and afflicted by evils that come from animal diseases and from the human beings' wicked experiments, but also from the diseases of the water and earth. But the human beings will also rush with strange wagons into the sky, and will bring back deadly diseases to earth. And through war and terror, as well as through greed for power and unreasonableness, the human being will destroy a great deal of the earth. Yet he will let everything rise again, and will want to preserve everything that has escaped destruction. But it will be that a fear will seethe in human beings of the days that lie ahead, for they promise to be severe. But it will be too late for fear, for an enormous destruction will rage, and the earth will be covered far and wide with desert. And there will also be mighty waters that become deeper and deeper, and at certain times and days, the waters will flow violently to such an extent that, like a deluge, everything will be swept away, destroyed and annihilated, and the lives of innumerable human beings will be claimed. Through the human beings' destructive rage, the air and sun will become poisonous and dangerous, and for this reason the bodies of the weak will be burned.

When the prophet of the new time is born, a worldwide war will cause the earth to tremble, and will claim so many human lives as never before. From this time onward, wild waters will increasingly rise, volcanoes will cause enormous devastation, and earthquakes will shake many lands, and destroy large cities. The weather will assume apocalyptical proportions, and the number of human beings killed at these incidents will be uncountable. Therefore, everything that was not built under the guidance of the wise ones, or fitted with safety measures will be threatened and destroyed. Mountains will collapse, and mudslides on mountain slopes and in valleys will bury villages, animals and human beings and all their belongings, while at other places the ground breaks apart from deep within the earth. But the human being will not devote himself to wisdom, and will deny that the blame for very many of these incidents will be traceable to him. Therefore, he will continue to govern without reason and understanding, for he will be stubborn and obsessed with pride. He does neither listen to the warnings shouted at him by the prophet nor to the warnings shouted at him by the earth. Thus the evil will continue for a long time, and massive fires and tremors from the depths of the earth will destroy cities and villages. And it will be just like during a war, when in spite of the legions of soldiers, the poor and the barbarians will plunder all the belongings and treasures left abandoned by human beings. The eyes of the soldiers will be blind to the plundering, for they will be plunderers themselves and are up to abuse.

When the prophet of the new time is born, artificial materials invented by human beings will reach the air and destroy its upper layers. Therefore the sun will burn the earth, and afflict human beings with the black corrosion, causing many to die. The air will no longer be able to protect the earth and its life from the sun's heat and fire, for the air will be a curtain full of holes. Thus the sun's burning light will consume the human being's skin and eyes, and consequently, they will lose their eyesight, or die. Lakes and oceans will bubble and foam like boiling water, and rivers will dry up, and cities will be buried. Cities, villages, meadows and forests will fall victim to the human being's mania when he artificially dams up huge rivers and lakes in order to gain power.

Und nicht wird er dabei bedenken, dass er dadurch die Erde drangsaliert und quält, die sich mit Erdbeben, wilden Wassern, Toben der Vulkane und mit Unwettern und allerlei anderem zur Wehr setzen wird. Ganze Landschaften und Länder sowie Inseln und gar ganze Kontinente werden verschwinden. Die Menschen aber werden nur eine kurze Erinnerung haben, so sie nur auf die Anhöhen flüchten und alles wieder aufzubauen beginnen werden. Sehr schnell werden sie vergessen, was geschehen ist, und so werden sie im alten Trott weitermachen. Die Menschen werden sich blenden lassen durch Trugbilder, die sie zum Leben erwecken und durch die sie ihre Sinne täuschen lassen, so sie meinen, etwas zu berühren, das gar nicht ist. Also werden sie Wege beschreiten, die nur die Augen sehen können, jedoch nicht der Verstand und nicht die Vernunft. Und dieser Weg wird ein Traum sein, der so zur Wirklichkeit wird. So wird es kommen, dass die Menschen nicht mehr unterscheiden können zwischen dem, was ist, und dem, was nicht ist. Viele falsche Labyrinthe werden sich ihnen öffnen, in denen sie sich verirren und verlieren werden. Viele Gottkulte und Untergruppen der Gottkulte werden aufkommen und die Gläubigen in die Irre führen und ausbeuten. Und jene, welche für die Menschen all die Trugbilder ersinnen und erwecken können, werden die Dummen und Gutgläubigen belügen und betrügen und mit ihnen ein böses Spiel der Täuschung treiben. Und gar viele werden es sein, die den Trugbildern der Gottkulte und deren Oberen verfallen und hörig werden, so sie sein werden wie unterwürfige Hunde. Kommt die Zeit des neuen Propheten, dann wird der Mensch immer grösser und unermesslicher in seiner Zahl, und er wird seine Nachkommenschaft nicht mehr auf normalem Wege zeugen, sondern durch Eingriffe in des Weibes Zeugungskraft und Gebärkraft. Und so wird der Mensch auch aus winzigen Teilen eines Menschen neue Menschen erschaffen, wie er das auch bei den Tieren tun wird. Mensch und Tier werden nach spezieller Nahrung schreien und nach Fleisch in grossen Massen. Gleichartige werden Gleichartige verspeisen, wenn der Mensch das Fleisch und die Knochen von Mensch und Tier in feine Formen umwandelt und Futter daraus macht. Und wie dadurch die Tiere ihre Artgenossen fressen werden, wird der Mensch deren Fleisch verzehren und seine eigenen Eltern und Geschwister verspeisen. Die Tiere werden nicht mehr in den Händen und im Schutz der Menschen sein, denn sie werden nur noch in grossen Massen und unter unwürdigen Lebensbedingungen herangezüchtet, um dann elendiglich abgeschlachtet zu werden. Der Mensch wird die Tiere nach seinem Willen verändern und auch Zwitterwesen aus ihnen machen, ihnen unendliche Qualen zufügen und sich nicht um deren nie endenwollendes Leid kümmern. Er wird in die Natur der Tiere eingreifen und sie so gestalten, wie es ihm gefällt. Der Mensch wird die Gesetze des Lebens verändern und damit auch sich selbst. Der Mensch, der aus sich seinen Ursprung zu einem Lebewesen des Fortschritts heranbildete, wird nicht mehr sein eigenes Ebenbild sein, sondern ein Geschöpf des Schreckens. Und der Schrecken wird auch für die Kinder des Menschen sein, denn auf sie werden Angst, Gift und Hoffnungslosigkeit lauern, weil sich der Mensch Kinder nur noch für sich und als sein persönliches Eigentum wünschen wird, jedoch nicht mehr um des Lebens und der Kinder willen. Viele Kinder werden nur noch ein Handelsgut sein, deren Körper für Arbeit, Unzucht und Selbsterfreuung verkauft werden. Andere werden gehetzt, gequält, geprügelt und getötet werden von ihren eigenen Eltern und Geschwistern oder von ausgearteten Kindsmissbrauchern. Selbst jene Kinder aber werden bedroht sein, die von den Ihren beschützt werden.

And he will not consider that by his actions he torments and oppresses the earth, which will defend itself through earthquakes, turbulent waters, raging volcanoes and violent storms of all kinds. Entire landscapes and countries as well as islands, and even entire continents, will disappear. But human beings will have only a short memory, thus they will flee to higher grounds, and will start to rebuild everything again. They will forget very quickly what has happened and will continue in their old ways. The human beings will let themselves be blinded by illusory images, which they awaken to become reality, so they believe to touch something that does not even exist. Thus they will walk on paths that only the eyes can see but not the mind and reason. And this path will be a dream that will become reality. Therefore, the time will come when human beings will no longer be able to distinguish between what exists and what does not. Many false labyrinths will open up to them, in which they go astray and get lost. Many god cults and groups thereunder will form, and they will lead the believers into delusion and exploit them. And those who are able to devise and awaken all these illusory images for the human beings, will deceive and cheat the fools and credulous ones, and play an evil game of deception with them. Indeed, there will be many human beings who become enslaved to the illusory images of the god cults and their hierarchy, and become dependent on them, and consequently, they will be like submissive dogs.

When the time of the new prophet has arrived, the number of human beings will grow increasingly and become uncountable. The human being will no longer beget descendants in the natural way but will intervene in the woman's capability of becoming pregnant, and of bearing and giving birth to descendants. Thus the human being will create new human beings from the human beings' infinitesimal parts, and he will do the same with animals. Human beings and animals will cry out for large amounts of special foods and meat, and species of the same kind will eat each other when human beings transform the flesh and bones of human beings and animals into fine substances for the production of feed. And as the animals will eat their own kind through this process, the human being will consume his own parents and siblings when eating the meat of animals. Animals will no longer be under the protection and care of human beings, for human beings will breed animals in large numbers under degrading conditions, and finally slaughter them in a miserable manner. The human being will alter animals according to his will, and also create hermaphrodites from them, inflict unending pain on them, and not care about their never ending suffering. The human being will intervene in the animals' nature, and shape them to his liking. He will change the laws of life, and in doing so he will also change himself. The human being, who formed out of his origin a life form of progress, will no longer be the image of himself but a creation of terror. And terror will also be a reality for the human being's children, for terror, poison and hopelessness will lie in wait for them, for the human being will want children only for himself and as his personal property, and no longer for the sake of life and the children. Many children will become only a commodity, and their bodies will be sold for work, fornication and self-enjoyment. Others will be hounded, tormented, beaten and killed by their own parents and siblings, or by child abusers who are degenerated in the worst form of inhumanity. But even those children who are protected by their own parents and siblings will be threatened.

Und sie werden gedanken- und gefühlsarm und ohne Wissen sein, denn sie werden in falschen Spielen und in Trugbildern leben, durch die sie verführt werden, weil ihnen kein Meister zur Seite steht, der sie in Wissen und Weisheit unterrichten könnte. So wird sie niemand lehren zu hoffen und zu handeln und sich dem Wissen der wirklichen Wahrheit zuzuwenden. So wird der Mensch überheblich sein und sich selbst für die Schöpfung halten, obwohl er niemals mehr sein wird als bei seiner Geburt, nämlich ein Mensch. Und der Mensch ist lernbedürftig, weshalb er viel lernen muss, um sich aus seinem Unwissen und aus seiner Unweisheit zu befreien. Er wird aber nicht gewillt sein zu lernen und die Lehre des Neuzeit-Propheten in den Wind schlagen, so seine Worte ungehört wie in der Wüste verhallen werden. So wird der Mensch im Alten verbleiben, und nur wenige werden den Worten des Propheten folgen. So wird der Mensch sich weiter für die Schöpfung halten, immer weiter zuschlagen, sich von Wut und Zorn, von Rachsucht und Hass, von Machtgier, Ungerechtigkeit, Gewinnsucht und Eifersucht überwältigen lassen. Durch die Macht aber, die er über die Tiere, über die Natur, den Menschen und das Leben ergriffen haben wird, wird er sich stark fühlen und seinen Arm noch weiter zuschlagen lassen und wie ein wilder Barbar alles um sich herum zerstören. So wird er in seinen Gedanken und Gefühlen sowie in seinem Verstand und in seiner Vernunft ein sehr kleiner Zwerg bleiben, obwohl er in manchen Dingen des Fortschrittes die Kräfte eines Riesen besitzen wird. Also wird er in dieser Weise mit den Schritten eines Riesen voranschreiten, jedoch nicht wissen, welchen Weg er in die kommenden Tage nehmen soll, weil ihm dazu alles Wissen und die Weisheit fehlen. Zwar wird sein Kopf sehr schwer sein von Wissen, das er sich erarbeitet hat, doch wird es ein Wissen der Nutzlosigkeit sein, weil es nur auf Werte ausgerichtet ist, die nicht des Geistes und nicht einheitlich sind mit den Gesetzen der Schöpfung, sondern nur in menschlichen Gesetzen beruhen. So wird er trotz all seines Wissens sehr armselig an wahrem Wissen sein, denn er wird nicht wissen, warum er lebt und stirbt. So wird er weiterhin der Ungestüme bleiben, wie er seit jeher war, jener, welcher wild und dumm mit den Armen fuchtelt, irre Worte spricht oder leise wimmert, wie ein zur Sprache noch unfähiges Kind.
Schon im zweiten Jahrtausend nach Jmmanuels Geburt und noch bevor der Neuzeit-Prophet geboren sein wird, wird ein weltweiter Krieg über die Erde rollen, und also wird es so sein zwei Jahre nach seiner Geburt. Doch das wird nicht das Ende sein, denn wie seit alters her werden neue grössere und kleinere Kriege allüberall sein und sich auch weit ins dritte Jahrtausend hineintragen. Ganze Länder werden in allen vier Winden zur Kriegsbeute werden für ausgeartete Machtgierige, und unzählige Menschen werden dabei ebenso dem Tod überantwortet wie auch durch den Gotteskult, der irrwitzig und fälschlich aus des Propheten Jmmanuels Lehre hervorgehen wird, weil sie einer unvorstellbaren Verfälschung anheimfällt. In eigenen Landen werden sich die Menschen bekriegen und sich gegenseitig die Kehlen durchschneiden, und es werden Kriege herrschen zwischen Ländern und Gläubigen der Gottkulte. Aus den Hebraons werden Juden werden, und davon werden 12 Stämme sich als Allahgläubige abzweigen. Aus Jmmanuels Lehre wird ein Christenkult hervorgehen, und sowohl dieser wie die Juden und die Allahhörigen werden nicht aufhören, sich zu bekriegen bis hinein ins dritte Jahrtausend nach Jmmanuels Geburt.

And they will be lacking in thoughts and feelings, and will be without knowledge, for they will live in a world of illusory games and images that will seduce them, because no master stands at their side who could instruct them in knowledge and wisdom. Thus nobody will teach the children to hope and to act, and to turn towards the knowledge of the real truth. Therefore, the human being will be arrogant and consider himself to be the Creation, although he will never be any more than what he was at birth, namely a human being. And the human being is in dire need of knowledge, thus he must learn a lot in order to free himself of his ignorance and lack of wisdom. But he will not be willing to learn, and will turn a deaf ear to the teachings of the prophet of the new time, thus his words will go unheard as if they are called out in a desert. Thus, the human being will continue in his old ways, and only a few will follow the words of the prophet. Therefore, the human being will continue to regard himself to be the Creation, and will ever more strike out, and let himself be overcome by wrath and anger, vengeance and hatred, greed for power, injustice, greed for profit and jealousy. But through the power and control that he will have seized over animals and nature, as well as over life and human beings, he will feel strong and will continue to strike out like a wild barbarian, and destroy everything around himself. Thus he will remain a small dwarf in his thinking and feeling, as well as in his understanding and reasoning, although in many areas of advancement he will possess the strength of a giant. And in this manner he will stride forward like a giant but will not know which path he should take in the days to come, because he will be lacking all the necessary knowledge and wisdom. In fact, his head will be very heavy from the great amount of knowledge that he has acquired, yet it will be a useless knowledge, because its value is not based on the value of the spirit, and is not uniform with the laws of the Creation but is based only on human laws. Thus in spite of all his knowledge, the human being will be miserably lacking in true knowledge, for he will not know the reason why he lives and dies. Thus he will remain to be the impetuous one as he always was, the one who furiously and ignorantly waves his arms about and utters delusional words, or softly whimpers like a child who is not yet able to speak.

Already in the second millennium following the birth of Jmmanuel and still before the birth of the prophet of the new time, a worldwide war will cover the earth, and it will also be so two years after his birth. But that will not be the end, because like in the past, there will be new, larger and smaller wars everywhere, and this will continue to be the case until far into the third millennium. In all the four corners of the earth, entire countries will become the spoils of war for the power-greedy who are degenerated in the worst form of inhumanity, and thereby innumerable human beings will be put into the hands of death as well. And innumerable human beings will also be put into death's hands through the god cult that will incorrectly, and through a crazy foolishness emerge out of the teachings of the prophet Jmmanuel, for they will fall victim to an unimaginable falsification. Human beings in their own countries will be at war with each other and cut each other's throats; and wars will rage between countries and the believers of god cults. The Hebraons will become Jews; and twelve tribes of them will branch off, and will be believers of Allah. The Christian cult will emerge from Jmmanuel's teaching, and they as well as the Jews, and the believers of Allah will not stop fighting each other until far into the third millennium after Jmmanuel's birth.

Die Erde wird rundum zu einem blutigen Schlachtfeld werden, wobei einer der Gründe der sein wird, dass jeder Gottkult der richtige und der bessere sein soll als der andere. So werden sich die Gläubigen aller Gottkulte in alleiniger Reinheit und im einzig wahren Glauben wähnen und ihren irren Glauben verteidigen wollen. Die Gläubigen der einen Gottkulte werden die anderen Gläubigen der anderen Gottkulte mit Macht und Zweifel, mit Hass und Rache sowie mit Misstrauen, Hinterlist und Mordabsicht gegenüberstehen, wodurch es unausweichbar sein wird, dass der Tod überall voranschreitet. Und durch all das Übel werden auch sehr viele Menschen vom menschlichen Rechte und Leben ausgeschlossen sein, denn es werden ihnen alle Rechte genommen, kein Brot und kein Dach gegeben. Sie werden die Ärmsten unter den Armen sein und nackt einhergehen müssen, und zum Verkauf werden sie nur ihre eigenen Körper haben. Sie werden Geächtete und Verstossene sein, weitab all jener, welche in Freuden, Herrlichkeit und im Überfluss leben. Die aber, die in dieser Weise des Überflusses leben, werden in ihrer Schuld die Ärmsten knurrend bedrohen, deren Lande besetzen und sich haltlos vermehren. Sie werden sehr wohl die harten und gerechten Worte des Neuzeit-Propheten hören, doch werden sie gleichgültig sein und keine Vergeltung fürchten. Aber ihr Hochmut wird dereinst zusammenbrechen, wenn die Massen des Volkes zu Barbaren werden und die Paläste der Reichen, Herrscher, Oberen und Obersten sowie der Mächtigen und der Kultherrscher stürmen und alles zerstören, plündern und an sich reissen.

Wenn das Wirken des Neuzeit-Propheten beginnt, wird der Mensch bereits in ein undurchdringliches Labyrinth der Angst, der Zerstörung und der Ausartung eingetreten sein. Seine Angst wird ihm die Augen und die Ohren verschliessen, so er nicht mehr sehen und nicht mehr hören kann, was um ihn herum vorgeht. Sein Sinnen und Trachten wird voller Argwohn sein, und bei jedem Schritt werden ihn Angst und Furcht begleiten. Doch es wird ihm keine Rast zuteil werden, weil er ständig vorwärtsgetrieben wird. Die Stimme des Propheten der Neuzeit wird aber lautstark, hart und gerecht sein, dass sie von allen gehört werden muss. Und sie wird auch gehört werden von jenen, welche die Ohren verschliessen und sich geben, als seien sie Taube. Viele werden aber die Stimme wohl hören doch sie verleugnen, weil sie im Alten weitermachen und immer mehr besitzen wollen, wobei sie aber ihren Kopf an die Trugbilder der Gottkulte verlieren und an jene, welche durch Lug und Falschheit ihre Meister sein wollen. So wird der Mensch betrogen werden von jenen, welche sich ihre Hirten nennen – doch es wird nur noch schlechte Hirten geben.

Geht das Jahrtausend zu Ende, in dem der Neuzeit-Prophet verblichen sein wird, wenn 800 Jahre nach seinem Tod dahingegangen sein werden, werden die Menschen endlich soweit sein, dass sie die Augen und die Ohren öffnen, damit sie sehend und hörend werden. Das wird aber sein, weil die Macht des Wortes des Propheten über Jahrhunderte zu wirken beginnt und in die Gedanken und Gefühle sowie in die Vernunft der Menschen dringt. Es wird ein sehr mühsames Werk sein, das der Prophet und seine Getreuen zu erfüllen haben werden, doch ihr Einsatz wird den Gewinn nicht verfehlen. So werden die Menschen sich langsam von den Gottkulten befreien und sich der Wahrheit des Geistes und der Schöpfung zuwenden. Sie werden nicht mehr mit ihren Köpfen in den irren Lehren der Gottkulte gefangen sein und ihre Augen und Ohren offen haben, so sie von einem Ende der Erde zum anderen Ende sehen und hören und nunmehr einander verstehen können.

Every place on earth will become a bloody battlefield, and one of the reasons for this will be that each god cult believes to be the right and better one than the others. Therefore, the believers of all god cults will wrongly imagine they alone have the sole purity and true belief, and will want to defend their delusional belief. Thus the believers of the various god cults will confront each other with force and doubt, with hatred and revenge, as well as with suspicion, treachery and with the intention to murder, and therefore death will inevitably spread everywhere. And through all this evil, very many human beings will be excluded from human rights and life, and will have neither bread nor shelter, for every right will be taken from them. They will be the poorest among the poor and will have to go around naked, and will have only their bodies to sell. They will be the outlaws and the outcasts, and exist far away from all those who live in joyfulness, magnificence and abundance. And those who live in this manner of affluence will grumble in their guilt, threaten the poorest whose land they occupy by force, and unrestrainedly reproduce themselves. And they will hear perfectly well the harsh and just words of the prophet of the new time, yet they will be indifferent and have no fear of retaliation. But their arrogance will one day break down when the masses of people become barbarians and seize everything by storming, destroying and plundering the palaces of those who are rich, who are governing, who are in top positions, as well as those who are powerful and are the cults' rulers.

When the work of the prophet of the new time begins, the human being will already have entered an impenetrable labyrinth of fear, destruction and degeneration of the worst form of inhumanity. His fear will close his eyes and shut his ears, thus he will no longer be able to see and hear what is happening around him. His reflecting and trying to act will be overshadowed by suspicion and anxiety, and fright will accompany each of his steps. Yet he will not be granted any rest, for he is driven forward constantly. The voice of the prophet of the new time will be forceful, harsh and just because everybody must hear it. And those who shut their ears and pretend to be deaf will also hear his voice. And many will even hear the voice, yet deny it, because they will want to continue accumulating more and more possessions. Thereby they will lose their heads to the illusory images of the god cults, and to those who want to be their master through falsehood and deceit. Thus the human being will be deceived by those who call themselves their "shepherds" – yet there will only be bad shepherds.

When the millennium in which the new time prophet dies draws to an end, and when 800 years pass after his death, human beings will have come so far to open their eyes and ears that they will be capable of seeing and hearing. But this will be, because the power of the prophet's word will begin to take effect over centuries, and will permeate the feelings and thoughts as well as the reason of human beings. It will be a very arduous work that the prophet and his loyal supporters will have to accomplish, however, their dedicated efforts will not fail to be successful. And slowly, the human beings will free themselves from the god cults, and turn toward the truth of the spirit and the Creation. Their heads will no longer be trapped in the delusional teachings of god cults, and they will have their eyes and ears open, thus they will be able to see and hear from one end of the earth to the other, and will be able to understand each other from now on.

Sie werden wissend geworden sein, dass jeder Schlag, der den Nächsten trifft, diesen schmerzt und verletzt. Die Menschen werden eine grosse Gemeinschaft bilden, von der jeder ein Teil des andern ist. Wahre Liebe wird Frieden und Freiheit schaffen und die Menschheit vereinen. Also aber wird es nebst vielen Sprachen aber auch eine spezielle Sprache geben, die von allen Menschen verstanden und gesprochen wird. Und das wird endlich der Anfang der Geburt des Neuen sein, das wahrheitlich Menschliche. Und wenn das Ende des Jahrtausends kommt, dann wird der Mensch den Himmel erobert haben und zu den Sternen hinausfliegen. Er wird auch selbst Sterne schaffen im grossen dunklen Meer des Himmels, in dem die Sterne blinken. Er wird mit glänzenden, grossen metallenen Schiffen durch die Lüfte und durch den Himmel fliegen und auf lange, ferne Reisen gehen, um sich irgendwo in der Weite des Himmels eine neue Heimat zu suchen. Der Mensch wird aber auch der Herr der Wasser sein und grosse Städte auf den Meeren bauen und sich dann von den Früchten der Meere ernähren. Und es wird die Zeit sein, da ihm nichts mehr verboten sein wird, weil er nach den Gesetzen der Schöpfung lebt.

Die neue Zeit wird es bringen, dass die Menschen miteinander kommunizieren können, ohne dass sie die Sprache des Mundes oder die Hilfe von Sprachrohren gebrauchen müssen, denn sie werden durch ihre Gedanken und Gefühle und durch ihren Kopf alle Botschaften aufnehmen und verstehen können, die ein anderer Mensch denkt und fühlt. Und es wird sein, dass die Menschen die Träume miteinander teilen und lange leben werden. Das Alter der Menschen wird derart hoch sein, wie die alten Überlieferungen von den Ältesten sprachen, die tausend Jahre wurden.

Und es ist die Zeit, da der Mensch das Geheimnis aller Dinge kennt, so den Körper des Menschen und der Tiere, das Geheimnis der Steine und der Wasser, den Blick jedes andern Menschen. Er wird alle Geheimnisse durchdringen und erkennen, wodurch er ein Tor nach dem andern aufstossen wird in den Bereich des neuen Lebens. Der Mensch wird eine kraftvolle, schaffende und sprudelnde Quelle des neuen Lebens, und alle Menschen werden das Wissen um die Schöpfung lernen. Ehrfurchtsvoll werden die Kinder der Erde zum Himmel hochblicken und seine Geheimnisse besser ergründen als irgend jemand vor ihnen. Des Menschen Körper wird kräftiger, grösser und gewandter sein, und seine Gedanken und Gefühle sowie sein Kopf werden alle Dinge umgeben, sie verstehen und besitzen. Das alles wird sich aber schon zur Zeit des Lebens des Neuzeit-Propheten anbahnen, denn sein Wirken wird viel dazu beitragen, auch wenn es von Neidern und solchen geleugnet werden wird, die es besser wissen wollen. Und er wird auch viel dazu tun, damit der Mann nicht mehr der einzige Herr sein wird, denn er wird schon in jungen Jahren wirken, dass das Weib kommen wird, um das Zepter zu ergreifen und die Welt zum Besseren zu ändern. So wird das Weib die Herrin zukünftiger Zeiten sein, denn es ist kraftvoll und machtvoll und wird seinen Willen den Männern aufzwingen und eine bessere, harmonischere Welt in Frieden und Freiheit schaffen. Das Weib wird im dritten Jahrtausend nach Jmmanuels Geburt hochsteigen zur Mutter des Jahrtausends. Das Weib wird die Sanftheit und Liebe, die Harmonie und den Frieden der wahren Mutter verströmen und die vollendete Schönheit und Liebe nach der Hässlichkeit der Barbarei und der todbringenden Kriege sein.

They will have become cognizant that each blow that strikes the fellow-human being will hurt and injure him. Human beings will form a large community in which each one is a part of the other. True love will create peace and freedom, and will unite humankind. And there will also be one special language beside the many that exist, which will be understood and spoken by all human beings. And this will finally be the start of the birth of the new, the real and true human.

And when the end of the millennium draws near, the human being will have conquered the sky[4], and will fly toward the stars. He will also create stars in the deep and dark expanses of the sky where stars are gleaming. He will fly through the air, and travel through the sky with large ships of shining metal, and will set out on long journeys to search for a new home somewhere out in the far and distant sky. And the human being will be the master of the waters, and will build large cities upon the oceans, and his nourishment will be the fruit of the oceans. And this will be the time when nothing will be prohibited for him any more, because he lives in accordance with the laws of the Creation.

The new time will bring about that human beings will be able to communicate with each other without having to use a verbal language, or megaphones, for with their thoughts, feelings and heads they will be able to receive and understand all messages, which another human being thinks and feels. And it will be that human beings will share their dreams with each other, and live long lives. Their life will be as long as those described in the old handed-down texts, who reached an age of one thousand years.

And it will be the time when human beings know the secret of all things, thus the body of human beings and animals, the secret of gems and waters, and the look (eyes) of every other human being. He will penetrate all secrets, and will be cognizant of them, and consequently will be able to push open one door after the other into the realm of new life. The human being will be a powerful, productive and bubbling source of new life and every human being will acquire the knowledge connected with the Creation. The children of the earth will look up into space with reverence, and will be more successful in probing into its secrets than anybody before them. The human being's body will be stronger, taller and more agile, and his thoughts and feelings as well as his head will embrace all things, and understand and integrate them. But all of this will already begin during the lifespan of the prophet of the new time, for his work will be a valuable contribution in this regard, although it will be denied by many who are jealous or want to know it better. And he will also do much so that the man will no longer be the sole master, for early in his life he will work and be effective so that the woman will come, in order to take hold of the sceptre and change the world for the better.

Thus, the woman will be the master of the future times, for she is vigorous and powerful, and will impose her will upon men, and will create a better and more harmonious world in peace and freedom. In the third millennium after Jmmanuel's birth, the woman will rise to become the mother of the millennium. The woman will exude gentleness, love, harmony and peace of the true mother, and will be the perfect beauty and love after the ugliness of barbarity and the death-bringing wars.

---

[4] space

Und die Lehre des Propheten wird viel dazu beitragen, wodurch sich die neue Zeit in ihrem Gang in eine leichte Zeit verwandelt, in der ehrlich und wahr geliebt und geteilt, gemeinsam geträumt und die Träume wahrgemacht werden. Und wenn für den Menschen diese zweite Geburt wahr wird, werden sich die Gedanken und Gefühle und der Kopf sich der Masse der Menschen bemächtigen, die in Nächstenliebe eins miteinander sind. Das wird das Ende der Barbarei sein, das Ende der Kriege und das Ende des Bösen. Es wird eine Zeit des Wissens und der Weisheit anbrechen und den Menschen den wahren Sinn des Lebens nahebringen, den der Prophet der Neuzeit trotz meuchlerischen Angriffen auf sein Leben unbeirrt lehren und in die Welt hinaustragen wird. Durch seine Lehre werden für die Menschen ab der Neuzeit die glücklichen Tage beginnen, wenn die Menschen den Weg des Friedens, der Freiheit und der Lehre des Geistes finden und auf ihm wandeln. Dann wird die Erde ihre Ordnung wiederhaben. Vorerst aber werden es nur wenige Tapfere sein, die den Worten und der Lehre des Propheten folgen werden, wobei ihr Weg gar hart und mühsam sein wird. So werden sich erst nur wenige Getreue auszeichnen und sich ihren Lohn erarbeiten, doch wird die Zeit kommen, da sie sich schnell mehren und in gar grossen Massen in aller Welt sein werden. Schon zur Zeit des neuen Propheten werden viele Wege von einer Stadt zur anderen und von einem Ende der Welt zum anderen führen, und bald wird es dann auch sein, dass die Wege durch den Himmel führen und endlos sein werden. Das verdorrte Grün der Wiesen und Wälder wird sich wieder erholen, die Wasser werden wieder sauber und rein sein, und in die Wüsten wird Wasser gebracht, darin dann alles grünt und blüht. Bald wird die Erde wie eine neuer Garten sein, in dem der Mensch alles achtet, was wächst und blüht, was sich bewegt und kreucht und fleucht. Mit Eifer wird er alles reinigen und sauber halten, was er beschmutzt hat; und mit Liebe und Freude wird er die Erde als seine neue Heimat ansehen. Liebe, Harmonie, Wissen und Weisheit werden ihm zur eigenen Pflicht werden, und in Wissen und Weisheit wird er seines Lebens und seiner nächsten Leben sowie jedes Tages und jedes Morgens gedenken. Jeder Mensch wird sein wie ein gleichmässiger Schritt unter vielen, und er wird mehr über seinen eigenen Körper und Kopf und über seine Gedanken und Gefühle sowie über die Gesetze des Lebens und der Schöpfung wissen, als es jemals vorher der Fall war. Und es kommt damit dann auch die Zeit, zu der Übel und Krankheiten erkannt und geheilt werden, bevor sie auftreten können. Und der Mensch wird lernen, dass er sehr viel an sich an Übel und Krankheiten verhüten und auch sehr viel an sich selbst heilen kann. Er wird aber auch lernen, dass er den Armen und Schwachen beistehen und ihnen helfen muss. Das aber nicht nur aus Notwendigkeit, sondern um der Nächstenliebe willen und um das ganze Menschsein aufrechtzuerhalten. So wird der Mensch auch sein Herz und seine Börse öffnen für die Armen und Besitzlosen und die bedauerlichen Zeiten der Barbarei, des Geizes und der Verschlossenheit hinter sich lassen.
Und wenn endlich die neue Zeit anbricht, wird sich der Mensch endlich in richtiger Weise als Hüter der menschlichen Ordnung, als wahrer Hüter des Lebens, der Erde und deren Natur samt allem Lebendigen darauf verstehen. Der Mensch nämlich wird zu jener fernen Zeit gelernt haben zu geben und zu teilen und vom Nehmen zur Befriedigung der eigenen Gewinnsucht abzukommen.

And the teaching of the prophet will contribute much to that end, whereby the new time in its evolutionary path transforms into a time of ease, in which human beings will sincerely and truly love and share, dream together and make dreams come true. And when this second birth becomes reality for the human being, thoughts and feelings and the head will get hold of the majority of human beings who, in loving their fellow-human being, are altogether one. That will be the end of barbarity, the end of wars and the end of evil. A time of knowledge and wisdom will dawn, and bring near to human beings the true meaning of life, which the prophet of the new time will unwaveringly teach and carry into the world, in spite of treacherous attacks on his life. Through his teachings happy days will begin for human beings from the new time onward, when human beings find the path of peace, freedom, and the teaching of the spirit, and walk on it. Then the earth will again have its standing rules and regulations. At the beginning only a few courageous ones will follow the words and the teaching of the prophet whereby their path will be quite tough and strenuous. So at first, only a few loyal ones will distinguish themselves and toil for their reward, yet the time will come when they quickly multiply, and will be in large numbers around the world.

Already at the time of the new prophet, many roads will lead from one city to another, and from one end of the world to the other, and soon roads will also wind endlessly through the sky. The withered green of meadows and forests will recover, waters will be clean and pure again, and water will be brought into the deserts, where everything will then sprout and bloom. And soon the earth will be like a new garden, where the human being will respect everything that grows, blooms, moves around, crawls and flies. He will put his heart into scrubbing, and keeping clean everything that he has soiled, and will look upon the earth with love and joy, and consider it to be his new home. Love, harmony, knowledge and wisdom will become his obligation, and he will think of knowledge and wisdom all of his life, all of his following lives, as well as every day and every morning. Each human being will think and act in the same manner and he will know more about his body and head, his thoughts and feelings, as well as about the laws of life and of the Creation than was the case ever before. And there will also come the time when diseases and sicknesses will be recognized and healed before they are able to manifest. And the human being will learn that he is able to prevent and to heal many of his own diseases and sicknesses. He will also learn, however, that he has to stand by and help the poor and the weak, not only out of necessity but for the sake of love toward the fellow-human being, and in order to sustain the entire nature of being a human being. Thus the human being will also open his heart and purse to the poor and the destitute, and leave behind the regrettable times of barbarity, greediness, and reticence.

And when finally the new time is dawning, the human being will finally understand to be in the correct way the true guardian of human conduct in accordance with statutes and regulations, and understand in the correct way to be the true guardian of life, of the earth and its nature, including all living things.

Der Mensch wird endlich Mensch sein und nicht mehr allein unter all den vielen. Seine Einsamkeit wird dahin und vorbei sein, und er wird endlich wissend werden in der wahren Wahrheit und den Gesetzen der Schöpfung und des Lebens, Sterbens und des Todes. Alle Menschen werden einander anerkennen und keinen Unterschied mehr machen zwischen den verschiedenen Rassen, Gottkulten und zwischen dem Stand Reich und Arm. Doch all das wird erst nach den weltweiten Kriegen und Feuersbrünsten, den bösen Greueltaten der Menschen und nach all den durch die Natur und die Erde ausgelösten apokalyptischen Katastrophen geschehen. Dann werden aus den verkohlten Trümmern der Städte und Dörfer neue Bauten und Türme entstehen, doch wird dazu eine eiserne Faust nötig sein, damit Ordnung in das durch den Menschen angerichtete Chaos kommt. Und es wird von grösster Notwendigkeit sein, dass der Prophet der Neuzeit sein machtvolles Wort erhebt und die Lehre der Wahrheit und die Lehre des Geistes bringt, denn das wird die Macht sein, dass der Mensch den rechten Weg wiederfindet. Und durch des neuen Propheten Lehre wird der Mensch wissend werden, dass nicht nur er, sondern alle Lebewesen Träger des Geistes und des Lichtes und Geschöpfe sind, denen Respekt gezollt werden muss. Und wenn der Mensch das weiss, dann wird er neue Städte gründen auf der Erde, auf den Wassern, unter den Wassern und im Himmel, wohin er mit silbernen metallenen Schiffen reisen wird. Also aber wird sich der Mensch erinnern an das, was einst war, und also wird er zu ergründen wissen, was in den kommenden Tagen und Zeiten sein wird. Er wird lernen, die Zeugung und Geburt sowie das Leben, Sterben und den Tod zu verstehen und alle Angst und Furcht davor verlieren, weil er sich der Lehre des Propheten zuwenden wird. Und der Mensch wird die Zeit von mehreren Leben haben, weil sein Alter verlängert wird, und er wird wissend werden, dass das Licht niemals erlöscht und das Leben auch im Tode und in Wiederleben weitergeht, denn sein Wissen wird zur umfassenden Weisheit werden.

Quetzal Das mein Freund, sind Jeremias Voraussagen für das zu Ende gehende zweite und das kommende dritte Jahrtausend.

For in this far and distant time to come, the human being will have learned to give and share, and to give up the taking for the purpose of satisfying his greed for profit. The human being will finally be a human being, and will no longer be alone among the many. His loneliness will be gone, and he will finally become cognizant of the real truth and the laws of the Creation and life, and of dying and death. All human beings will acknowledge each other, and will no longer make a difference between various races, god cults, and between the rich and the poor. But all this will only happen when the worldwide wars and firestorms, the evil cruelties of human beings, and all the apocalyptic catastrophes triggered through nature and the earth have ended. Then new buildings and towers will grow out of the charred rubble of cities and villages, but an iron fist[5] will be necessary to bring back the standing rules and regulations into the chaos created by human beings. And it will be of utmost necessity that the prophet of the new time let his powerful word ring out and bring the teaching of the truth and the spirit, for this will be the power that enables the human being to find the right path again. And through the new prophet's teaching, the human being will become cognizant that not only he but also all living beings are bearers of the spirit and the light, and are creatures that must be respected. And when the human being knows that, then he will create new cities on earth, upon the waters, under the waters, and in the sky where he will travel with silvery gleaming, metallic ships. Thus, the human being will remember what once was, and he will also know how to probe into the days and times to come. He will learn to understand procreation and birth, as well as life, dying and death, and will lose all anxiety and fear of it, because he will turn toward the teaching of the prophet. And the human being's age will be that of several lives, because his lifespan will be extended, and he will become cognizant that light never extinguishes, and that life also continues in death and in living again – for his knowledge will become all-encompassing wisdom.

Quetzal: "These, my friend, are the predictions of Jeremia for the second millennium that comes to an end, and the coming third millennium."

---

[5] *strong hand*

Voraussagen des Propheten Elia

Kontakt 230 vom 11. Oktober 1989

Billy … Kannst du mir heute nochmals etwas sagen bezüglich Prophetien oder Voraussagen der alten Propheten?

Quetzal Gewiss, denn ich habe mich darum bemüht, um noch etwas bringen zu können. Es handelt sich allerdings wiederum nicht um eine Prophetie, sondern um eine Voraussage, die diesmal auf den Propheten Elia zurückführt und hauptsächlich von dir handelt, nebst wenig anderem. Auch seine alten Worte musste ich umsetzen in die heutige deutsche Sprache, damit sie verstanden wird. So höre denn, was er zu sagen hatte:

Als Künder dieser Welt sehe und höre ich und weiss, was sich in sehr fernen Tagen ergeben wird. Es wird in den Jahrhunderten sein, wenn der Künder der neuen Zeit sein Wort erheben und die Welt belehren und damit grossen Aufruhr herbeiführen und dadurch sein Leben bedroht sein wird. Ich sehe und höre und weiss, weil meine Augen und Ohren offen sind und im Himmel sehen und hören, was in fernen kommenden Tagen sein wird. Wie mit einem grossen Schritt durchmesse ich mit meinen Augen und Ohren die Tage bis in die ferne Zeit, bis hin in ein freies Land, an einen Ort, von dem ihr noch nichts wisst und den ihr noch nicht sehen könnt. Dort wird der Tapferste der Tapferen sein, der Heiligste der Heiligen, und er wird mit Macht lehren und die Gesetze und Gebote der Schöpfung verkünden. Wie ich wird er der Schrift kundig sein und dem Himmel lauschen können, und er wird das Auge, das Ohr und das Gewissen der Menschen sein, und er wird die Menschen die Kräfte der Schöpfung sehen und ihre Gesetze hören lassen. Er wird ein Sehender und Wissender sein, und ein Vermittler, dessen Hand die Stimmen jener niederschreibt, welche von den Sternen kommen werden. Und er wird der dritte Fortgang meiner sein und ein Fortgang im Wiederleben jener Künder, die meiner vor mir waren. Sein Wort wird den verborgenen Aufbau der Welt und manch Geheimnis der Schöpfung enthüllen, und er wird Risse der Erinnerung stopfen, die von einem Punkt in der Vergangenheit oder von der Gegenwart in die Zukunft führen, so er die Karte aufzeigen wird, auf der die Geschehen durch den Menschen die neue Zeit zeichnen.

Der neue Künder wird viel Leid ertragen müssen, und der Vater wird ein einfacher Schuhmacher und die Mutter ein einfaches Weib sein, das in allem drei Söhne und vier Töchter gebären wird. Einer der Söhne wird der Hüter des Schatzes genannt werden und der neue Künder sein. Das Wissen um die Gesetze der Schöpfung werden ihm offen sein wie niemals einem Künder zuvor. Und er wird es sein, der die wahre Lehre und die wahren Worte der alten Künder wieder ans Licht bringt und sie den Menschen zugänglich machen wird.

Predictions of the Prophet Elia

Contact 230 of October 11, 1989

Billy: "Can you tell me today again something about the prophecies, or predictions of the old prophets?"

Quetzal: "Certainly. I have made every endeavour to bring something along with me. However, it is not a prophecy but a prediction that leads back to the prophet Elia and refers mainly to you. To make it understandable, I had also to rewrite his old style of writing into the German language of today. So listen then what he had to say:"

As herald of this world, I see and hear and know what will happen in the very distant future. It will be in centuries, when the herald of the new time will raise his voice, and teach the world, and cause great turmoil and thus his life will be threatened. I see and hear and know because my eyes and ears are open, and see and hear in heaven what will be happening in the very distant days to come. Like taking a gigantic step, I traverse with my eyes and ears the days to a distant time, to a free country and to a place, which is still unknown to you, and which you are not yet able to see. There will be the most courageous of all courageous ones, the most holy of all holy ones, and he will teach powerfully and proclaim the laws and commandments of the Creation. He will have knowledge of the script like I, and will be able to listen to heaven. And he will be the eye, the ear and the conscience of the human beings, and he will let human beings see the power of the Creation, and let them hear the Creation's laws. He will be a seeing and knowing one, and a mediator whose hand writes down the words of those who will come from the stars. And he will be the third one to follow me, and will be a continuation in the living again of those prophets who were before me 'as other personalities of me.' His word will reveal the hidden structure of the world, as well as many secrets of the Creation. And he will fill the gaps of memory that lead from one point in the past, or of the present into the future, thus he will show the map on where happenings design the new time, which are caused through the human beings.

The new herald will have to endure much hardship; his father will be a simple shoemaker, and his mother a simple woman who will give birth to three sons and four daughters. One of the sons will be called guardian of the treasure, and he will be the new herald. The knowledge about the laws of the Creation will lay open to him as never before to a herald. And he will be the one who brings to light again the true teaching and true words of the old heralds, and will make them accessible to human beings.

Bis dahin werden die Texte der Kündungen, der Lehre und der Worte meiner und meiner nach meinen und meiner vor meinen warten im Verborgenen auf den passenden Augenblick, wenn sie zu des neuen Künders Tagen wieder auftauchen sollen, hergebracht von den Menschen aus dem Himmel. Und der Künder wird den richtigen Tag abwarten, auf dem Hufeisenberg, wo er seine Wohnstätte haben und das Tuch des Zeichens des Bundes mit den Menschen aus dem Himmel im Winde flattern wird. Und ist der Tag reif geworden, dann wird er die alten Worte verkünden, und seine Stätte wird ein Ort sein, wo sich die Menschen aus allen vier Winden der Erde finden werden. Und die wahren Seinen werden vom Himmel sein und bei ihm eingehen und ausgehen und doch nicht erblickt werden von den Menschen, weil sie im Verborgenen bleiben und einen Kopf haben, mit dem sie sich nicht mit den Köpfen der Menschen der Erde vertragen. Der neue Künder der fernen Tage wird der Gründer der Gruppe der Wahrheit sein, und sie wird sich weiten in alle vier Winde der Erde. Er wird das Siegel vieler Geheimnisse der Schöpfung und die des Kopfes des Menschen und auch deren Gedanken und Gefühle erbrechen und darin wissender sein, als kein anderer Mensch zu jener Zeit oder zuvor. Seine Zahl wird die Eins und die Drei und die Sieben sein und also die Zahl des Wissenden und des Weisen. Er wird weit reisen, bis dorthin, wo Himmel und Erde aufeinandertreffen und wo der Himmel endet. Seine Worte werden die Worte der Wahrheit sein, und sie werden hart sein und die Menschen in ihrem Kopfe treffen. Und er wird ruhelos sein in seinem Tun, und er wird tätig sein, wenn er auf dem Boden liegt, wenn er in der dunklen Nacht oder im starken Lichte des Mondes einhergeht, wenn er die Wüste durchschreitet oder auf die Berge steigt, und er wird sich durchdringen lassen von den Kräften der Sterne, von der Sonne und von der Erde. Er wird seine machtvollen Kräfte wie fliessende Ströme in seine Worte legen und wie kein Künder vor ihm sie niederschreiben, dass sie für alle Tage erhalten bleiben. Seine Worte werden für die Gerechten Labsal sein und in Liebe getränkt, und sie werden auch zu den Ungerechten dringen und sie rütteln und schütteln, und sie werden wie machtvolle Strömungen in sie dringen und sie nach und nach erwachend machen. Seine Worte werden auch tief in den Himmel eintauchen und zu den Menschen im Himmel dringen, und sie werden die Sterne durchdringen mit ihrer Kraft. Und seine Worte werden dorthin dringen, wo Himmel und Erde zusammentreffen und wo der Himmel sein Ende hat. Sein Wissen wird das sein, dass er den Kopf und die Gedanken und Gefühle der Menschen kennt, deren Verstand und Vernunft, und er wird den Körper[2] der Erde und der Sterne und des Himmels kennen, denn er wird den Pfaden folgen, die in diesen Welten zu den Geheimnissen führen.

Der neue Künder ist dereinst der dritte Nachgänger meiner, und also wird er heilen können, und er wird sich einreihen in die uralte Linie meiner über Jesaia, Jeremia, Henoch, Henok und Nokodemion, die Urväter des Wissens und der Weisheit, die im Geiste alle nicht aufgeteilt sind und in ihrem Kopf die Sinne nie haben abstumpfen lassen, wie es die Menschen zur Jetztzeit tun und es noch gewaltiger in der Neuzeit des neuen Künders tun werden, wodurch sie eine künstliche Unverständigkeit herstellen zwischen Erkenntnis und Wissen, zwischen Lüge und Wahrheit, zwischen Voraussage und Prophezeiung, zwischen Eingebung und innerer Anschauung, zwischen Liebe und Unzucht, zwischen Frieden und Krieg, zwischen Weisheit und Einbildung, zwischen Wahn und Wirklichkeit.

---

[2] *Essenz*

Until then, the texts of my proclamations, my teaching and my words—and my words of my followers—and my words of my forbears—will remain a secret until the right moment when they shall rise again in the days of the new herald, delivered by the human beings from the sky. And the herald will wait for the right day on the mountain of the horseshoe, where he will have his homestead, and where a flag will flutter in the wind as a sign of the bond with human beings from the sky. And when the propitious day has come, he will proclaim the old words, and his homestead will be a place where human beings will turn up from the four corners of the earth. His real relatives will be from the sky, and they will come and go but not be seen by human beings because they will remain a secret, for their heads are not compatible with the earth human beings' heads.

The new herald of the distant days will be the founder of the group of truth, which will spread out to the four corners of the earth. He will break open the seal to many secrets of the Creation, and of the head of human beings, and of their thoughts and feelings, and he will be more knowledgeable in this field than any other human being of that time, or any time before. His number will be the one, the three and the seven, and thus the number of the knowing and the wise. He will travel far to the place where the sky and earth meet each other, and where the sky ends. His words will be the words of truth, and they will be harsh and shake the human beings' heads. And he will be restless in his work, and will be active when he is lying down , and when he is walking in the darkness of night, or in the moon's powerful light. And he will be active when he travels across the desert or climbs the mountains, and when he lets himself be imbued by the energies of the stars, the sun and the earth. He will imbue his words with his powerful energies, which flow through his words like streams of strength, and to preserve his words for all times to come he will record them unlike any herald before him. His words imbued with love will be comfort for the righteous, and his words will also reach the unjust and jolt and shake them, and they will penetrate them like powerful streams of energy, and cause them gradually to wake up. His words will also penetrate deep into the sky, and to the human beings there, and they will penetrate the stars with their powerful strength. And his words will reach that point where the sky and earth meet, and where the sky finds its end. And his knowledge will be such to know the human beings' head, thoughts and feelings, as well as their intellect and reason. And he will know the body[6] of the earth, the stars and the sky, for he will follow the paths that lead to the secrets in these worlds.

The new herald in the distant time to come will be the third one to follow me, and he will also be able to heal, and will integrate himself into my ancient lineage of Jesaia, Jeremia, Henoch, Henok and Nokodemion, the ancient fathers of knowledge and wisdom who have the same spirit-form, and never have allowed their senses to become dull, like human beings do in the present time and will do so even more in the new time of the new herald, when they create an artificial and unreal inability of understanding the difference between cognition and knowledge, lies and truth, prediction and prophecy, inspiration and intuition, love and fornication, peace and war, wisdom and imagination, and delusion and reality.

---

[6] essence

Der neue Künder wird viele heilige Bücher lesen, in immer wiederkehrenden Zeiten der Einsamkeit in die Berge und Wälder und in die Wüste gehen, um zu lernen und sich der Einkehr[3] hinzugeben. Und er wird sich vielen Kulten anschliessen, die Gottheiten, Engel und Heilige anbeten, um deren Geheimnisse und irrigen Lehren zu ergründen. Und er wird auch die geheime Ordnung der Welt und der Zeit ergründen. Und er wird auf dem Berge des Hufeisens eine Stätte der Ruhe, der Einkehr, der Liebe und des Friedens erbauen, wo alle heiligen und wahrheitlichen Strömungen zusammenfliessen werden, die seit Urzeiten die Menschen durchziehen. Die Stätte wird zu einem ursprünglichen und symbolischen Kern für die Erde und für den Himmel, weil in ihr die Kräfte des Geistes und des Kopfes zusammenfliessen und sich in ihr eine beeindruckende Ansammlung von wahrheitlichem Wissen häuft, von wahrheitlicher Liebe und von Freiheit, und von Frieden, und von Harmonie und von Weisheit. So werden die Menschen nach und nach keinen Schritt mehr tun, ohne die Spuren des wahren grossen Künders zu entdecken und ihnen zu folgen. Und Hüter des Schatzes wird Eduard genannt sein, als Nachgänger meiner im dritten Glied nach den Kündern Jmmanuel und Mohammed, die im ersten und zweiten Glied die Nachgänger meiner im gleichen Geiste doch in einem andern Kopfe sein werden. Der neue Künder wird ein grosser Mittler und Sehender sein, und sein Wort enthält alle Erkenntnis des Lebens, weil er sich ihm geöffnet hat. Viele Menschen werden ihn verstehen, aber alle jene, welche sein Wort mit Unverstand hören oder seine Niederschrift mit Unverstand lesen oder auch nur berühren werden, verfallen einem heiligen Schrecken, als ob sich ein Abgrund vor ihnen auftun würde. So werden sich viele angstvoll davon abwenden, und andere werden das Wort und die Lehre des Künders stehlen und verfälschen, um Wucher damit zu treiben und grosse Gewinne daraus zu machen. Sie werden unfähig sein, des Künders Worte zu verstehen und es zu zerstören versuchen, doch sie werden kein Sakrileg daraus machen können, denn das Wort und die Lehre des Künders werden zu mächtig sein.

Es werden nach mir mehr als 22 Jahrhunderte vorbeigezogen sein, wenn der neue Künder sein Werk beginnt. Viele Dörfer und Städte werden bis dahin durch grosse Horden Menschen überquellen, und ein unvorstellbares Gewimmel wird herrschen. Alte Dörfer und Städte und die Mauern darum, die Wehrfesten und die Waffen, und die Gebeine der alten Propheten und der Menschen aus früheren Zeiten werden unter Sand und Trümmern begraben sein und in der neuen Zeit als Besonderheit und alter Wert wieder ausgegraben werden. Die Tage bis dahin werden die Stimme und die Worte meiner und die Worte der Weisen und aller Propheten erstickt haben. Und die Menschen werden sich von der Wahrheit entfernen und sich im Glauben verschiedenen Kulten mit Göttern, Engeln und Heiligen zuwenden, die aber in Wahrheit keine sind, weil sie nur Erfindungen der Priester und selbsternannten Heilsbringer sind. Der Glaube der Kulte wird zum Gesetz werden, und nur wenige werden es wagen, sich offen der Wahrheit und den Gesetzen der Schöpfung zuzuwenden. Also werden es erst aber auch nur wenige sein, die sich den Worten und der Lehre des neuen Künders zuwenden und treu bleiben. Es wird eine riesige Schar von Gläubigen aller Kulte rund um die Welt geben, die sich überall ausbreiten, und der in Kulten entstandene Glaube der Menschen wird wie ein gewaltiger Schlag eines Donners vom einen Ende der Welt zum anderen widerhallen.

---

[3] *Meditation*

The new herald will read many sacred books, and at ever-recurring times of loneliness he will go to the mountains, forests and to the desert in order to learn, and to surrender to reflection[7]. And he will join many cults, which worship godheads, angels and saints in order to fathom their secrets and delusional teachings. And he will also fathom the secret principles and patterns of the world and time. And on the mountain of the horseshoe he will build a place of rest, a place of reflection, and of love and peace where all sacred streams and streams of truth will converge, which since times immemorial pass through the human beings. This place will grow to become the original and symbolic centre for the earth and the sky, because the forces of the spirit and head converge in this centre, and an impressive collection of true knowledge, of true love as well as of freedom, peace, harmony and wisdom will accumulate there. Thus in time human beings will not be able to take one step without discovering the traces of the true and great herald, and to follow these traces. And Eduard will be called guardian of the treasure, and he will be following me as the third link after the heralds Jmmanuel and Mohammed, and they will be following me as the first and second link with the same spirit-form, yet with another head. The new herald will be a powerful mediator and a seer, and his word will contain all life's cognition, for he will have opened himself to it. Many human beings will understand him, but all those who will hear his word and not understand, or read his writing and not understand, or only come in touch with it and not understand, will be overcome by a tremendous fear as if a chasm would be opening in front of them. Thus many will fearfully turn away, and others will steal and falsify the herald's word and teaching in order to gain a lucrative profit. They will be unable to understand the herald's word, and will try to destroy it; yet they will be unable to commit a sacrilege, for the herald's word and teaching will be much too powerful.

When the new herald begins his work, more than twenty-two centuries will have passed after me. Many villages and cities will be overflowing with an immense horde of human beings, and an unimaginable milling mass will exist. Old villages and cities, as well as their walls, bulwarks and arms, and the mortal remains of the old prophets and human beings from earlier times will be buried under sand and ruins, and they will be excavated in the new time as a special feature of old value. The days until then will have obliterated my voice and my words, as well as the words of all prophets and wise ones. And the human beings will turn away from the truth, and will turn towards the belief of various cults with gods, angels and saints who truthfully are none of these, for they are only inventions of priests and self-appointed bringers of salvation. The cults' belief will become law, and only a few human beings will have the courage to turn openly towards the truth and the laws of the Creation. Thus only a few will follow the words and the teaching of the new herald, and remain loyal. There will be a huge crowd of believers of all cults around the world, spreading themselves everywhere, and the human beings' belief developed in the cults will reverberate from one end of the world to the other like a tremendous roar of thunder.

---

[7] *meditation*

Und die Kulte werden einander blutig bekämpfen, bis zum Tod und Untergang, und in den Kulten selbst wird das Barbarentum ausbrechen, und die Obersten und Oberen Priester und Schergen der Kulte werden die Unteren und Untersten der Kulte verfolgen und morden, sich deren Güter und des Goldes bemächtigen und immer reicher werden, was auch sein wird durch dauernde Ausbeutung, weil die Gläubigen durch die Kulte mit Zöllen und Strafen belegt werden, die sie in Gold und Münzen bezahlen müssen.

In der neuen Zeit hat der Mensch das Wissen um die grossen Kontinente auf der Erde, und die grossen Wälder hinter dem Ende der grenzenlosen Meere. Und in all den mehr als zweimal tausend Jahren seit der Zeit meiner, in der ich lebe, werden all die Lande überall auf der Erde zu grossen Königreichen werden, und zu Kaiserreichen werden, und zu gewaltigen Reichen, wenn sie sich vereinigen. Doch so zahlreich wie die Glieder einer endlosen Kette werden Kriege sein, und sie werden einander immer mehr überlagern, und so werden die Reiche wieder stürzen, und es werden dann aber neue daraus erschaffen. Die Sklaven und Leibeigenen, die Landbebauer und Weingärtner, und die Hirten und die Armen werden aber den Aufstand proben, und tausendemal werden sie Feuer über das Land bringen; Burgen, Wehrfesten, Städte werden sie anzünden und Ernten verbrennen. Und sie werden so tun, bis sie gefangengenommen sind und sie gefoltert und gebrannt werden, und ihnen bei lebendigem Leib die Haut abgezogen wird, und die Überlebenden gezwungen sein werden, sich in ihren Schlupfwinkeln wieder durch Verborgenheit zu schützen. Und so werden sich die Obersten, Oberen und ihre Schergen wieder fühlen, als seien sie Könige.

Es wird aber Fortschritt sein, und wenn die Zeit der mehr als zwei Jahrtausende vergangen sein wird, wird der Mensch die Tiefe der Meere und des Himmels erobert haben, und er wird in den Himmel hineinfliegen und sich in ihm eine neue Heimat suchen. Wie ein Stern am Firmament leuchtet, wird er selbst wie ein Stern am Himmel sein, wenn er die Kraft der Sonne gewonnen haben wird und sich selbst für die Schöpfung hält, und er gewaltige Bauten und Türme in Tausenden auf der Erde erstellt, gewaltige metallene Schiffe baut und mit diesen die Wasser der Meere und die Lüfte und den Himmel durchpflügt. Und über dem grossen Meer wird es neue grosse Reiche geben, und von einem werden neue Legionen von Barbarenhorden unter dem Befehl mächtiger Ausgearteter ausziehen, um Kriege in die Welt hinauszutragen und die Welt zu erobern und sich der Bodenschätze der Länder habhaft zu machen. Jenseits des grossen Meeres werden aber die Mauern der Städte und Dörfer der Eroberer zusammenbrechen, die die Macht über die Welt an sich reissen wollen, und das Reich wird dann nur noch zerstört sein und verbranntes Land sein, und nur noch schlammiges Wasser sein. Und die Völker der Erde werden sich vermischen, und es wird viel Unheil daraus entstehen, und viel Krankheit, und viel Siechtum und Hass und Terror und Rache und viele Tode. Und wenn diese Tage kommen, dann geht der Mensch sehr schweren Zeiten entgegen, und er wird vor einem dunklen, in Finsternis gehüllten Eingang eines undurchdringlichen Labyrinthes stehen, und das Labyrinth wird schwarz sein wie die dunkelste Nacht, und er wird darin eintreten, und in ihm werden wie das Böse die roten und glühenden Augen des Verderbens glühen, und davor möge sich der Mensch der fernen Zeit hüten, denn das Verderben wird grausame Wut und ausgearteten Zorn und Zerstörung und viele Tode in sich tragen.

And the cults will fight each other in bloody battles until death and ruin, and barbarity will break out within the cults, and the cults' high and highest ranking priests and their henchmen will persecute the cults' lower and lowest ranks, and murder them in order to take hold of their goods and gold, and thereby getting wealthier and wealthier. This will also happen through continuous exploitation, because tributes and penalties will be imposed on the believers by their cults, which will have to be paid in gold and coins.

In the new time, the human being will have knowledge about the great continents on earth, and about the huge forests beyond the end of the endless oceans. And in the more than two thousand years from the time in which I live, all the lands everywhere on earth will become enormous kingdoms and empires, and become huge when they unite. Yet, as innumerable as there are links in an endless chain, as innumerable will be the wars, and they will increasingly overlap each other, and thus kingdoms and empires will collapse, and new ones will be created out of them again. But the slaves and those in bondage, the land's tillers and winegrowers, the shepherds and the poor will be rebellious, and more than a thousand times they will bring fire to the land; they will set afire castles, fortresses and cities, and will burn harvests. And they will continue to do so until they are taken prisoner, are tortured and burned and skinned alive, and the survivors will be compelled to hide again in their hiding-places for protection. And thus, the upper and superior ones in authority and their henchmen will feel secure again as if they would be kings.

But there will be progress, and when the time of more than two millennia has passed, the human being will have conquered the depths of the oceans and of the sky, and he will fly into the sky and search for a new home. Like a star shining in the firmament, he will be like a star in the firmament when he has gained the sun's power and will consider himself to be the Creation, and when he has erected thousands of huge buildings and towers on earth, has built powerful ships out of metal, and ploughs with these ships through the waters of oceans and through air and the sky. And there will be new and big empires across the big ocean, and one of these empires will send out new legions of barbaric hordes under the command of powerful rulers who are degenerated in the worst form of inhumanity to carry out wars and conquer the world in order to get hold of the countries' mineral resources. But beyond the big ocean, the walls of cities and villages of the conquerors wanting to seize the world's power will collapse, and the empire will then be destroyed and be only a scorched land and muddy waters. And the peoples of the earth will interbreed, which causes a lot of harm, illnesses, infirmity and hatred, terror and revenge, as well as many deaths. And when these days arrive, humankind will be approaching very difficult times and will be standing before an impenetrable labyrinth; its entrance will be shrouded in a dark gloom, as black as the darkest night, and the human being will step into this labyrinth, where the evil will glimmer with glowing red eyes of ruin and disaster. And when these days arrive may the human being be on his guard, for the disastrous ruin will bear within destruction, and innumerable deaths, a cruel rage and wrath degenerated in the worst form of inhumanity.

Und lange werden die Tage sein während des Verderbens, doch in weiter Ferne der dann kommenden Zeit wird sich alles lichten und Liebe, Frieden und Freiheit werden. So wird es sein, denn ich sehe und höre im Himmel und weiss, dass es so sein wird, denn ich bin der Künder Elia, und ich spreche die Wahrheit.

Quetzal Das also ist Elias Voraussage. Mehr sollte eigentlich nicht gesagt werden müssen für die Erdenmenschen, denn diese und Jeremias Voraussagen sollten genügen.

And the days of ruin and disaster will be long, yet in the distant future of the coming time, everything will become lighter, and there will be love, peace and freedom. It shall be so, for I see and hear in heaven, and know that it will be as I have proclaimed, for I am the herald Elia, and I speak the truth.

Quetzal: "This is the prediction of Elia. It should not be necessary to say more, for these and Jeremia's predictions should be sufficient for the earth's human beings."

FIGU SOCIETY USA ORDER FORM
(Make a copy)

	QTY.	Subtotal

Through Space and Time . . . . $59.95   x [_____] = _____

Talmud Jmmanuel (4th Edition) . . . . $24.95   x [_____] = _____

And Still They Fly! . . . . $26.95   x [_____] = _____

An Important Word Concerning
  the Occult Forces and Meditation . . . . . $5.00   x [_____] = _____

An Interview With A UFO Contactee . . . . . $7.00   x [_____] = _____

A Surreptitious Environmental
  Catastrophe ~ The Desert Will Win . . . $1.00   x [_____] = _____

Attacking Questions from Japan . . . . $5.00   x [_____] = _____

Billy Meier ~ His Contacts
  With Extraterrestrials . . . . $5.00   x [_____] = _____

The Challenge of Overpopulation . . . . $1.00   x [_____] = _____

Contact 241-243 . . . . $10.00   x [_____] = _____

49 Questions . . . . $5.00   x [_____] = _____

Life in the Spiritual and Physical . . . . $1.00   x [_____] = _____

Our Manifesto . . . . $1.00   x [_____] = _____

Overpopulation Bomb . . . . $1.00   x [_____] = _____

The Peace Meditation . . . . $1.00   x [_____] = _____

Those Who Lie About Contacts . . . . $5.00   x [_____] = _____

Torture and the Death Penalty . . . . $1.00   x [_____] = _____

Desiderata . . . . Free with purchase $4.00 S&H   = _____

Human Beings
  and Humanness . . . . Free with purchase   TOTAL   = _____

Make check out to "FIGU Society"
FIGU Society USA, 303 E. Gurley St., Suite 266, Prescott, AZ 86301-3802
ALLOW 2-4 WEEKS FOR DELIVERY

Stay Informed
by Steelmark

Steelmark regularly sends out new information and updates on the Billy Meier Contacts. To be added to our contact list, please fill in the information below and mail this pre-addressed card to Steelmark.

Name _____

Address _____

_____

City _____ State ____ Zip _____

E-mail _____

TJ 3-07

www.steelmarkonline.com

more Information

Stay Informed
by Steelmark

Steelmark regularly sends out new information and updates on the Billy Meier contact. To be added to our contact list, please fill in the information below and mail this pre-addressed card to Steelmark.

Name _____

Address _____

_____

City _____ State ____ Zip _____

E-mail _____

TJ 3-07

www.steelmarkonline.com

more Information

Postage Required. Post Office will not deliver without proper postage.

Steelmark LLC
8086 South Yale
Suite 173
Tulsa, OK 74136

Postage Required. Post Office will not deliver without proper postage.

Steelmark LLC
8086 South Yale
Suite 173
Tulsa, OK 74136